微软数字化转型之道
——智启高科技企业第二曲线

吴宁川 著

清华大学出版社
北京

内容简介

本书以微软为例，讨论了高科技企业如何通过数字化转型成功打开第二曲线。微软作为全球数字化转型的代表企业，不仅成功推出了以云计算和人工智能等为代表的数字平台业务，还将公司市值推向新高，成为全球市值最高的公司之一。本书不仅探讨了产品组合的数字化转型，还深入探讨了企业销售、组织、文化和员工培训等数字化转型的"深水区"。本书注重实用性和系统性，适合作为高科技企业的高级管理者、中层经理人等开展企业数字化转型实践的参考书，也适合作为商业管理、企业管理等专业大学生的辅助读物。

本书封面贴有清华大学出版社防伪标签，无标签者不得销售。

版权所有，侵权必究。举报：010-62782989，beiqinquan@tup.tsinghua.edu.cn。

图书在版编目（CIP）数据

微软数字化转型之道：智启高科技企业第二曲线 / 吴宁川著．

北京：清华大学出版社，2025.2.

ISBN 978-7-302-67960-8

Ⅰ．F276.44

中国国家版本馆CIP数据核字第2025MW5078号

责任编辑：邓　艳
封面设计：秦　丽
版式设计：文森时代
责任校对：范文芳
责任印制：刘　菲

出版发行：清华大学出版社
网　　址：https://www.tup.com.cn，https://www.wqxuetang.com
地　　址：北京清华大学学研大厦A座　邮　编：100084
社 总 机：010-83470000　邮　购：010-62786544
投稿与读者服务：010-62776969，c-service@tup.tsinghua.edu.cn
质量反馈：010-62772015，zhiliang@tup.tsinghua.edu.cn
印 装 者：涿州汇美亿浓印刷有限公司
经　　销：全国新华书店
开　　本：170mm×230mm　印　张：15.25　字　数：232千字
版　　次：2025年4月第1版　印　次：2025年4月第1次印刷
定　　价：78.00元

产品编号：101649-01

数字经济,方兴未艾

数字经济是继农业经济、工业经济之后的更高级的经济形态。一种比较通俗的解释是,数字经济是由全球每天数十亿计的在线连接所产生的经济活动,连接的对象包括人、业务、设备、数据和各种流程等。数字经济的基础是超连接,即由互联网、移动技术和物联网等所驱动的人、组织与机器等之间的互连互通。数字经济正在重构传统的企业组织架构,重构企业运营与管理模式,重构消费者获得服务、信息与商品的方式。

数字化转型就是用云、大数据、人工智能等数字平台技术对传统经济进行重构。我们今天正面临着新一代的历史性机遇,这就是数字化转型和数字经济。世界经济论坛(World Economic Forum,WEF)于2015年启动了数字化转型倡议,WEF的报告认为数字化能为全球解锁百万亿美元的价值。数字化转型不仅能重塑商业和运营模式,也将对社会产生深远影响。2019年到2022年的三年疫情,全面加速了全球的数字化转型进程,有的行业甚至提前了三到五年,一些领先行业则进一步进入到了"数字优先"的阶段。

2017年,微软全球首席执行官萨提亚·纳德拉所著《刷新》(*Hit Refresh*)一书问世。那个时候,微软自身的数字化转型还在进行中,业界对于微软的数字化转型以及向云和人工智能的"All in"还存有疑虑。而在2019年,微软的市值首次冲过了万亿美元大关,两年后的2021

年则冲过了 2 万亿美元，之后一直运行在 2 万亿到 2.5 万亿美元之间。微软自 40 多年前开启 PC 产业，如今再次引领云与 AI，全面激活数字新经济。

2023 年，当全球经济在疫情影响下逐渐复苏，当线上业务的迫切性开始放缓、线上业务开始回归线下，当以 GPT（Generative Pretrained Transformer）为代表的大模型和生成式 AI 开始成为下一个技术热词的时候，"数字化转型"似乎开始淡出人们的视线。但其实这个时候，真正的全面数字化转型才刚刚开始。

根据多家市场咨询调查公司的报告，尽管绝大部分全球大型企业正在进行数字化与人工智能转型，但总体来看它们仅能收获不到三分之一的预期营收提升和预期成本节省。而排在前面的数字化领导者往往比排在末尾的数字化落后者创造了更大的股东价值，这是因为数字化领导者们进行了深入的数字化转型，也就是说，用数字技术端到端重构了企业的流程，对外的交互界面也以数字化界面为首要界面，这就是"数字优先"。

"刷新"之后，最难的攻坚部分才浮出水面，即企业业务流程的全面重塑，这不仅是重新制定企业的技术战略，更是企业愿景、文化、业务、组织、产品、KPI、广大中层干部乃至关系到每一名员工的全面变革。"数字优先"是规模化、可持续的创新，而基础研究院是关键性的创新组织和创新引擎。微软研究院作为微软的核心创新组织，不但积极参与到微软的数字化转型中，更是不断将人工智能等新技术应用到企业业务中。

我与本书的作者吴宁川先生相识多年。他长期关注云计算、大数据、人工智能、特别联网等数字技术的进展，以及数字化转型和数字经济的进程。吴宁川也是微软的老朋友。他长期跟踪微软公司的动态，特别是作为行业观察家，他密切关注云计算时代的微软转型，积累了深厚的行业洞察以及对微软公司的见解。

继《刷新》之后，本书更加系统而深入地呈现了微软在全公司范围内推行的数字化转型实践，以及通过云计算、大数据和人工智能等数字技术推动的经济范式转变——从传统工业经济向数字经济演进。微软公司的愿景是希望予力全球每一人、每一组织成就不凡。本书就是"予力"的很好体现，我希望更多的读者能够在本书的"予力"下，共同推动数字经济时代的非凡发展！

微软全球资深副总裁　洪小文

写于 2024 年 10 月

前言

中国政府的"十四五"规划指出:"迎接数字时代,激活数据要素潜能,推进网络强国建设,加快建设数字经济、数字社会、数字政府,以数字化转型整体驱动生产方式、生活方式和治理方式变革。"

借用计算机行业术语,生产方式指的是 to B,即以数字化转型提升企业的生产效能;生活方式指的是 to C,即以数字化转型便利消费者的生活机能;治理方式指的是 to G,即以数字化转型强化政府、社会、经济与企业等全方位的治理能力。

数字化转型是提升国家竞争力的必经过程,更是各行各业与每一个人都需要积极重视的课题,对于高科技企业打开增长的第二曲线[①]尤为重要。在数字化转型的道路上,微软走在了前面。

2005 年,微软处于最辉煌的个人计算机时代,Windows 操作系统与 Office 套装软件几乎是所有个人计算机的标配;当时,微软的反垄断官司刚平息,谷歌的挑战还不成气候,苹果也还没有推出 iPhone。

到了 2012 年,微软虽然仍是一家盈利性很强的公司,却几乎错失了整个互联网与移动通信时代:谷歌的搜索引擎成了互联网的主要

[①] "第二曲线"一词,源于英国管理学专家查尔斯·汉迪(Charles Handy)的理论。其核心思想是说世界上任何事物的产生与发展都有一个生命周期,并形成一条曲线。在这条曲线上,有起始期、成长期、成就期、高成就期、下滑期、衰败期,整个过程犹如登山活动。为了保持成就期的生命力,就要在高成就到来或消失之前,开始另外一条新的曲线,即第二曲线。而有了第二曲线,才能打造第二增长空间。

入口，苹果的 iOS 与谷歌的安卓主宰了手机操作系统。在短短的几年时间，微软在个人计算的市场主导地位被快速边缘化。

为了化解这一困境，萨提亚·纳德拉（Satya Nadella）在 2014 年被任命为微软首席执行官，他领导微软在文化、技术、产品与商业模式各方面进行深度转型。微软数字化转型的结果是：2019 年公司市值超过了 1 万亿美元，2021 年再次超过了 2 万亿美元，成功打开了以云和 AI 为代表的新产品线以及第二曲线。

微软的经验对正在学习、思考或推动数字化转型的读者来说特别具有参考价值。

首先，数字化转型是一场工具革命。云是承载数字化工具的新平台。人工智能作为一种新工具，其目的不是让人工智能取代人类，而是用更好的工具提升人的价值。历史学家将早期的人类发展阶段分为石器时代、青铜器时代与铁器时代，人类使用工具的能力成为划分标准，可见工具对时代影响至深。

颠覆性工具的出现是一个技术问题，但让各行各业都应用新工具则是一个管理问题。微软是一家提供数字化工具和平台的企业，其成功或失败取决于能否在客户的需求出现之前就准备好新工具和平台。简言之，数字工具的应用是数字化转型的领先指标。观察微软等领先公司的技术趋势、产品路线图及行业发展方向，就能为自己企业的转型、提升与发展早做准备。

其次，微软的转型非常经典，也相当开放。萨提亚在 2014 年出任首席执行官，2017 年就出版了《刷新》（*Hit Refresh*）一书英文版。他是极少数在企业变革前期就将理想公之于世，而不是等变革成功之后再写回忆录的企业领导人。

萨提亚心中有着很深的使命感与悲天悯人的情怀，这种哲学家式的思维给竞争激烈的商业环境带来一股清流。书中特别分享了这些年来微软的文化转型：来自公司顶层的理想传达到基层，再融化成全组织的共识；全公司氛围的转变，颠覆了员工培训、绩效考核、甚至领导与同事之间的沟通方式。

一般的企业变革总是杀气腾腾，但萨提亚领导的变革很温暖、很活泼。他不会让员工不敢说话，反而让员工更愿意与别人分享自己的看法；他减少了员工的压力，释放了他们的热情。业界常说的"企业转型，文化先行"，萨提亚做到了。

最后，人们在讨论数字化转型时，常会忽略一些根本性的问题，如组织愿景、基础研究、环境与社会责任等。其实，转型不能是片面的，企业领导人不能把转型交给首席信息官或任何其他人，而必须提出组织愿景并亲自领导改革；数字化转型也不是一时的，而要投资基础研究以厚植实力，并储备技术与人才；同时，要确保组织的发展对人类、地球是有益的，而不只是为了盈利。

本书的架构为数字化转型所应注意的七个方面——愿景、技术、产品、研究、文化、培训与永续经营，希望能全面地与大家分享来自微软员工的亲身经验。

本书的前三章讨论愿景、技术与产品，属于战略规划。

第1章谈愿景。微软的创业愿景是"在每张桌子上、每个家庭里都有一台个人计算机"。难能可贵的是，这个愿景经过30多年得以实现。萨提亚接任首席执行官之后，将微软的愿景更新为"予力全球每一人、每一组织成就不凡"。比较这两个愿景，可以清楚地看见微软这次转型如何延续既有的优势，同时开创更大的格局。"予力"的目的不是打垮对手，不是取代别人，而是以自身的技术帮助别人强大。当别人强大了，自身就得到继续成长的动能。

第2章谈技术。人工智能是基于大数据的技术，因此第一阶段（数字化）与第二阶段（网络化）发展越成熟的组织，越会涌现出大量、有效的数据，从而进入第三阶段（智能化）。今天，许多大型企业、工厂或卖场还是以传统方式进行管理，那就需要先补足基本数字化与网络化的功课，才能推动下一步的智能化。评估企业数字化成熟度与成立数字化转型办公室，都是数字化转型的重要预备步骤。

在确定组织愿景并了解可使用的技术后，第3章开始讨论如何利用云计算与人工智能等颠覆性技术为产品与服务制定新战略。第3章再次以微软为例，分析一家个人计算机平台公司转型成为智能云平台公司的决策与执行过程。而在这个过程中微软成功实现了优势产品组合的过渡与转换，从而打开了第二曲线，这为中国的高科技企业提供了极高的参考价值。

基于前三章的讨论，企业转型的战略规划被确定下来，接下来则需要逐步推进并取得组织转型的成效。本书的第4章到第6章将讨论基础研究、文化与培训。

第4章讨论的基础研究或许不能带来短期回报，但能确保一个组织的未来。微软研究院成立于1991年，它的三个使命是：做一流的计算机科学研究；将最新技术转化到产品与服务中；确保微软有未来。微软研究院及其所代表的顶尖技术与转化能力为微软的转型提供了巨大动能。第4章深入讨论微软研究院的管理方式与时代贡献。基础研究能为组织储备技术和人才，而后者经常为组织带来长期的利益。对于中国的高科技企业来说，建立企业基础研究院，还是一个新鲜事物，也是一场打开长期高质量发展新格局的考验。

第5章讨论文化。人才生活在文化中，企业文化决定了人才的去留以及他们思考与行动的方法。萨提亚在微软成功地建立了基于成长型思维（growth mindset）的创新文化，使公司在转型过程中一直保持勃勃生机。此外，正如经济学家吉安·纳格帕尔所说："突破性的创新发生在我们打破界限并鼓励学科相互学习的时候。"一个跨界、多元、合作的企业文化更能激发强大的创新能力。

第6章讨论人才成长的另一股力量——培训。对于多数企业员工来说，今天的新技术与新商业模式可能在他们的学校里并没有学过。

对于高层级的企业领导来说，更是如此——他们离开学校的时间越长，其知识可能就越老旧。如果不能有效地实现员工培训和持续学习，组织只能继续以老旧的技术与方法运营下去。此外，考核与培训同等重要，如果想要建立一个能跨界合作、具有创新精神的团队，就必须改变许多与此背道而驰的考核标准。

企业从上述的六个方面推动组织转型，让人工智能技术更有效地提升个人与企业的生产力。然而，在建立这种强大能力的同时，要确保人工智能技术不自私、不具毁灭性，并能为地球与人类带来益处。

最后一章讨论组织的永续经营。近年来，很多有远见的投资者会选择ESG企业作为投资标的。E是企业对环境（environmental）的影响，包括生产经营过程中的绿色投入、资源和能源的节约使用与循环利用，对有毒有害物质的处理，以及对生物多样性的保护等。S是社会（social），指的是企业的社会责任，尤其是它的产品与服务对公益、教育、社会风气等方面的影响。G是治理（governance），主要是企业的董事会结构、股权结构、管理层薪酬和商业道德等是否规范。企业不仅要能进行成功的数字化转型，同时也希望转型之后的组织能够永续经营，对社会、人类做出长久的贡献。

总之，数字化转型不仅仅是一个信息技术的课题，它涵盖的范围全面且彻底：从企业的愿景、产品、人才，一直到可持续运营。如今，越来越多的行业和企业将数字技术纳入自己的产品、服务与运营中，高科技企业的范畴已经不限于传统的科技行业。制造业、汽车、医疗、零售业、金融等不同行业的企业，都跨入到高科技领域，智能工厂、智能汽车、智慧医疗、智慧零售、智慧金融等高科技新业态正在拉动传统企业的深刻变革与转型。

本书作者吴宁川是新媒体"云科技时代"的创始人和主笔，也是微软的长期观察家和老朋友，对微软有全面和深刻的理解，也深刻了解中国市场。本书采访了微软亚洲研究院副院长潘天佑，微软亚洲研究院研究员霍强、谢幸、边江等，微软亚洲研究院学术合作经理李美兰，以及上海仪电（集团）有限公司副总裁李鑫、辉瑞制药与赛诺菲制药医学部负责人谷成明等业界专家。其中，负责对外合作的潘天佑主导了微软创新汇项目，该项目旨在运用人工智能技术推动企业数字化转型。本书不仅分享了微软的转型经验，更希望能帮助各行各业的读者推动属于自己的数字化转型，成功完成转型之路，打开第二曲线。

目录

第 1 部分　重新认识数字化转型　001

第 1 章　企业愿景的升级　002

- 1.1　企业处在数字化的哪个阶段　002
- 1.2　在最成功的时候"刷新"企业　011
- 1.3　数字平台时代的企业愿景　020
- 本章总结　029

第 2 章　数字化创新的跃迁　030

- 2.1　颠覆性数字技术　030
- 2.2　加速数字化转型的突变　036
- 2.3　创造数字化转型的加速度　044
- 2.4　AI 时代的数字化转型密码　053
- 本章总结　060

第 3 章　优势产品组合的转换　　062

- 3.1　从过去的成功中找到未来的线索　　062
- 3.2　产品组合转型"大考"　　070
- 3.3　打造第二增长空间　　082
- 本章总结　　091

第 2 部分　数字化转型的深水区　093

第 4 章　企业创新能力的进阶　　094

- 4.1　企业是否要投资基础研究院　　094
- 4.2　如何打造成功的企业基础研究院　　102
- 4.3　突破创新瓶颈，升级创新能力　　113
- 本章总结　　122

第 5 章　企业创新文化的刷新　　123

- 5.1　为什么要刷新企业文化　　123
- 5.2　打开创新的无限可能　　136
- 5.3　多元文化是持续创新的根本　　147
- 5.4　打破阻力，推行创新　　159
- 本章总结　　167

第 6 章　企业员工管理的升华　　169

- 6.1　企业战略转型深水区　　169

- 6.2 组织变革，刻不容缓   177
- 6.3 企业中层，整体升级   184
- 本章总结   193

第 3 部分　数字化转型的永续经营　195

第 7 章　面向可持续的未来组织规划　196

- 7.1 科技企业的负碳承诺   196
- 7.2 人工智能与永续未来   206
- 7.3 组织规划全面升级   214
- 本章总结   223

后记　225

第 1 部分

重新认识数字化转型

第 1 章
企业愿景的升级

麻省理工学院斯隆管理学院数字经济首席科学家乔治·韦斯特曼（George Westerman）曾说："**数字化转型如果做得好，就像毛毛虫变成蝴蝶；如果做得不好，你得到的是一条速度很快的毛毛虫。**"韦斯特曼的比喻非常形象。一些企业领导人经常将数字化转型视为分散、零星的信息技术课题，而不是从根本上改变整个组织，结果组织有进步，却没有真正转型。因此在本书第 1 章开头，我们就先来谈谈什么是数字化、什么是人工智能、什么是人工智能所驱动的数字化转型，再以微软为例，讨论领导、愿景、创新与战略定位等根本问题。

1.1 企业处在数字化的哪个阶段

1.1.1 企业有进步，转型却落后

当环境与工具都变了，企业还要抱有旧思维、旧战略与旧的运营模式吗？就像 20 年前当互联网兴起而导致很多传统产业走下坡路那样，你有没有发现如今有不少强大了十几年，甚至几十年的企业慢慢地不行了？一些曾经被视为创新的商业模式渐渐行不通了，甚至受抵制了？

微软公司（Microsoft）就是这样一个典型的例子。在 2000 年互联网兴起、2007 年第一代 iPhone 发布后，微软公司就遭遇了巨大的挑战，直到 2014 年公司新首席执行官（CEO）萨提亚·纳德拉（Satya Nadella）上任才逐渐扭转了

局面。而2000—2014年的微软公司，无论是公司规模还是赢利能力都十分强劲，一直处于不断进步的状态，但在转型方面却越来越落后，特别是互联网和智能手机市场的失利导致其在市场上长时间被唱衰。

另一个典型的例子就是思科公司（Cisco）。作为传统IT时代的传奇企业，思科和钱伯斯的名字可以说响彻了20世纪80—90年代的全球计算机产业，钱伯斯甚至还获得了"地表最强CEO"的称号。2000年，思科公司的市值达到了顶峰，成为当年美国市值最高的公司。微软的Windows、英特尔的CPU和思科的交换机，一度上升为计算机软件、硬件和网络的三大标准。大名鼎鼎的思科认证，一度成为IT人才的黄金就业标配，具有极高的含金量。2000年互联网泡沫破灭，加上新兴竞争对手的快速崛起，思科开始了不断转型之路：从进入家庭网络设备市场和电视机顶盒业务然后又退出，再到不断收购软件与物联网公司，思科至今仍走在转型的道路上。截至2022年7月的2022财年，思科全年营收为516亿美元，净利润为118亿美元；而在2021财年，思科全年营收为498亿美元，净利润为106亿美元。可以说，思科一直在进步，但转型之路仍面临很大挑战。今天的思科公司市值还不到2000年顶峰时的一半，思科也不在市场热点议题之中。

当2020年新冠疫情暴发时，多数企业举步维艰，却有部分企业展现了超强的适应力与快速恢复的能力。例如，以微软为代表的云计算公司在疫情中乘风而上，大范围的远程办公带来了云计算模式的广泛应用。微软在2021年进一步达到了2万亿美元的市值，说明越早坚定转型就能越早收获转型价值。一个新的数字化时代来临了，有的企业已经做了一些转型，有的企业刚开始摸索，当然，还有更多企业并不重视这个问题。

如果企业领导人将数字化转型视为个别的信息技术课题，而没有在规模和潜在价值上使用数字技术，那么其组织只会进步，不会成功转型。正如韦斯特曼教授所说：毛毛虫变成了速度很快的毛毛虫，而不是破茧成蝶。

数字化转型必须从上至下。企业领导人应优先聚焦以下三个方面，以推动组织改革。

（1）企业领导人要有清楚的方向感，在数字化转型的浪潮中正确地调整组织战略。企业领导人要能说明新方向，必要时可以更新组织的使命宣言。

（2）企业领导人要鼓励所有员工持续学习，并使用自动化技术或具有分析或预测能力的技术提升现有员工的价值，而不仅仅是使用机器来取代人力。成功的数字化转型需要拥有新技能的劳动力，他们具备的技能也必须随着技术的变化而变化。

（3）企业领导人要强调创新的重要性，并以创新驱动业务成果。企业领导人要积极投资新技术，以取代老旧的系统与运营模式，并且对其足够重视。

◎ 整合分散在各部门或系统中的数据。

◎ 以业务成效衡量信息技术的价值。

◎ 将 IT 团队和业务团队作为一个单元，使其具有共同的工作方式和共同期望的结果。

1.1.2 数字化的三个阶段

在个人计算机出现以前，计算机通常是大型、昂贵的系统，由企业、大学或政府机构所拥有，并由经验丰富的专家操作。个人计算机的成功始于 1977 年，当时的新创公司——苹果（Apple）推出了 Apple II。当时的计算机产业霸主 IBM 在 4 年后推出 IBM PC 作为回应，而它的操作系统 MS-DOS 则来自另外一家新创公司——微软。

这一时期的计算机不太好操作，对编程者堪称一大考验，对此微软亚洲研究院的潘天佑博士深有体会：

> 那时潘天佑博士在大学里第一次接触计算机，学生们将用 Fortran-4 编程语言写的每一行代码打在一张打孔卡上，然后将程序——一叠卡片交到计算机中心窗口，大约一堂课之后就可以领回报表纸。如果运气好的话，上面印着正确答案；如果运气不好，报表纸上会印出一排排的"语法错误"（syntax errors），那就代表当天又得熬夜修正程序了。
>
> 有一天在潘天佑博士上课的时候，一位计算机中心职员神色匆匆地来班上找一位同学，因为他交上去的程序根本停不下来，计算机中心不知道该不

> 该强制中断。后来潘天佑博士才知道，他用莱布尼茨公式计算圆周率（无限不循环小数），却没有设定计算终止的条件。这是1980年发生的事，距离第一台通用电子计算机ENIAC问世（1946年）已经30多年了。

个人计算机将"数字化"带进每个家庭与每个行业，普遍地提高了生产效率，也改变了人们的生活和管理方式。我们将这称为**第一阶段由个人计算机所驱动的数字化转型**。苹果与微软是这个阶段最有代表性的贡献者，它们的影响力延续至今。

1995年，微软公司成立20周年之际，公司创始人比尔·盖茨的畅销书《未来之路》（*The Road Ahead*）问世，书中讲述了个人计算机革命以及数字化对未来的巨大影响。但不到一年的时间，他就对这本书进行重大改版，增加了两万多字内容，因为当初他严重低估了互联网崛起的重要性和速度。

就像个人计算机的兴起一样，许多人都知道互联网这项颠覆性技术能改变世界，却不清楚如何改变以及这种改变需要多久。2000年前后，美国的互联网新创公司的股价大幅度齐涨齐跌，被称作"互联网泡沫"（Internet bubble）。现在回想起来，20多年前的华尔街或许是多虑了，因为互联网改变世界的幅度与后来互联网企业的市值都远远超过当时人们的想象。

互联网将每个家庭与每个行业的"数字化"连接在一起，普遍地提高了生产效率，再次改变了人们的生活和管理方式。我们将这称为**第二阶段由互联网所驱动的数字化转型**，谷歌（Google）、百度、阿里、腾讯、亚马逊（Amazon）、脸书（Meta）等都是这个阶段崛起的互联网企业。在金融、物流、出版、娱乐等传统领域，有的企业因抓住了互联网发展契机而快速转型，成为赢家，有的企业因后知后觉，惨遭淘汰。

互联网发展20多年，网上快速增长的数据量带动了新一波人工智能技术的发展。基于百万帧图像数据集的计算机视觉系统识别项目ImageNet，可通过人工智能算法对图像进行辨识。微软在2015年使用了一种深度高达152层的ResNet神经网络，以3.57%的错误率胜过人眼的5.1%错误率。从此之后，语音识别、机器翻译、自然语言处理等人工智能技术和计算机视觉一样纷纷以接近或超越人类的表现登上应用舞台。DeepMind 的人工智能围棋软件 AlphaGo 在 2017 年打败世界排名第一的围棋高手柯洁，意味着计算机已经可以进行极其复杂的决策。微软的人工智能麻将软件 Suphx 在 2019 年登上全球最大麻将平台"天凤"的最高段位，这代表计算机也能在大量隐藏信息的限制下做出优势决策。

大数据经过人工智能算法处理后产生的决策或预测的能力可以再次提高生产效率，并改变人们的生活与管理方式。我们将这称为**第三阶段由人工智能所驱动的数字化转型**。

1.1.3 远见者是赢家

数字化转型不是近年来产生的新概念。从 1980 年代的个人计算机，到 2000 年代的互联网，再到 2020 年代的人工智能，每当颠覆性技术出现后，就会逐渐改变生产方式与生产工具，进而改变整个社会的样貌。

杰弗里·穆尔在其 1991 年出版的畅销书《跨越鸿沟》（*Crossing the Chasm*）中将颠覆性技术的落地分成几个阶段。初期局限于"技术热衷者"（technology enthusiast），接着有"远见者"（visionary）跨越鸿沟将这些技术带入主流市场。

穆尔说："超越技术热衷者进而吸引远见者的关键是新技术能够实现一些以前不可能实现的战略飞跃。它富含内在价值，并对非技术者极具吸引力。"电脑、网络、人工智能都始于计算机科学领域，它们有漫长的发展历史，无数科学家为其做出贡献。在某个时间点，当技术有了重大突破，远见者看到它能实现战略飞跃的内在价值后，一切就改观了。

远见者包括乔布斯、比尔·盖茨与许多互联网巨头的创办人，也包括许许多多将颠覆性技术引入行业，进而颠覆原先做事方法的人。他们的果断与远见造就了一次次的数字化转型。历史告诉我们，这样的远见者可能是个人，也可能是企业，都是数字化转型中的最大赢家。下面是潘天佑博士参与数字化转型的一个事例：

20世纪80年代后期,潘天佑在美国读完硕士后加入北卡罗来纳三角研究园区的一家顾问公司。潘天佑的第一份工作是帮助美国疾病控制与预防中心(CDC)开发一套登录因疾病死亡的录入培训系统。当时全美国的因疾病死亡的数据都是由各医院以书面形式逐级呈报到CDC,再由专业的输入员输入IBM主机的。输入员一方面要能读懂医生手写的潦草字迹,另一方面要确保录入的正确性,包括在一本厚厚的手册里寻找死亡原因的代码,以便统计分析。

这套医疗对象自动化分类系统(automated classification of medical entities, ACME)当时是以PL/1编程语言在IBM主机上开发的软件。如前所述,主机是大型、昂贵的系统,所以CDC官员希望培训新输入员时不要占用主机,而是使用价格低廉的个人计算机。他们让潘天佑看PL/1的源代码,读通之后帮他们开发一个培训用的个人计算机精简版。由于潘天佑不懂PL/1编程语言,又不想花费过多时间学习,就问他们能否看看IBM主机上的ACME系统,接着潘天佑就用C语言在DOS上实现了ACME的绝大多数功能。

这个结果令CDC官员相当惊讶——原来个人计算机已经能做那么多事,于是他们决定把培训输入员用的个人计算机软件提供给全美国的医生使用。医生可以在个人计算机上直接输入死亡原因,然后每两周寄一张磁盘给CDC(当时还没有互联网)。数据输入员的工作和他们可能犯的错误从此就一起消失了。一年后潘天佑离开北卡罗来纳回学校读博士,ACME却因为个人计算机的发展而得到普及,直到今日,它成为死亡原因自动选择系统的国际标准。

在上面这个故事里,决定把潘天佑开发的软件提供给全美医生直接使用的CDC官员是远见者。CDC官员可能连一行代码都没写过,却成为CDC个人计算机数字化转型的推手。

当今的人工智能也像40年前的个人计算机或20年前的互联网一样,正借着技术热衷者的群体吸引着远见者。ResNet与AlphaGo都是突破性技术,它们可以引起大家的关注,却不能改善人们的生活。我们需要各行各业的远见者带领人工智能落地,并推动第三阶段的数字化转型。

1.1.4 再认识人工智能

下面谈谈人工智能是什么，它会不会取代人的智能，会不会进化成为新的先进物种，甚至主宰人类。近年来，人工智能以惊人的突破技术让大家自然而然地想到科幻片的情节。因此，在讨论人工智能如何驱动数字化转型之前，我们要了解人工智能是什么、不是什么。

潘天佑在微软服务时的主管洪小文博士（后任微软全球资深副总裁、亚洲研究院院长）曾经以"智能金字塔"来比较人的智能与人工智能。首先，他将人的智能划分为五个层级并放在金字塔三角形中，如图1-1所示。这五层并不是以智能的简单或复杂程度来排序的，而是以计算机超越人类的难易程度来排序。

图1-1 洪小文博士对人的智能与人工智能进行的比较

金字塔的底层是计算和记忆力。在计算机出现以前，计算和记忆力代表着人的高级智力。例如，参加心算比赛、背诵比赛，或是一个人能记忆多少组电话号码，都是聪明的表现。然而对计算机来说，计算和记忆是基本功能，几十年前大家就承认机器在这方面的智能表现远远超过人类。

倒数第二层是感知，即佛家所谓的色、声、香、味、触这五层。不只人类天生具备感知能力，其他动物同样具备感知能力，甚至更强，因此我们过去很少把它当作智能的表现。然而，让机器具备感知能力要比拥有计算与记忆能力困难得多。一张图片里有一只狗，我们人类知道那是狗，但对计算机来说那只是几百万个有不同颜色与亮度的光点；听到一段话，我们人类了解这段话的意思，但对计算机来说那只是频率和音量的复杂混合。计算机视觉和语音识别在计算机科学领域已有几十年的发展历史，直到近几年才靠着大数据训练深度神经网络而得到突破，进入实用阶段。

再往上一层是认知，即我们对生活中事件的理解、洞察、推理、计划、决策等能力，用于阅读理解、市场分析、编写程序、下棋和打麻将之类的场景。目前人工智能已经在这些方面有诸多突破性进展，例如，在2018年的机器阅读理解SQuAD挑战赛中，微软的人工智能系统就已经超越人类水平。当然，所谓机器的认知能力只是基于大数据的推理，它能够告诉我们结果，却不能说出其中的因果关系。而且目前的人工智能的表现大多局限在特定的封闭环境中，而处理开放性的认知问题还有很长的路要走。

再上一层是创造力。相较于认知的有理可循，我们对创造力知之甚少。既然自己都不了解，就更难让机器具备这种能力。据说牛顿坐在树下被掉落的苹果击中，因此发现了万有引力。爱因斯坦在1916年就提出引力波的存在，但直到一百年后人类才第一次直接探测到来自双中子星合并的引力波。不只科学家具有创造力，一般百姓甚至连小孩都有。但对机器来说，"无中生有"非常困难。几年前人工智能聊天机器人"微软小冰"就展现了写诗、作曲甚至作画的能力，但那都是大数据训练出来的结果，并不代表计算机真有创造力。

最顶层是智慧。智慧是创造力的极致表现，只有在经历人生、看透世事之后，人脑中才会偶尔蹦出一些大彻大悟的道理。在可见的未来，我们都无法想象机器能够拥有智慧，如创作出一本老子的《道德经》之类的作品。

当前的人工智能可以做到计算、记忆、感知和封闭环境下的认知，也就是图1-1中的下面两层内容，同时可以借助大数据训练模拟认知与创造力；可是人工智能很难做到智慧。经过对"智能金字塔"的分析，我们可以为第三阶段由人工智能所驱动的数字化转型勾勒出一个大概的范围。

（1）伏尔泰曾说过："常识并非那么平常。"人是万物之灵，我们平时习以为常的事情，其他物种或机器可能永远做不到。近年来，许多人因为看到人工智能"超越人类"的消息，就开始怀疑人的智能还有多少价值。"智能金字塔"告诉我们智能不止一种，有些可以由计算机代劳，但有些则专属于人。数字化转型需要将人的智能与人工智能做最好的结合。

（2）科幻情境还是停留在小说或电影里就好。没有人知道机器会不会突然有意识，或者强人工智能会不会出现，但这些都不是数字化转型的当务之急。我们该关心的是如何把成熟的技术快速地应用到对企业最有帮助的场景中。

（3）"智能金字塔"告诉我们，这一波数字化转型的重心在感知与认知技术的应用。除了大家耳熟能详的计算机视觉、语音识别、自然语言处理，以机器学习算法辅助商业洞察、决策与预测也是很重要的方向。

（4）计算机最擅长的功能还是计算与记忆。企业内的计算设备通常难以支撑以大数据训练机器学习模型时所需要的算力，因此，要想有优异的人工智能表现，就必须借助云计算。使用公有云是企业数字化转型应该考虑的方向。

（5）人工智能不会取代人类，但会取代工作。为了预防某些工作因为数字化转型而消失，企业应该提早培训员工往"智能金字塔"的上方走，尤其是处理开放、复杂或集成性问题的能力，同时让企业保持创新文化，这些都能让人与机器更完美地合作。

点评

数字化转型是一个系统化工程，更是一个开创性的工程。为什么将数字化转型置于企业愿景之中？对于想要打开第二曲线的高科技企业来说，如果仅仅把数字化转型视为局部的信息化，通过信息技术和数字技术提高部分流程、管理、运营等效率，那么只能收获"一条速度很快的毛毛虫"；而只有把数字化转型纳入企业愿景，将数字化转型上升为企业战略层面，才能最终实现化茧成蝶，成功打开第二曲线。

人工智能、云计算、大数据等新一代数字技术，为企业数字化转型提供了自我颠覆的可能，这些数字技术天然具有打破企业边界的基因，它们要求企业必须重新思考商业模式、产品组合、业务运营管理、人才与文化等，即涉及企业运营管理全要素。基于人工智能的数字化转型是生产力全要素变革，这场变革所带来的改变要远比前两个阶段更加深刻，企业领导人必须成为远见者，才能在第三阶段的数字化转型中成为最终的赢家。

小练习

你所在的企业是否想要开创第二曲线？当前的企业数字化转型处于哪个阶段？是否将数字化转型置于企业愿景之中？

1.2 在最成功的时候"刷新"企业

1.2.1 "不尊重传统，只尊重创新"

2014年2月4日，微软公司的中国员工虽然还处在春节假期的忙碌中，但都关注着美国华盛顿州的雷德蒙德总部，因为长期担任微软高管的萨提亚·纳德拉被任命为首席执行官（CEO），接替史蒂夫·鲍尔默（Steve Ballmer），成为微软39年历史上第三位领导人。

记者会后，大批微软员工集合在总部大厅欢迎他们的新任首席执行官。萨提亚这时候对同事们说："虽然微软已经取得了巨大的成功，但我们渴望做得更多。**我们所在的行业不尊重传统，只尊重创新。**"

陪伴在现场的前两任首席执行官——比尔·盖茨与鲍尔默，以及他们所建立与领导的微软不只是传统，甚至是传奇。视窗操作系统（Windows）、办公室软件（Office）与Xbox游戏平台等产品被数十亿人使用，他们用将近40年的时间彻底实现了当初创业的愿景：在每张桌子上、每个家庭里都有一台电脑（A computer on every desk and in every home）。他们会被永远记得，因为他们是个人计算机革命里的领军人物，重新塑造了每个人与每个组织的生产方式、生活方式与管理方式。

因此，"不尊重传统，只尊重创新"这句话成了次日众多科技媒体的头条新闻。大家对其做出不同的解读，甚至有好事者认为那是萨提亚在向前任叫板，宣告一个新时代的来临。

当时，潘天佑博士隔着太平洋通过直播听了这场演说，他认为萨提亚是在鼓励员工走出舒适圈。这些年，萨提亚领导微软的方向、文化与行动，特别强调一种"成长型思维"（growth mindset），那是由斯坦福大学教授卡罗尔·德韦克（Carol Dweck）在《终身成长》（*Mindset*）一书中提出的。**拥有成长型思维模式的人认为他们的技能和智力可以通过努力和坚持来提高；他们接受挑战，克服障碍，从批评中学习，并从他人的成功中得到启发。**

萨提亚并没有否定微软过去的成功，但对今天的微软员工而言，那些成功就像高大的城堡，一方面保护员工的利益，另一方面却限制员工的发展。自2014年的那场演说开始，微软启动了一个从个人计算机时代直接进入人工智能时代的高跨度转型。

萨提亚被董事会选为微软首席执行官时只有46岁，他在印度读完大学之后前往美国，而且几乎所有的工作经验都是在微软获得的。虽然他已经是负责云计算的全球执行副总裁，萨提亚的出线还是令许多人意外。微软当时有不少问题，董事会要找出能够带领公司彻底转型的人。圈内人常是固定思维，甚至会有人情包袱，不利于改革，因此有人猜测福特（Ford）汽车首席执行官艾伦·穆拉利（Alan Mulally）一定是微软想要的人选，他被认为是在2000年代中后期让福特扭亏为盈的功臣。

然而，微软当时的董事长约翰·汤普森（John Thompson）这样说："我们对所有可能的人才进行了彻底搜寻，发现最适合这份工作的人就在公司内。"这话听起来很像"众里寻他千百度，蓦然回首，那人却在灯火阑珊处"。

究竟应该提拔内部人才还是引进外部人才来领导组织转型？前者熟悉组织却受限于现有的框架；后者可以突破框架，却不熟悉组织的运作。因此，这个问题并没有标准答案。或许应该像汤普森所说的那样：对所有可能的内部人才与外部人才进行彻底搜寻，从而发现最适合这个工作的人。

作为微软内部拔擢的人才，萨提亚长期向鲍尔默汇报，并接受比尔·盖茨的指导。他是圈内人，所以当他说"我们所在的行业不尊重传统，只尊重创新"时，他也在宣誓自己必须离开舒适圈。就像他在给员工的第一封信里说的："展望未来，我们必须聚焦于微软能为世界做出的独特贡献。未来的机遇需要我们重新思考我们过去为移动和云计算世界所做的事，并且做出新的事。"

重新思考过去所做的事,尤其是做错的事,然后做出新的事。就像我们中国人说的:苟日新,日日新,又日新。这才是我们行业所尊重的创新。

1.2.2 伟大的企业,犯伟大的错误

1. 创始基因成为转型的阻力

在这里先谈谈比尔·盖茨与鲍尔默。在创新或转型时,人们常过度地批评过去。那是不对的,因为现在的"我"来自过去的"我"。

1975 年,20 岁的比尔·盖茨与挚友保罗·艾伦(Paul Allen)共同创办微软公司。鲍尔默是盖茨的哈佛大学同学,他在 1980 年加入微软。就在那一年,IBM 给了微软一份合约,让 IBM 个人计算机使用微软的 DOS 操作系统,由此开启了微软主导个人计算机的时代,直到今日。

常有人将鲍尔默视为盖茨的接班人,但事实上他们更像共同创业的伙伴:盖茨负责研发,鲍尔默负责销售。即使鲍尔默在 2000 年接替盖茨担任首席执行官,盖茨还是继续担任董事长,直到 2014 年两人同时离开微软。因此,他们两位并不代表两个时代,而是处于同一个"个人计算机革命"的时代。他们让大型、昂贵、必须由经验丰富的专家操作的电脑出现在每张桌子上、每个家庭里。

微软的成功不只是因为它在 IBM 个人计算机上占了先机,更在于它能继续强化个人计算机在生产、生活与管理上的能力。直到今天,八成以上的个人计算机使用视窗操作系统,全球有 12 亿人使用办公室软件。盖茨与鲍尔默在个人计算机革命中无疑是成功的,但他们也让个人计算机与视窗操作系统成为微软的基因,以至于在互联网与移动通信这两种颠覆性技术出现的时候显得反应迟缓。

2. 错失互联网时代机遇

我们在前面提到盖茨在 1995 年出版《未来之路》一书时低估了互联网崛起的重要性和速度,导致他在不到一年的时间里就进行重大改版,增加了两万多字内容。同类低估不只出现在书里,他大概也低估了成立于 1994 年的网景公司(Netscape)。

网景发明的 JavaScript 成为网页客户端使用最广泛的语言，SSL 协议成为保护在线通信安全的标准。更重要的是，网景的网页浏览器导航者（Navigator）一度拥有高达九成的市场占有率。这些成功让网景刚成立一年就股票上市，而且在交易第一天股价就从 28 美元涨到 75 美元；同时创始人马克·安德森（Marc Andreessen）在 1996 年成为《时代》杂志的封面人物。从此，一个崭新的互联网时代拉开了帷幕。

微软拥有个人计算机的门户，使用者必须通过视窗操作系统才能访问个人计算机上的资源；而网景则是互联网的门户，使用者要通过导航者网页浏览器才能访问互联网的资源。作为个人计算机时代的霸主，微软自然不愿意失去互联网门户的战略地位，因此迅速推出简称为 IE 的 Internet Explorer（网页浏览器），并将其预先安装在视窗操作系统之中，在电脑安装后即可使用，借此降低其他浏览器的使用机会。

虽然微软的 IE 如愿地打败了网景的导航者，但这种以操作系统结合网页浏览器的做法导致美国政府对微软展开反垄断调查，相关法律行动一直延续到 21 世纪方才和解。另一方面，当微软分心应对诉讼时，谷歌公司的搜索引擎成为互联网的新门户，当微软推出必应搜索来应对时已经迟了。同时，亚马逊成为电子商务的龙头，脸书主导了社交网络服务，苹果则通过 iPod 开始统治美国的数字音乐播放器市场。中国的互联网公司，包括腾讯、阿里、百度，也在 21 世纪初崭露头角。互联网的蓬勃发展让个人计算机时代的主宰者显得迟缓又犹豫，微软在互联网的门户、平台、内容与商业模式上都了无新意，完全失去一家创新公司该有的活力。

3. 再次错失移动互联网时代机遇

不只是互联网上的失误，比尔·盖茨在 2019 年的一次访谈中透露，他"最大的失误"是微软错过了移动互联，而把机会拱手让给了谷歌的安卓手机平台。他说："软件的世界，尤其在平台领域，是一个'赢家通吃'的市场。所以，最大的错误就是我的管理不善导致了微软不是今天安卓的样子。也就是说，安卓是非苹果手机的标准平台，而对微软来说那应该是一件很自然该赢的事情。"

他接着说:"智能手机市场只有一个非苹果操作系统的空间,那值多少钱呢?大约需要4000亿美元才可以从谷歌转移到微软。"

谷歌在2005年以5000万美元的价格收购安卓,最初的目标是打败微软早期移动版的视窗系统,最终安卓却彻底打败了微软的视窗手机,而成为移动领域的"视窗"平台。鲍尔默曾经嘲笑苹果手机iPhone,称其为"世界上最昂贵的手机",而且认为其因为没有键盘,所以对商务客户没有吸引力。由此可见微软当时的固定思维影响之深。它早期的手机操作系统就像一个缩小的视窗个人计算机。直到2009年,微软才决定放弃视窗系统,重新设计一个手机操作系统,但很明显太迟了。

微软对视窗操作系统的执着,是错失移动互联机会的主要原因。潘天佑博士在2005年,当时微软的精英团队几乎都扑在一个代号为"长角"(Longhorn)的产品上,长角就是后来的Windows Vista,那是一个在Windows XP取得巨大的成功之后,微软希望再创辉煌的操作系统。然而正如鲍尔默在2013年最后一次以首席执行官身份接受采访时说的:"那是我犯过最大的错误。"他接着解释说:"不仅因为Windows Vista不是一个伟大的产品,还因为我们花了五六年的时间才推出它,又不得不用后来的Windows 7来修正它。最终的结果是,我们有七八年的时间并拥有一流的团队,却被绑在Windows开发;除了没有取得进步,还错失了其他机会,比如手机。"

4. 创新者的窘境

盖茨与鲍尔默在事后分别承认的错误,可以用克莱顿·克里斯坦森(Clayton M. Christensen)在1997年出版的畅销书《创新者的窘境》(*The Innovator's Dilemma*)来解释。

克里斯坦森说:"首先,颠覆性产品更简单、更便宜,通常利润率更低,而不是更高。其次,颠覆性技术通常先在新兴市场或不重要的市场进行商业化。最后,领先的大企业中最赚钱的客户通常还不想要这种颠覆性产品。总的来说,一项颠覆性技术最初会被市场中利润最低的客户所接受。然而,**大多数公司会听取最重要客户的意见,来锁定能够带来更高利润和增长的新产品。这让他们**

更没有投资颠覆性技术的理由，直到错失良机，为时已晚。"

盖茨担任 25 年微软首席执行官，从零开始，把公司带领到 2000 财年度的 230 亿美元的业绩；鲍尔默担任 13 年首席执行官，让微软的业绩增长了三倍，达到 2013 财年度的 780 亿美元。面对那么大的业绩和成长压力，任何首席执行官都很容易落入克里斯坦森所说的窘境：微软的最高优先次序自然是赖以起家的个人计算机、具备垄断优势的视窗操作系统和最赚钱的办公室软件，而不是市场前景不明的颠覆性技术。

在数字化转型的浪潮中，每一个组织，尤其是行业的领先者，都面临类似的问题。如何兼顾最赚钱的主业与颠覆性技术带来的潜在商机，考验着领导者的智慧。

1.2.3 领导者的交接，转型的最大难关

1. 没有天生的首席执行官

本书不想过度吹捧任何人；事实上，没有人天生就会做所有的事。46 岁的萨提亚用 22 年的时间从微软基层一路被提拔到首席执行官的职位；他的优秀与努力毋庸置疑，但他没有当过首席执行官，更何况是一家世界级大公司的首席执行官。他说的每一句话、做的每一个决策都会被媒体关注并被拿来与前任做比较。

例如，萨提亚在就任首席执行官半年后受邀参加格蕾丝·霍珀计算机行业女性大会（Grace Hopper Celebration of Women in Computing），来自世界各地的 7500 多名女工程师出席了会议。萨提亚在那里接受了玛丽亚·克拉维（Maria Klawe）的采访，克拉维是微软董事会成员，那是一场友善的对话。然而，在采访接近尾声的时候，克拉维问萨提亚："你对那些不好意思开口要求加薪或升职的女性有什么建议？"萨提亚回答："这不是要求加薪的问题，而是要相信随着你的进步，系统会给你正确的回报。坦白说，我认为这可能是那些不主动要求加薪的女性所拥有的一个额外的超能力，那就是善业（good karma）。因为有人会知道这是我想要信任的人，我希望给这样的人更多机会。长期而论，那会有回报。当然，我并不是说这是唯一的方法。"

萨提亚在这里提出了一个东方思想：善业。业力是指一个人过去与现在的行为所引发的因果关系。如果一位员工努力工作，而且不主动要求加薪，那就是种下了善因，会在一个好的系统中得到善果。相信这是萨提亚在微软工作22年的真实体会，但这却成了他的一次公关危机。

萨提亚回答这个问题之后，社交媒体上出现了强烈反弹。许多人评论道，"善业"并不适用于职场女性，并引用了美国大学女性协会（AAUW）的一项研究，该研究称，女性的收入通常是同等资历男性的78%。甚至有不具名的微软员工爆料，在微软，男性的收入也普遍高于类似职位上的女性。

当天稍晚，萨提亚在发给员工的一封电子邮件中表示，他自己应该为这次争议负责。他说："采访快结束时，玛丽亚（克拉维）问我对那些不愿要求加薪的女性有什么建议。我对这个问题的回答完全错误。毫无疑问，我全心全意地支持微软和行业里的各种项目或活动，让更多的女性进入科技领域，并缩小薪酬差距。我认为男性和女性应该得到同工同酬。玛丽亚的建议是正确的，如果你自认为该加薪，你就该直接提出要求。"

萨提亚的认错速度极快。他提的"善业"是因为文化差异而没有被正确理解的，但是萨提亚没有辩解。更难能可贵的是，从此之后，多元与包容（diversity and inclusion，D&I）成为微软文化转型中的一面大旗。

2. 一次公关危机的启示

萨提亚为自己在女性大会上的失言而立即道歉挽救了这次公关危机，这一事件提醒大家：即使是萨提亚，也很难看见自己所有的偏见。

微软是跨国企业，在全球190多个国家运营。如果不能把多元与包容深植在每位员工的心中，并成为公司的行为准则，微软就不能予力每一个人、每一个组织去成就他们的使命。此次事件后，微软加大了对多元与包容文化的重视。根据微软2021年的D&I报告，女性在微软全球员工中所占比例从四年前的25.5%上升到本年的29.7%，同时女性高管与合伙人级别职位从四年前的15.8%上升为本年的21.1%。

多元与包容的文化不只在不同性别之间，也包括对不同种族、文化、生活习惯等各方面的尊重与公平对待。这也延伸出"微软产品不愿意落下一个人"

的精神,例如,微软产品的安装或开发工具都会配置语音,让盲眼或视力受损的人可以独立使用。萨提亚还催促微软研究院以最快的速度(事实上是几个月内)上市 Skype 翻译功能,那是第一个能让不同语言在网络通话中实时翻译的数字工具,尽量消除语言障碍和它所造成的偏见。

2014 年,潘天佑博士特地从北京飞到微软总部领取萨提亚颁发的"能力奖"(ability award),此奖是为了奖励一年中最能予力他人的产品或研究。潘天佑博士代表领奖的项目是由微软亚洲研究院的同事周明博士、童欣博士与吴国斌博士,中科院计算机所陈熙霖教授,北京联合大学特殊教育学院李晗静教授和许多学生共同研究的"基于 Kinect 的手语翻译系统"。这个研究让 Kinect 体感器化身成了一个手语翻译器,可以实现手语与口语双向翻译。再辅以语言翻译器,让中国的聋人可以自在地以手语跟本国人甚至外国人"聊天"。

3. 处理遗留问题

说到萨提亚上台之后的尴尬场面,失言风波远不及处理诺基亚合并问题那么引人注目。

2013 年,鲍尔默(Steve Ballmer)担任首席执行官的最后几个月,微软宣布以 72 亿美元买下诺基亚的手机部门;微软还将聘用 3 万多名诺基亚员工。微软买下诺基亚并不令人意外,因为这家手机霸主是当时唯一在其高端智能手机上独家使用微软 Windows Phone 8 操作系统的制造商。与此同时,安卓和苹果手机继续占据市场主导地位,微软一直在为视窗手机赢得市场份额而努力。

然而一家以软件起家的大型公司要跨入硬件制造领域是一个重大决定,但当时的微软似乎并没有对这个决定达成共识。与此同时,微软的云计算平台 Azure 发展得不错,尤其云端版的办公室软件 Office 365 与必应搜索服务让微软在"软件即服务"(SaaS)这个市场具有一定的优势。董事会在选择领导过云计算、必应搜索与线上服务的萨提亚出任首席执行官时,似乎已经在手机制造与云服务两者之间做出了选择。接下来微软面临的就是如何从刚买下诺基亚的这个事实中退出去的问题。

萨提亚上任才 5 个月,微软就宣布裁员 18 000 人,约占其全职员工的 14%。这是微软公司历史上规模最大的一次裁员,其中 12 500 个职位与微软收购诺基亚手机业务有关。一年后，萨提亚再次宣布手机业务部门裁员7800人，并冲销与收购诺基亚手机业务相关的78亿美元，这比微软花费72亿美元收购诺基亚手机业务的价格还要高。

原则上，萨提亚在董事会的支持下只用了一年多时间就把诺基亚的事情处理完毕；虽然这在面子上和报表上都不大好看，甚至有些对不起诺基亚的员工，但可以让新首席执行官领导的转型之路更加专注。

4. 裁员：不可避免的转型策略

每个组织在转型时都会面对艰难的选择。然而什么是战略？**战略就是排定优先次序，然后把资源集中在最优先的地方，同时果断地结束在此之外并且消耗资源的项目。**

在第一波裁员中，萨提亚要求全公司所有部门一起瘦身。目的在于迫使每个部门的领导人重新思考优先次序，微软研究院也不例外。然而研究院与其他单位略有不同：一来它的研究人员为数不多，二来他们大多是世界级的科学家，所以这个单位从来不裁员。

研究院领导为了不让各地的研究院同时受到波及，决定关闭美国硅谷研究院。除了两位图灵奖获得者（图灵奖号称计算机领域的诺贝尔奖），数十位计算机科学家一起遭到裁员。美国学术界对这个决定极不赞成，数十位学术泰斗联名写公开信指责微软不尊重人才。这对微软研究院其后数年的顶级人才招聘造成了负面影响。

总的来说，组织瘦身是转型的必经过程。资源有限，若不在一些地方减少，就不能保证在重要的地方有足够的投入。然而瘦身是一把双刃剑，企业领导者必须准备好承受剧烈瘦身所带来的伤害。

本书在这里提起萨提亚担任首席执行官最初两年里的几件难堪事，目的是想说明他并不是一开始就顺风顺水。一方面他没有当企业最高领导者的经验，另一方面企业转型难免会影响一部分人。萨提亚实事求是，既谦虚又坚持，并能把挫折与难堪当作进步的动力。这些特质让他在接下来的几年时间里领导微软成功转型，并交出极为亮眼的成绩单。

萨提亚在 2014 年接任首席执行官时，微软公司市值不到 4000 亿美元；此后，微软公司市值在 2019 年突破 1 万亿美元，又在 2021 年迅速地突破 2 万亿美元。2021 年 6 月，微软董事会一致通过萨提亚出任董事长，并继续担任首席执行官。可见，董事会和微软股东对他的肯定与信任。

点评

　　数字化转型对于企业来说是一次"刷新"的机会，数字化转型要求企业领导者必须跳出现有的思维框架，重新审视以人工智能等为代表的数字技术带来的颠覆性机会，包括颠覆性产品组合、颠覆性商业模式、新的产业和经济周期等。对于期望打开第二曲线的高科技企业领导者来说，他们必须在新的产品组合、商业模式、产业经济周期等发展的初级阶段就下定决心进行转型。当然，转型过早有可能成为"先烈"，转型过晚则可能被其他企业占据先机。同时，能否成为新时代的引领者，也要看企业的资源、人才结构以及时间窗口等。对于大型企业来说，如果具备了充足的资金储备和现金流，那么就不要安于只做"一条速度很快的毛毛虫"，而要尽早为化茧成蝶做好准备。

小练习

　　在人工智能、云计算、大数据等数字技术的影响下，你所在的领域是否已经出现颠覆性产品组合、商业模式或新产业经济周期的机会？如何抓住新的机会，从而打开第二曲线？

○ 1.3　数字平台时代的企业愿景

1.3.1　新时代、新定位、新愿景

组织的愿景（vision）经常以使命宣言（mission statement）的形式存在。

使命宣言是一份说明业务重要性的声明。通过设计，它可以指导员工的行动，并通过解释组织想要实现的目标来引领方向，从而吸引顾客。好的使命宣言气吞山河，又步步为营；富有前瞻性，又有可行性。

前面提到，微软的创业愿景是"在每张桌子上、每个家庭里都有一台电脑"。难能可贵的是，这个愿景经过40年得以实现，但同时它就不能再引领未来方向了。因此，处理完诺基亚的事情之后，萨提亚在2015年将微软的企业愿景扩大为**"予力全球每一人、每一组织成就不凡"**（To empower every person and every organization on the planet to achieve more）。这个使命宣言有三个重要元素。

（1）予力。

（2）每一人、每一组织。

（3）成就不凡。

使命宣言的第一个组成部分是展示微软的产品能为客户做些什么。例如，在工作上协助快速处理数据或在家里增强信息获取能力。第二部分明确了目标市场，那就是全球所有的个人与组织。第三部分则明确指出，微软的计算机技术和软件产品要让客户在生产方式、生活方式和管理方式上都能受益。

第一次读到这个使命宣言时，你也许会觉得它有点笼统，甚至有点虚。但实际上这个宣言没有尽头，它不像"每张桌子上都有一台电脑"那样有完成的一天，却有清楚的指导性。例如，萨提亚说：微软是一家"平台与生产力"公司。按照微软公司的传统理解，平台是指视窗操作系统，生产力是指办公室软件；但在新的宣言里，平台是指服务所有的人与组织，而生产力是帮助他们成就更多。

我们通过"平台"与"生产力"这两个词就能了解，萨提亚的新愿景建筑在微软40年的发展基础之上，而不是凭空大转弯。另一方面，在创业使命完成之际，我们看见未来40年以计算机技术和软件产品改变世界的新使命。

1.3.2 从工具时代到平台时代

予力（empower）是微软崭新的定位。近年来，"empower"这个英文单词在管理类文章中频频出现。它的中文翻译有很多，包括"予力""赋能"或"授权"等。这个单词中的"em"是指使进入某一状态，而"power"的意思是能力或权力，合在一起就是使别人有能力。

那么计算机技术和软件产品如何使别人有能力呢？我们先用图 1-2 来了解一下智能流程在物理世界或数字世界中的基本模型。

人工智能 and/or 人的智能

决策 ← 分析 ← 数据

执行器 → 物理世界 → 传感器

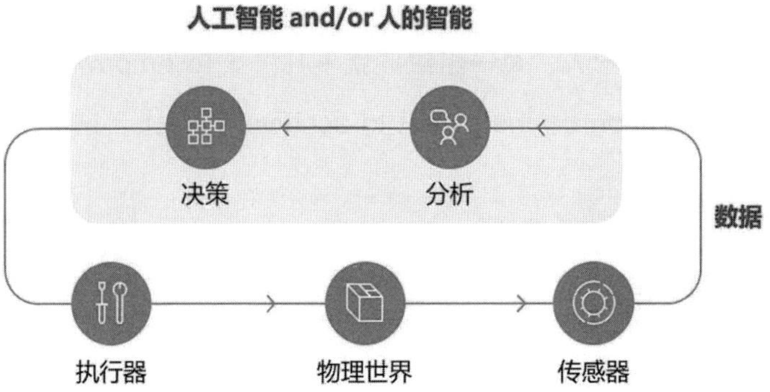

图 1-2　智能流程在物理世界或数字世界中的基本模型

假设在物理世界中有一个苹果，鲜红油亮、香味扑鼻。你的眼睛和鼻子是传感器，它们把苹果的信息传递到大脑里进行分析。从经验里你知道这个苹果一定很好吃，从身体信号上你感觉到自己饿了，通过现场观察你没有发现危险，然后这些分析结果就进入了决策阶段。你在做决策时可能会受到非量化，甚至非逻辑性的因素影响，如道德、情绪、潜意识等。最后，你决定吃了它！于是手和口就成为执行器，你伸手抓取苹果放入口中。这时物理世界的状态就改变了。你的口耳鼻舌身还是继续担任传感器，把新状态的信息提供给大脑。例如，苹果入口竟然出乎意料的酸涩，或是旁边一位小孩见你把苹果拿走而号啕大哭。你的大脑继续分析、决策，并采取下一步动作。

这种反馈系统伴随着每个人的每一天。人之所以为万物之灵，正因为我们具有强大的分析与决策能力，虽然我们还不完全清楚大脑的运作过程，但我们知道经验（历史数据）让我们形成了某种思考模式。

我们的祖先在数万年前就知道使用工具，而工具的作用一直以辅助或取代执行器或传感器为主。例如，人推磨子，那么磨子就辅助了人的执行力；驴推磨子，驴就进一步取代了人的执行力。同样的，放大镜、指北针、相机都能辅助人的传感能力。

在人类文明发展中，文字与数字的出现是颠覆式创新。它们让人类的思考可以在大脑之外处理，辅助了大脑计算不精准与记忆不长久的短板。我们执笔在纸上写文章，纸上的文字便是物理世界，它的状态随着写文章的进度不停地改变。大脑通过眼睛接收纸上的信息，经分析、决策后再写下一个字。

文字与数字虽然辅助了人的智能，但它们的执行速度受限于人的思考，不能被自动化。中国的算盘和最早期的计算机也是如此。例如，查尔斯·巴贝奇（Charles Babbage）在1834年发明的机械式分析机，每完成一次20位数的计算，就要把结果提供给人脑做分析与决策，之后才能安排下一轮的计算。

随着电子计算机的出现，我们可以借由编程手段使每一个计算指令完成，之后不需要将阶段性结果传送给人的反馈系统，而是继续进行下一步计算。因此电子计算机不仅极大地辅助人的智能，甚至能在某些条件下取代人的智能。不过，计算机仍然是一个工具，它不会变成人，也不会拥有意识去主宰人类，但使用它可以让我们变成"超人"。我们可以用这个强大的工具帮助别人，也可以操控别人。它可以帮助盲人"看见"、聋子"听见"；它也可能侵犯个人隐私，扩大贫富差距。

在了解计算机如何赋能人类之后，让我们来思考计算机技术，尤其是互联网，如何冲击着我们的社会与经济。互联网泡沫在2001年全速消退，之后能够撑下来的公司，包括谷歌、eBay、亚马逊、Netflix等，都成了企业霸主与股市宠儿。中国也是如此，虽然我们在40年前个人计算机崛起时参与不多，但20年前中国对互联网新商业模式的接受程度与欧美并驾齐驱。互联网毋庸置疑给每个人带来便利，但所谓的"互联网经济"则是有利有弊，当其规模扩大后就可能出现问题。

个人计算机的普及并没有改变经济模式，例如，苹果卖硬件，微软卖软件，英特尔卖芯片，IBM卖服务。它们在个人计算机市场得到成长，但没有改变买卖模式。可是21世纪的新经济方式改变了买卖的基本原则。

互联网普及之初，大家了解到它能为资金流、信息流与物流带来便利，但也能形成垄断。首先，任何文明国家的货币都是由政府发行的，负责资金流通的金融机构也必须接受政府监管。然而21世纪开始普及的网络支付和后来的移动支付则多数由互联网公司发动，虽然消费者感受到前所未有的便利，但是当它的规模膨胀到一定程度时，互联网金融就容易形成监管死角，国之重器可能会被私人企业所控制。

其次，在互联网时代之前，信息各有其主，例如，出版物有版权，私人信息有隐私权。但是当信息被数字化、网络化之后，信息的所有权就难以控制。搜索引擎可以任意披露信息，或是借由搜索排名来获取利益。社交网络掌握着使用者的信息以及他们的网络关系，再用它们来做精准广告并阻挡后来的竞争者。

最后，谈谈物流。民生必需品的流通自古就受政府管制，如食盐、矿产等。近代的电力、燃料、水、带宽等也都由政府特许经营，粮食的价格也需要政府来维持稳定。除此之外，商业上的垄断、囤积或哄抬价格都是法律禁止的。

简单说，货物自由流通的前提是公平竞争与社会稳定。然而，一旦互联网商业平台做大，不只消费者失去了部分选择权力，提供货物的商家也失去了议价空间。2021年9月，美国联邦法官下令苹果公司松绑App Store的付费模式，必须让应用程序开发者能引导消费者以外部支付的方式支付应用程序内的费用。由此可见，利用平台优势获取暴利并不符合商业原则。

互联网企业不仅对资金流、信息流与物流可能造成负面影响，还经常扮演颠覆传统产业的角色。例如，电子商务平台颠覆了零售业，网络广告业务使报纸、杂志、广播、电视等行业收入骤减，网上预订服务挤压旅行社的生存空间，而在线视频平台消灭了传统DVD租赁行业。

互联网企业操控数据的危害性极大。电子商务平台持有消费者交易数据；社交网络平台持有使用者隐私数据；网约车平台持有乘客行动数据。这些数据可以追踪个人，也可能被用来了解群体行为。因此，各国政府纷纷出台数据保护法规，例如，欧盟在2018年开始实施《通用数据保护条例》（GDPR），中国在2021年开始实施《中华人民共和国数据安全法》；美国没有全面的数据保护法，但有各种旨在保护公民隐私和在线数据的联邦法律和州法律。互联网产业发展了 20 余年后，人民与政府终于明白任由企业操控数据的危害性。这些法律能帮助互联网企业获利，此外其更重视如何赋能他人。

1.3.3 找到继续增长的动能

根据这些背景因素，我们可以了解萨提亚在 2015 年微软公司转型之初确定新的使命宣言的意义。

首先，今天的微软继承了盖茨、鲍尔默和微软员工、股东及客户共同打造的个人计算机时代，不是靠这家公司能赚多少钱或市值有多高，而是因为个人计算机彻底改变了所有个人、企业与政府。经过 40 年的努力，目前除了极度贫穷地区，个人计算机的普及化已相当彻底。

20 世纪末全球开始关注"数字鸿沟"（digital divide），它是指在数字化的进程中，不同国家、地区或行业对信息技术的拥有及使用差别可能进一步恶化贫富差距。对此，微软与许多政府及私人投入大量资源试图改善这一现状，包括将个人计算机设备及软件捐赠给贫穷国家。微软在 2017 年推出无线宽带计划 Airband，旨在进一步缩小数字鸿沟。它利用电视空白频段及其他技术，为世界各地经济较落后的社区提供高速互联网连接，并计划在几年内为拉丁美洲和撒哈拉以南的非洲地区的 4000 万人服务。这就是使命宣言里所描述的"予力全球每一人、每一组织，一个都不愿意落下"的企业愿景。

其次，正如在前面所讨论的，互联网经济为人们带来巨大的便利，它在为互联网企业带来丰厚利润的同时，也可能带来前所未见的监管、隐私与垄断等问题。微软已经错失成为互联网巨头的机会，但萨提亚并不打算走回头路。他在使命宣言中强调微软存在的意义是"予力他人成就不凡"，也就是说，将自己定位为技术、产品或服务的提供者。除了与部分技术公司仍然存在商业竞争关系，微软对各行各业和所有消费者而言都是一个赋能者。

市场咨询机构 IDC 在 2020 年出版的一份研究报告指出，微软在 2020 年每产生 1 美元的收入，它的合作伙伴就能通过创造、销售和交付的服务和软件产生 9.58 美元的收入。IDC 预计，到 2024 年，这个数字将增长到 10.04 美元。简单来说，微软是一家赚钱公司，它让生态圈赚了 10 倍之多的利润。

2020 年 7 月 29 日，美国众议院司法委员会罕见地要求亚马逊、苹果、脸书和谷歌的首席执行官出席一场关于数字竞争的听证会，以协助调查反垄断争议。次日许多媒体用"拷问"来形容这场长达 5 个小时的会议。然而，被高盛称作 FAAMG 的五家美国最大的技术公司中，微软成了唯一的例外。对比微软在 20 世纪末所经历的反垄断官司，微软的转型似乎走出了一条不同的道路。

本书在这里并不想贬低互联网企业，事实上，本书不止一次强调互联网经济为人们带来巨大的便利。当一家企业拥有尖端技术、海量数据和大家绕不开的平台，那么"予力他人成就不凡"就应该是它理所当然的使命。

许多人在 2015 年已经看到人工智能的力量，尤其是它结合大数据与云计算能够产生识别、分析、决策甚至预测的能力。因此，一些人开始担心人工智能会取代工作机会，甚至威胁人类生存。微软的新愿景"予力全球每一人、每一组织成就不凡"宣示了公司发展人工智能技术是以全体人类的福祉为归依。

微软公司成立了人工智能伦理委员会以确定每一个产品、每一项服务都符合道德并有益于人类。微软公司内部每年都会举办全球黑客松（关于"黑客松"的释义，详见本书"5.2.1 创新不等于发明"）大赛，"人工智能造福人类"（AI for Good）一直是大家最感兴趣的题目。世界各地的微软员工积极创想人工智能如何解决人道主义问题，并创建一个可持续发展的世界。微软的使命宣言正鼓舞着这种科技为善的精神。

微软的使命是以自身的技术帮助别人强大，让所有人生活得更好。当别人强大了、更好了，微软就得到继续成长的动能。后面讨论的云战略就是基于这个定位发展起来的。

1.3.4　迈出数字化转型的第一步

《吕氏春秋》说："壹引其纲，万目皆张。"愿景就是纲，它指导着组织的发展，尤其在转型过程中，更是如此。在本章中，我们讨论了组织愿景，以及从愿景扩展出来的战略定位。微软因错失了互联网与移动通信的时代，而被视为衰落帝国；但它掌握了人工智能、大数据与云计算等颠覆性技术，借此契机，从更新使命宣言开始深度转型，几年间便再度成为全球最具竞争力的技术公司之一。

对其他组织而言，无论目前处在数字化转型的哪一个阶段，都建议它重新检视组织的使命宣言。如果组织现在就有一个很好的使命宣言，那么它就可以基于这个愿景来规划转型的战略步骤。如果使命宣言非常陈旧，没人重视了，或根本没有一个像样的使命宣言，建议组织把制定或修订使命宣言当作数字化转型的第一步，具体建议如下。

（1）使命宣言是一个组织存在的意义。西方有句话说：人一生中最重要的两天就是出生那天和发现人生目标的那天。组织跟个人一样，一家公司成立了，甚至赚钱了，并不代表它发现了存在的意义。同样的，意义与目标能激发无比的活力、创意与积极性。

（2）使命宣言是从上而下，但必须扎根在基层。它可能来自有远见的创业者，如微软的创业愿景——每张桌子上、每个家庭里都有一台电脑；或是核心团队的对话；当然也可能出自公关公司之手。无论是出自何者，它都应该是领导层的共识，再经由不断地说明、提醒，并在教育训练中不停地阐述，从而让使命宣言深植每位员工心中，每个岗位上的人都能够通过所执行的不同任务去实现共同的愿景。

（3）当我们为了数字化转型而重新检视使命宣言的时候，核心团队的对话是必须的。萨提亚在《刷新》中描述了他如何与核心团队讨论、争论、辩论，接着让"一个更广大的管理者团队具体负责使命的塑造和文化的建设"，再经过各种会议，让客户与更多部门提供反馈意见。可以说，制定或修订使命宣言本身就是凝聚组织向心力的过程。

（4）使命宣言可以帮助组织制定清晰的战略方向。若无清晰的使命，组织一旦面临挑战或出现意见分歧就容易涣散。接下来的第 2 章及第 3 章将分别说明如何将使命宣言扩展成技术战略与产品战略。

（5）使命宣言的一个重要目的是鼓舞员工，并让他们感到骄傲。没有人愿意为一家唯利是图的公司工作；同时，越是有才华与抱负的人才越希望在工作中看到意义，如探索未知、改变世界、造福人类等。因此，使命宣言不光要有落地的踏实感，还要有登天的气势。

（6）使命宣言的另一个重要目的是让客户、股东和伙伴们有信心。我们可以考虑将服务品质、产品安全、公司治理、生态系统等元素写入或含在使命宣言中。

（7）将使命宣言融入教育训练或发展成组织战略都是经年累月的工作，所以使命宣言最好不要轻易更改。然而，它也不是不能更新。趁着数字化转型的机遇去重新检视组织的使命宣言，可谓正当其时。

除了组织本身的使命宣言，组织的主要部门也可以依照需要制定个别的使命宣言。例如，微软研究院的三项使命是：做一流的计算机科学研究；将最新技术转化到产品与服务中；确保微软有未来。这组使命宣言从 1991 年微软研究院成立之后就确立下来，它长期指导着研究院的成长。经历个人计算机、互联网、人工智能等不同时代，研究院做一流科研与技术转化的使命不但没有过时，反而对公司的生存与发展更加重要。本书将在第 4 章深入讨论研究院与基础科研。再往下一个层级，微软研究院对外合作部门也有自己的使命宣言，那就是"对外合作扩大微软研究的影响力"。部门的使命宣言可以凝聚团队、认清方向并延伸具体的战略与行动。

点评

通过数字化转型打开第二曲线，这对于高科技企业来说是一次新生，也是一个新的开始，这时候就需要一个新的愿景/使命宣言。愿景/使命宣言对于很多传统企业还比较陌生，甚至有些企业认为愿景/使命宣言可有可无。大多数的企业管理者没有经历过上一次企业重生/创建时的初始化过程，因此它们缺乏对于新愿景/使命宣言的重要性的认知。因此，如果将数字化转型视为企业打开第二曲线的战略机会，就需要重新或从头设计企业或部门的愿景/使命宣言。不要小看愿景/使命宣言的设计，这是一次企业/部门进行全员对话的机会，它能让企业/部门重新找到自己的灵魂，以及继续向前发展的核心动力。

> **小练习**
>
> 你可以试着与同事一起制定自己部门的使命宣言。如何用短短的一句话或几句话,阐述共同的目标?

本章总结

本章讨论了微软的两个时代和两个愿景,同时讲述了如何制定或更新组织的使命宣言。微软的转型很具有代表性,它不仅对高科技企业有着巨大的参考价值,而且对很多传统企业具有重要的参考意义。1.1 节探讨了数字化转型的整体阶段,让企业可以根据自身情况,判断当下处于数字化转型的哪个阶段,以及通过数字化转型打开第二曲线的阶段性。1.2 节探讨了企业在最成功时转型所要面临的主要问题,特别是领导者和企业愿景的交接。1.3 节深入探讨了如何在数字平台时代重新设计企业的愿景。有了新的愿景,就意味着明确了企业的新方向,接下来就需要了解有哪些技术可以使用,以及如何将这些技术成功地导入企业。

第 2 章
数字化创新的跃迁

比尔·盖茨在 1995 年出版的《未来之路》一书中曾说："人们总是高估未来两年的变化，却低估未来十年的变革。不要让自己无所作为。"20 世纪末出现过互联网泡沫：当时大家都相信互联网会改变世界，但当两三年内没有发生巨大的变革，许多人就此失望离开，因而错失互联网的甜美果实。同样的，现在大家都相信人工智能会改变世界，这次就让我们用更大的耐心踏实筑梦，十年之后一定能看见一个非常不同的世界。本章将浅谈人工智能及相关技术，同时讨论企业如何逐步导入新技术来创造更高的价值。

○ 2.1　颠覆性数字技术

2.1.1　数字孪生与虚拟世界

许多人认为现阶段的数字化转型是由 ABC 驱动的：A 是人工智能（artificial intelligence，AI），B 是大数据（big data），C 是云计算（cloud computing）。与 ABC 同时出现的颠覆性技术还有物联网（IoT）、5G 通信、混合现实（mixed reality，MR）与区块链（blockchain）等。

下面先简单说明这些名词，再用一张图解释它们之间的关系。这些看似独立的技术其实可以编织成一个与现实世界相对应的数字世界，而数字化转型就是让两者之间可以高效并安全地转换，让数字世界更好地服务于现实世界。

物联网（IoT）连接物理物件，包括计算设备、传感器和其他数字机器，通过网络彼此连接并交换数据。了解物联网的一种简易方法是将它看成互联网，只是互联网一般被理解为连接个人计算机或手机等计算设备，而物联网则广泛地涵盖所有具备连接能力的电子设备，包括联网的车辆、家电、可穿戴设备及健康监控设备等。连接计算设备的互联网在过去20年间汇聚了海量数据并驱动人工智能；连接万物的物联网必将在未来20年里使数据量进一步呈指数级增长，并让人工智能的应用涵盖万事万物。

万物互联的前提是不受制于网络。无线网络（Wi-Fi）可以满足室内或非快速移动的需求，但室外尤其是快速移动就要靠**5G通信**了。运营商面对5G的巨大投资金额都曾犹豫过，尤其是4G尚可满足多数个人消费者的需求，如通话、上网、视频与直播等。运营商对5G投入的期许是从人与人的连接扩大到万物互联所带来的巨大商机。相较于过去的无线技术，5G具备更快的数据传输速率、更短的延迟、更高的可靠性，而这些都是自动驾驶汽车或工业4.0所需要的无线通信能力。

在物联网连接的所有数字技术中，**混合现实（MR）**有其独特之处。它不同于虚拟现实（VR）或增强现实（AR）。虚拟现实的特点是完全沉浸，也就是说眼睛看到的所有画面都是虚拟的；增强现实虽然可以看见虚拟世界的景象，但其自身感知还停留在现实世界中。混合现实则介于虚拟与现实之间。戴上微软HoloLens这类的MR眼镜，你看到的东西既可以是虚拟的，也可以是真实的；而两者之间还可以自由切换。混合现实给人们带来切实的感官体验，因此它是AI落地的一项重要装备。

2.1.2 虚拟世界的运转体系

图2-1所示为这个阶段数字化转型的整体概念。图2-1的左半部分代表现实世界里的各种人、事、时、地、物，以及它们之间的机缘与逻辑。经过物联网与5G通信，混合现实与其他数字技术能将现实世界的一切转变成数字世界里的数据；当然，它们也能把处理过的数据转回到现实世界。例如，在现实世界里"我"是一个人，而在数字世界里代表"我"的可能是一个凭证或密码。在现实世界里，使用纸币的人越来越少，因为"钱"更便于在数字世界中流通。

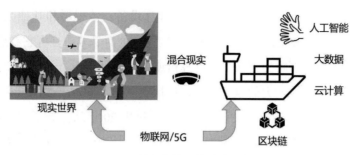

图 2-1 数字化转型的整体概念图

蒂森克虏伯（ThyssenKrupp）是世界上顶尖的电梯生产商，它为公司 2.4 万名技术工人配备了 HoloLens 混合现实眼镜。维修工人收到服务请求后，可以在办公室先查看即将前往维修的电梯三维立体图像及历史数据。到了维修现场，他可以透过 MR 眼镜同时看到电梯的实体与其三维模拟图及分解图。当工作遇到困难时，维修工人还可以远程呼叫各领域专家，并与他们共享全息图像。物联网、5G 通信与混合现实能将两个世界形成镜像（mirror）。现实世界里的难题可以转到数字世界进行处理，再把结果转回现实世界执行。

图 2-1 的右半部分表示数字世界或称虚拟世界，由人工智能、大数据和云计算所组成，也就是前面说的 ABC。互联网产生**大数据**，而物联网与 5G 通信除了进一步增长数据量，也能让数据的涵盖范围更广。

2012 年高德纳咨询公司（Gartner）给大数据下的定义为："大数据是海量、高增长率和多样化的信息资产，需要具有成本效益与创新性的信息处理模式，来增强洞察力、决策力和过程自动化。"这个定义包含三部分：第一部分使用海量（volume）、高增长率（velocity）和多样化（variety）即"3V"特征来定义大数据；第二部分说明传统的数据处理软件不足以处理过大或复杂的数据，可以改用深度神经网络（DNN）之类的新型信息处理模式；第三部分指经过适当的处理之后，大数据能提供更高的自动化与决策或预测的能力。

海量数据不可能在一台个人计算机上存放及处理，一般企业的机房也未必足够大。大数据的"3V"特征使**云计算**成为最经济的选择。根据 Statista 在 2021 年的调查，公有云的全球市场在 2010 年是 151 亿美元，2020 年增长到了 2360 亿美元，平均每年增长超过 30%。如此庞大的市场规模，还能保持大幅成长，可见大数据推动云计算的力道惊人。亚马逊、微软、谷歌与阿里巴巴是全球主要的云服务提供商。

如图2-1所示，云计算提供巨大的容量与算力，让**人工智能**算法（algorithms）可以从大数据中提炼出有用的洞察力。机器学习（machine learning）是一门多领域交叉学科，它基于被称为"训练数据"的样本来建立模型，以便在不被明确编程的情况下做出预测或决策。近几年的人工智能突破技术主要来自深度学习（deep learning），这是一种以人工神经网络为架构，对资料进行表征学习的算法，它能使用多层技术从原始数据中提取更高级别的特征。

例如，在图像处理中，较低的层可能识别物件的边缘，而较高的层可能识别与人相关的概念，诸如数字、字母或面孔。至今已有多种深度学习框架，如DNN、CNN、RNN等，在计算机视觉、语音识别、自然语言处理等领域获得了很好的效果。深度学习算法能利用大算力来处理大数据，使计算机提供前所未有的洞察力。

人工智能算法是计算机科学家研究的领域，而带领企业数字化转型的人未必需要深刻理解这些技术细节，只要选对方向、选对工具、选对伙伴，把技术问题留给技术人员处理就好。

2.1.3 数字化转型：现实与虚拟的闭环

假设有这样一个场景：你戴着HoloLens眼镜与世界棋王对弈——你和混合现实装置能同时看见现实与虚拟的两个世界，你和棋王下的每一步棋都会实时通过5G网络传到云端；云上的AlphaGo是一个基于深度学习算法的人工智能软件，它的模型由成千上万的棋谱训练而来；对手下任何一步棋，人工智能都能迅速计算出对你最有利的下一步棋，并显示在MR眼镜里。

这个例子告诉我们，善用人工智能及相关的技术可以让一位平凡人瞬间成为智商超人，甚至战胜棋王。数字化转型就是让现实世界里的各种人、事、时、地、物以及它们之间的机缘与逻辑转变成为虚拟世界里的大数据，再经过人工智能处理，转回现实世界成为决策与行动。

数字世界最怕的就是信息遭到窃取、篡改、冒用或破坏，尤其是个人身份、金钱与国家或商业机密之类的高价值数据。因此，利用密码学及信息安全技术来保护数据是必须的。

区块链是其中的一种技术，它借由密码散列函数串接并保护区块内容，使其具有难以篡改的特性。难以篡改就是防伪，这个特性让数字货币成为区块链最大的应用之一。然而在数字化转型的道路上，区块链可以在更多的场景中保护数据的真实性。

例如，微软在 2021 年发表论文描述了 Argus——一个基于以太坊区块链的完全透明激励系统——如何优于现有的解决方案，以有效地防止盗版活动。另外，联邦学习（Federated Learning）可以在多个拥有本地数据样本的分散式设备上训练算法，使参与者能够在不共享数据的情况下建立一个共同的机器学习模型。这些技术能有效地规避数据隐私、数据安全与访问权限之类的风险，是数字化转型中必须考虑的环节。

2.1.4 跨界创新：数字化转型的基本方法论

很明显，没有任何一家企业拥有或擅长以上所有的颠覆性技术，而且有技术的公司也未必有适合的场景让这些技术得到发挥。因此，**本书不断地强调合作之重要：跨部门、跨公司、跨产业，各自拿出看家本领追求共同创新。**

在此，引用一个 5G 智能工厂的例子来说明，它整合多样颠覆性技术，从而展现数字化转型带来的商业模式全面变革。对于电信运营商来说，该用多大的力度对 5G 进行投资，这是一个难题。实际上，从当今消费者使用手机的习惯而言，4G 仍然可满足其大部分需求，那么电信运营商为什么要花费数十亿美元升级到 5G？电信运营商必须找到适合 5G 的商业场景和相应的商业模式，让 5G 投资能够更快回收。

这里特地将 5G 放进现阶段数字化转型的整体概念图中，因为它让移动通信从人与人的连接扩大到万物互联。5G 具备更快的数据传输速率、更短的延迟与更高的可靠性，是元宇宙、自动驾驶汽车或智能化工厂所必需的无线通信能力。以 5G 的通信能力和云计算所提供的大数据存储与人工智能计算相连接，就能创造一个大规模的智能运营场域。

2020 年，远传电信、台达电子与微软三方携手共同打造台湾地区的第一个 5G 智能工厂，结合远传电信的 5G 技术、台达电子的智能设备以及微软的智能云技术，台达电子的智能工厂成功导入 5G 专网、无人搬运车、自主移动机器人、瑕疵检测设备、产线平衡、智能审计、混合现实等先进应用。

2021 年，这条 5G 商用生产线的示范厂正式对外公开展示。通过 5G 技术，工厂内的生产机器、设备与运输装置更加智能化——采用 AI 技术的瑕疵检测设备数据分析，采用 5G 实时传送产线检测产生的数据，进行大数据分析而能快速远端调整产线，有助于提高检测精准度、产品良率与产能。

除此之外，这个 5G 商用生产线还导入了 Microsoft HoloLens 混合现实与物联网数字孪生技术，达成 5G MR 远程厂房管理、维修与监控，能加速人员培训与经验传承，通过远端产线巡检，减少人工作业维护。这个 5G 智能工厂上线三个月就让单位面积产值提升 75%，而人均产值则提升 69%，实测成果非常亮眼。这个案例使用了前述的多项颠覆性技术，虽然整合的工程浩大，但得到的回报也很可观。

点评

数字技术层出不穷，企业管理者经常困惑于如何理解、掌握以及运用数字技术。以人工智能、云计算、大数据、5G、物联网、区块链、混合现实等为代表的新一代数字技术，其本质就是将数据能力广泛嵌入实体经济中，然后在实体经济与虚拟经济之间建立实时和全面的数据映射关系，以及人工智能与机器人等自动化执行系统，从而建立实体经济的数字模型以及通过数字模型进行分析、预测和决策，再反过来更好地调节实体经济。

新一代数字技术既能够化身为生产线上的产品瑕疵检测员，又能够成为一个产业或行业的大范围实时调度优化机制。对于想要打开第二曲线的高科技企业来说，显然不能只着眼于数字技术的微观应用，而应该从中观或宏观的角度思考数字技术所能带来的规模经济效应——企业管理者需要思考如何在更大范围内建立实体经济与虚拟经济的映射关系，从而给企业带来更大规模的经济效应。

> **小练习**
>
> 如何认识和理解人工智能、大数据、云计算、物联网、区块链、5G等新一代数字技术？可向身边的技术专家请教，请他们从应用的角度解释每一种数字技术的价值，以及将这些数字技术组合起来的价值。

○ 2.2 加速数字化转型的突变

2.2.1 人工智能创新大数据挖掘

把颠覆性技术应用在任何生产、生活或管理场景中，都能大幅地提高效率以及使用者体验。下面以医疗健康作为范例进行阐释，让我们一起想象人工智能可能应用的场景。

新冠疫情从2020年年初开始肆虐全球。两年之内，已经有2亿多人感染，将近600万人死亡；停工、停课、隔离与限制行动等防疫措施更是造成了巨大的经济损失。中国虽然首当其冲，却能在几个月内控制疫情并极小化总感染人数，实属奇迹。

除了政府的效能与人民的自律，快速推出基于大数据的健康码应居首功。据相关报道，杭州市公安局钟毅带领团队在2020年2月就开发出健康码，距离武汉封城还不到一个月。接着，类似的系统被快速地推广到全国。当其他国家还在封城与否的两难之间摇摆，中国已经能够精准地掌握少数的高危险区域或人员，而让其他人尽量正常工作、生活与行动。这是利用大数据与智能算法做到治理方式转型的最佳案例。

当疫情暴发时，微软亚洲研究院的研究员在北京也没有闲着。虽然研究员还不能进办公室，但大家已经用通信软件与云端开发环境紧密合作，并在2020年4月推出了中文版的新冠疫情数据分析网站COVID Insights，该网站以学术研究和科普为目的，旨在透过数字表面，更深入、多角度地分析新冠疫情的相关数据。

COVID Insights 主要包含感染数据分析、基因组和蛋白质结构、研究趋势三大板块，以可视化和互动的方式，直观展现了疫情在不同国家和地区的传播特性、引起疫情的病毒 SARS-CoV-2 的病毒学分析结果以及全球最新的相关研究热点。网站使用的所有数据均来自约翰霍普金斯大学、美国疾病控制与预防中心、全球共享禽流感数据倡议组织（GISAID）等机构的官方发布信息。

基于这些公开数据，微软研究员利用先进的技术，挖掘出疫情数据背后隐藏的规律。

首先，感染数据分析可以比较跨国家和地区间的传播动态。例如，通过分析发现德国从 2020 年 2 月 27 日到 2020 年 3 月 14 日的数据趋势曲线与韩国从 2020 年 2 月 18 日到 2020 年 3 月 5 日的数据趋势曲线很相近，因此韩国在 2020 年 3 月 5 日以后开展的各项疾病控制措施对 2020 年 3 月中旬的德国来说可能具有更为精准的借鉴作用。

其次，基因组和蛋白质结构功能展示了 SARS-CoV-2 的最新病毒学分析结果。新型冠状病毒 SARS-CoV-2 不断演变，已发生很多处基因组变异，用户可以通过交互探究病毒序列中发生变异的氨基酸及其位置，判断该变异发生的地理位置以及相应的蛋白质结构。

再次，在研究趋势功能方面，用户可以通过可视化信息了解当时与新冠疫情相关的热门论文和主题变化趋势。研究员通过自动聚类技术，聚合相关的热词组成词云，并每周更新展示时间粒度上的变化趋势，希望以此可以给其他研究者带来更多启示。

最后，当各行业开始复工复产时，COVID Insights 推出了"传播与干预模型"功能，以交互的方式体验在隔离措施、医疗资源等条件各不相同的情况下，展示疫情将呈现出何种传播趋势，让大家更直观、更深入地理解新冠病毒传播扩散的过程，以及不同程度的应对措施对新冠疫情发展造成的可能影响，并陆续发布了病毒传播特性、病毒学分析、全球最新研究热点等相关功能，多角度地提供了与 COVID-19 有关的数据和分析结果。

COVID Insights 是人工智能研究者、数据科学家与计算生物学家，通过深度分析和挖掘疫情数据背后的洞察，为生物医疗从业人员以及公共卫生决策者提供科学的疫情数据理解的一个有效工具，有助于共同加速科研进展，早日战胜疫情。

2.2.2 预感：见微知著，抢占先机

前面举的例子是在流行病发生后，用大数据进行追踪与研究。当然，有效的大数据分析也许能在传染性疾病大流行之前就预知其发生的可能性，进而警示人们防患于未然。

较有名的例子是 2008 年谷歌公司推出的一款预测流感的产品——"流感趋势"（Google Flu Trends，GFT）。谷歌认为，某些搜索字词有助于了解流感疫情，因此根据汇总的搜索数据可以近乎实时地对全球的流感疫情进行估测。2009 年，GFT 团队在《自然》发表报告称，只需分析数十亿搜索信息中 45 个与流感相关的关键词，GFT 就能比美国疾病管制局提前两周预报 2007—2008 年的季流感发病率。虽然后来 GFT 的预测结果受到一些质疑，但它说明使用大数据统计来做流行性疾病预测是一个值得继续深入研究的科学方向。

微软研究院在 2016 年启动了一个叫作"预感"（Project Premonition）的项目，它以物联网设备与无人机捕捉蚊子，再通过分析它们体内的血液来预测流行性疾病的发生。据估计，60%～75% 的新兴传染病是由病原体从动物转移到人类所引起的，比如寨卡病毒、西尼罗河病毒、登革热以及 COVID-19 等。今天，我们比以往任何时候都更需要新的全球传感器网络，来保护人类自身的健康以及经济和社会的持续发展。微软研究院的"预感"项目彻底改变了这类研究的范式，从对已知病原体的被动反应转向了不断主动搜寻信号，而这些信号可以帮助我们及早发现潜在威胁，更快地做出反应，并在传染病暴发之前制定全新的干预措施。

2016 年是寨卡病毒传播的最高风险期，研究人员对美国得克萨斯州哈里斯县的十个智能陷阱设备进行了训练，用于识别并有选择地捕获与疫情相关的蚊子，实际的捕获准确率高达 90%。新型捕蚊器的设计目的是自动完成从前必须由昆虫学家手动执行甚至根本无法执行的任务。而"预感"项目的目标则是在传染病大规模暴发之前就能发现并消灭这些疾病。

作为试点项目的一部分，这款新型捕蚊器首次在休斯敦地区部署，仅收集昆虫学家希望跟踪的特定种类的蚊子，而不是蚊子、苍蝇、飞蛾等的大杂烩，避免了科学家进行手工分类。这款捕蚊器还可以统计每只蚊子是在什么时候被抓住的，甚至还可以记录这只蚊子飞进来时的温度、风力和湿度。这些都可能帮助科学家了解病毒是如何传播的，比如哪些类型的蚊子能够传染人疾病，这些蚊子是否更可能在夜间叮咬，或当气温达到一定水平时叮咬等。这款新型捕蚊器能收集到很多在通常状况下得不到的数据，而研究员可以用这些数据，计算出适用于真实世界的解决方案，如哪种蚊帐比较有效。此外，这款新型捕蚊器的设计可以承受刮风下雨等不良自然条件，而传统捕蚊器在这些自然条件下通常会失效。

这套系统在设计上能够根据蚊子扇动翅膀的特征来识别应该捕捉哪些蚊子。要做到这点，需要专家们口中所说的训练数据：飞入捕蚊器的各类型蚊子和其他昆虫的数据样本。接着，这些数据可用于构建一种算法，借助机器学习，帮助捕蚊器"学会"正确识别应该捕捉的蚊子，而当其他类型的蚊子或其他昆虫试图飞入时，捕蚊器会假装"无动于衷"。

回到实验室后，研究人员还可以更仔细地观察每只蚊子，弄清楚它叮咬过什么动物、携带什么病毒。研究人员将捕捉到的蚊子作为训练数据，并应用于设计发现潜在疾病暴发的系统。此外，通过宏基因组分析，研究人员检测到蚊子样本中的微生物和病毒，确定了它们赖以生存的动物类型。之后五年间，"预感"项目的技术在各种栖息环境中进行测试，包括从佛罗里达礁岛的沙地，到非洲坦桑尼亚的偏远森林。

微软研究院的"预感"是一套先进的预警系统。它结合了机器感知平台、人工智能、预测分析和云规模宏基因组学，可以自动监测蚊子等携带疾病的昆虫，并自动收集环境样本，然后从基因组层面，通过扫描来判断是否存在生物威胁。"预感"的分析也用到了云计算，并且在微软 Azure 云平台上得到了 Azure IoT 和 Azure Data Lake 等技术进展的加持。"预感"项目扫描分析了来自环境样本的超过 80 万亿个碱基对，并从这些基因组资料中侦测到了一些生物威胁。微软已经借助云平台聚合和分析"预感"项目所收集的数据，并向社会公布。

2.2.3 为老问题打开另一扇窗户

前面举例说明如何以大数据、人工智能、云计算、物联网等技术做到对流行性疾病的治理，甚至预测。除此之外，人工智能对于当下诊疗过程的优化也很重要。

医生过劳现象在很多国家很常见，通常医生会将更多关注放在计算机屏幕上而不是患者。医疗诊断记录如今已经实现数字化，但问题是数字化带来的重担完全落在了医生和护士身上。多项研究表明，目前临床医生要花费超过40%的工作时间进行数据录入，创建临床文档的负担成为医生过劳的主要原因之一。甚至在许多国家，医生是自杀率最高的职业之一。

微软与合作伙伴 Nuance 携手开发了一款名为 Dragon Ambient eXperience（DAX）的产品，它能够观察并聆听医患之间的对话，然后自动构建绝大部分的诊疗记录。在早期的部署中，医生对它的满意度很高，患者对于聆听对话并帮助医生的机器也给予了良好的信任。DAX 解决方案通过使用自动写成的临床文档，在虚拟和面对面检查期间，完整地攫取医患对话的上下文理解，彻底改变了医患体验。使用 DAX 后，79%的医生表示，它提高了文档质量；70%的医生报告说，他们的倦怠感和疲惫感减少了。此外，83%的病人说，他们的医生更有风度、更健谈；81%的病人说，他们的医生在就诊时更专注。通过这个诊疗间的例子，我们学习到使用语音识别、自然语言处理、文本自动生成等技术，可以让一些平时会造成分心的工作状况得到改善，让专业人员更好地服务客户。

医疗品质关系着每个人的健康与每个家庭的幸福。除了前面讨论的预防与诊疗，人工智能对疾病的检验也很有帮助。

例如，真菌感染是医疗领域一个值得关注的问题。我们常以为真菌感染是小问题，例如，脚气并不是大问题，殊不知每年全球有超过150万人死于真菌感染。主要原因是对人类有致病性的真菌有300多个种类，除非是专业的医生，否则即使在显微镜下观察，也不容易分辨真菌种类并对症下药。许多死亡情况就是延迟就医或医生误诊造成的。

2017年微软联手协和医院及辉瑞制药（Pfizer），使用人工智能来帮助人们更好地辨别不同的真菌感染。在这项跨界合作中,协和医院有了解真菌疾病的医生,辉瑞有医疗药品的知识,微软研究院有图像识别的技术。这个项目通过深度学习的方法,根据图片分类训练出不同真菌的分类器,并形成一个云上的系统,可以通过手机将真菌图片传上云端,在云上面用人工智能来做判断,找出真菌种类、相关真菌的图片和档案,同时找到相关例子的医治疗程。借助这个方法,检验科的医生能够更好地做出诊断和治疗的决策。

当微软亚洲研究院在北京做真菌识别时,在英国的微软剑桥研究院也在开发最先进的机器学习方法,用于三维医学影像的自动定量分析。这个叫作"内眼"(Project InnerEye)的项目应用在癌症放射疗法上,协助临床医生进行图像准备和手术计划。通常,癌症放射疗法需要放射肿瘤学专家或专业技术人员手动检查并标记数十个 3D CT 扫描图像。根据癌症的种类,这项任务可能需要一个小时到多个小时不等的时间。项目团队的研究表明,机器学习可以将时间缩短到几分钟,帮助临床医生减轻负担。

"内眼"项目一直与剑桥大学以及剑桥大学医院基金会密切合作,通过深入研究,最终在这一问题上取得了突破。在超过 15 年的时间里,用于放射治疗的图像自动分割技术一直没有完全实现;然而通过使用"内眼"机器学习模型对数据进行训练,就能让分割效果在精确度上达到符合严格临床要求的标准。为了使"内眼"项目的研究成果更容易被获取,微软发布了开源的 InnerEye 深度学习工具包。

另一个以人工智能协助疾病检验的例子,是位于美国总部的微软研究院与西雅图的一家生物技术公司 Adaptive Biotechnologies 合作进行的免疫测序技术。当医生抽取人的血液后,就拥有了大约 100 万个 T 细胞,它们是身体自然免疫系统的样本。每个 T 细胞的特异性是由胞外受体(或称 T 细胞受体)的遗传学机理决定的,因此目前有很多研究正在试图大批量地解码这些基因所传递的信息。如果能够做到这一点,就可以映射出人体内的 T 细胞图谱,诊断出发生在人们身上的传染病、癌症、自身免疫性疾病等,这也将成为通用型基于血液的诊断方法的基础。

这正是人工智能可以发挥作用的地方,微软持续通过机器学习技术对这些输出内容进行处理，试图将 T 细胞基因受体语言转换为抗原语言，再利用机器学习进一步探查这些免疫引擎，寻找身体正在对抗哪些疾病。微软与 Adaptive 双方合作的终极梦想，是采用简易、通用的方法，基于血液检测出任何一种传染病，并且可以对任何癌症进行早期诊断，判断患者可能有哪些免疫性疾病。

以上这些例子说明人工智能如何驱动临床医学的数字化转型。事实上，人工智能对医学研究可以产生更加巨大的影响。在生物学研究领域，传统上基于分子、细胞、生理学实验方法进行的研究通常被称作湿实验，如今这些传统的生物学方法在某种程度上都遇到了瓶颈，而被称作干实验的计算机模拟和生物学相结合的研究，正在利用人工智能、大数据等创新手段，为生物学研究打开另一扇窗。

微软亚洲研究院就有许多与此类似的项目，例如，从蛋白质结构预测到分子动力学模拟等与蛋白质相关的研究。大自然里为什么会有生命？生命又为什么如此不同、如此精巧？其中蛋白质非常关键，一个蛋白质折叠的潜在构象（即结构）是一个天文数字，但一个蛋白质链在几毫秒内就能折叠成为一个精确定义的天然结构。想要探索蛋白质的结构，若使用传统的生物学方法则需要花费大量时间和人力，但如今随着计算机科学的快速发展，强大的算力和精巧的算法可以让蛋白质结构预测更加高效。传统的生物学研究中有一个基于知识经验的 Rosetta 框架，可以预测蛋白质结构，在过去的二十余年间，研究人员不断地为其添砖加瓦。而微软在业界数据积累的基础上开发了一套蛋白质结构预测的深度学习框架。该框架可以自监督、自适应地不断迭代蛋白质的折叠方式，研究人员无须大量生物领域知识，也不必关注蛋白质底层的生物构造，即可预测蛋白质结构，从而大幅提高了蛋白质结构预测的效率，为传统框架的缓慢进化带来了全新的人工智能节奏。

2.2.4　透视：看问题的全新视野

除了大数据、云计算、人工智能算法与物联网，混合现实也是促进医疗转型的强大工具。例如，许多国内外的外科医生认为，像 HoloLens 这样的设备是外科手术的未来发展方向。将混合现实用于外科医疗系统，可以将患者的三维医学图像显示在与真实患者相同的坐标空间中。

外科医生使用 HoloLens 眼镜来帮助他们进行穿支皮瓣手术，这是一种重建手术，需要从病人身体的一个部位取出大面积的皮肤和皮下脂肪，并用它重建另一个部位。穿支皮瓣手术的主要挑战是需要将皮肤移植物成功地附着在现有的血液供应上。这需要在手术前对受伤区域进行扫描和成像，以预测与可用血管放置相关的最佳切口区域。HoloLens 眼镜使这个过程更加高效，因为它允许外科医生直接看到病人的肢体扫描，并更精确地标记病人。

混合现实也正在改变医学院的教学模式。自 2016 年微软推出第一代 HoloLens 后，美国凯斯西储大学很快就建立了利用混合现实辅助的教学系统，随后世界上许多医学院建立了类似的教学系统。在新冠疫情大流行之前，在教学中使用混合现实的主要目的是转变和改善学生的学习体验。HoloLens 不需要阅读教科书，而是将人体解剖学带入生活，给学生提供像 X 光一样的视觉——可以看到皮肤下的小神经在哪里，或者在特定条件下心脏是如何运动的。在新冠疫情发生后，使用混合现实的重点进一步转移到在无法见面的物理限制下如何继续完成学生教育。讲师可远程分享他们的 HoloLens 视野，同时双手自由演示如何执行操作和程序，这使远端教学更加真实、鲜活。

点评

人工智能固然功能强大，但利用它进行数字化转型必须基于组织本身的数字化成熟度，其具体表现就是数据的完整性与充分性。本节选择以医疗行业为例说明人工智能的应用情况，主要原因如下：第一，医疗与每个人和每个家庭息息相关；第二，医疗行业有较充裕的资金推动人工智能技术；第三，医疗行业的数字化成熟度较高，数据完整、充分。由于这些因素，医疗领域的数字化转型进展较快，它们的经验可以提供给其他行业做参考。本节展示了人工智能等数字技术对于医疗行业的影响：从基础科研到研制新药，从辅助医疗到流行病学研究，从医疗教学到公共医疗政策研究等。人工智能等数字技术对一个行业的影响涉及创新的完整链条，而对每一个环节都可能带来突破性的颠覆，甚至是对创新链条的整体颠覆。

> **小练习**
>
> 在你所处的行业中，都有哪些可能被人工智能等数字技术颠覆的环节？你可以与同事展开头脑风暴式讨论，在条件允许的情况下，还可以引入人工智能专家，进行共创性讨论，将讨论的结果记录下来。

○ 2.3 创造数字化转型的加速度

与医疗行业具有相似条件的是金融服务业。它也与每个人的生活和家庭息息相关，同时资金充沛，并且数字化成熟度比较高。下面以金融保险业为例，让我们来看看如何创造数字化转型的加速度。

2.3.1 三点看透数字化转型

金融服务业是数字化转型的先锋，也是与互联网、云计算、大数据、人工智能技术等相结合最紧密的行业之一。从互联网金融到金融科技，金融服务业已经面向企业、个人和生态合作伙伴等不同用户进行了深度业务转型，同时加大了对于内部运营管理的变革。

对于金融保险业企业来说，数字化和智能化转型的路径是什么？

第一，数字化转型是一个由上而下的过程。企业的董事长、总经理必须对数字化有充分的认识，并对转型具有决心，方能保证方向明确、文化先行、资源投入，以及与部门的统一整合。

第二，虽然数字化转型与信息技术关系紧密，但它主要是工具，而不是转型本身。许多企业领导人将数字化转型的责任完全交付IT部门，这可能会让毛毛虫变成一条"速度很快的毛毛虫"，而不能将其转变成为美丽的蝴蝶。对此，合理的建议是：成立数字化转型办公室，并由董事长或总经理直接领导。该部门协助企业领导人规划并推动转型事宜，统一整合各部门的需求与资源，并负责评估数字化转型的成效。

第三，选对题目、选对工具、选对伙伴是企业数字化转型的三大要素，三者相辅相成、环环相扣。任何企业的资源都是有限的，我们要挑选出少数几个能为企业带来最大收益或降低最多成本的题目先做，并设法在一两年内看见具体成效。在执行这些数字化转型项目时，应该尽量选择使用现成工具。目前，许多企业反应迟缓，还停留在"自己开发软件比较实惠"的迷思中。

事实上，在高度分工的经济环境里，自行开发的成本最高，只是我们经常忽略内部人力的成本。其实，以适合的现成工具执行高回报的转型项目最符合时间效益和资金效益。但是，凡事都有例外。对以下两种情况，我们应该考虑自行开发：

（1）市场上没有适合执行该项目的工具。

（2）该项目必须比竞争者有更高的效能，因此不能选择通用工具。

除了选对题目与选对工具，我们还要知道任何企业都不是万能的，我们必须选对伙伴参与项目的开发。人工智能属于高精技术，可谓"失之毫厘，差之千里"，越关键的项目越需要一流的科学家、数据分析师或咨询顾问的协助。

关于金融保险业有哪些对的题目呢？下面提出一些可能性，仅供读者参考。

（1）产品管理：保险产品离不开精算，保险公司可能对部分保险人是赔钱了，但在大数法则下仍能整体获利。保险精算是一门了不起的学问，更是保险业的核心，因此我们可以优先考虑如何使用人工智能新算法，以使保险精算更准确。

（2）资产管理：保险公司要将收入的保险金进行有效投资，以增加企业收益，这也是保险业的核心业务。量化分析方法已被证明行之有效，但近年来国内外许多案例显示，使用人工智能算法辅助传统量化分析可以进一步提高投资回报并降低风险。

（3）产品销售：保险业与大多数产业一样，销售是维持企业生存的关键。人工智能推荐算法（或称"千人千面"）可以基于用户行为的大量样本进行统计和协同过滤，在不侵犯隐私的前提下，对用户需求进行预测，可以大幅提高销售人员精准推广的能力。

（4）客户服务：无论是销售人员还是客服人员都需要花费大量时间向客户讲解产品，或回答简单且重复的问题，而这些都是人工智能擅长的事情。保险业可以多利用智能客服，让"聊天机器人"（Chatbot）回答客户的一般性问题，员工才能腾出时间在企业与客户之间建立更人性化的关系。

（5）新业务与承保：在保险价值链中，新的业务和承保功能很重要。传统的基于纸张的流程已经在很大程度上被工作流引擎和自动化所取代。采用文档管理工具、智能信息捕获以及工作流自动化的转变思维方式，可以帮助新的业务和承销专家实现流程中的效率、规模化和客户满意度。

（6）理赔与防诈欺：保险业可以使用机器学习算法预测理赔发生的可能性并预先防范，降低它的出现概率。大数据分析也有助于发现诈领保险金之类的异常状况。

（7）支付与自动交易：保险业都有支付系统，或由客户自己操作的交易系统及网页等，它们都关系着用户体验。因此，系统的反应速度，网页的友好性、智能与人性化设计，都是数字化转型的考虑要素。

2.3.2 联合研究：加速人工智能创新

微软亚洲研究院在2017年成立了"创新汇"项目。"创新汇"的目的是为企业提供一个可以让行业专家和人工智能科学家无缝协作的平台及创新合作的机制。"创新汇"是一个联合研究的平台与机制，它让科学家与行业专家一起工作，用人工智能解决实际的业务问题。

作为"创新汇"的负责人之一，潘天佑博士对于"创新汇"的运作和成果有着深刻的体会："创新汇"走出了一条独特的联合研究、联合创新之路。微软在2017年成立"创新汇"，其目的是双方面的：一方面希望利用尖端的人工智能技术协助合作伙伴们推动数字化转型；另一方面希望合作伙伴们的实际场景能帮助微软进一步提升人工智能技术。

"创新汇"已经与数十家企业合作，解决不同行业的问题。

（1）对保险业有帮助的研究。例如，微软与基金公司及资产管理公司合作研究智能投资多年，在传统量化分析算法上增加了强化机器学习（Reinforced Learning）的能力，使预测准确度大幅提升。

（2）与大型银行合作，研究风险传导。主要研究：当任何黑天鹅事件发生时，遭受较大冲击的企业会如何影响其他企业？风险的强度与时间将如何传导？

（3）与金融交易服务机构合作，研究交易瓶颈。由于交易之间常存在因果关系，所以大量的交易计算无法平行化处理，容易造成计算瓶颈。而重新安排交易处理顺序，就能降低拥塞现象。

（4）与快递公司合作，研究理赔预测。借由一个机器学习模型，快递员可以在收件时就预知在未来被要求理赔的概率，以此判定要不要先做预防措施，比如拍摄托运的物品作为理赔发生时的参考。

这几个合作项目都能为企业带来大幅收益，或降低成本或风险，可见选对题目的重要性。由于市场上并没有解决这些问题的合适工具，所以合作伙伴与微软开启了跨界共创的联合研究模式，这也是选对伙伴的例子。

2.3.3 做好准备，重启未来

对于传统企业来说，数字化转型是一次打开思维、打开边界甚至自我重塑的过程。数字化转型以大数据和人工智能技术为基础，这些数字技术必须跨部门、跨业务、跨企业甚至跨行业，才能真正发挥其巨大的价值。因此，传统企业必须做好充分的准备，在迎接商业思想洗礼的同时，还要找到有效创新的方式，全员动员、重启未来。

与其他行业一样，保险行业也面临着跨界"入侵式"创新的危机。例如，特斯拉（Tesla）在美国得克萨斯州上线基于实时驾驶行为定价的车险，埃隆·马斯克（Elon Musk）涉足保险业，这对于传统保险业来说是极大的创新挑战。特斯拉基于实时驾驶行为定价的新型车险，主要根据车辆的使用时间、里程、驾驶者习惯等信息进行设计，针对不同车主给出个性化定价。根据特斯拉的测算，与传统车险产品相比，新型车险让特斯拉的一般车主可以节省20%至40%的保费——安全观至上的司机可以节省30%至60%。

对于马斯克的跨界"入侵式"创新，下面提出几点看法：首先，微软的使命是"予力全球每一人、每一组织成就不凡"，微软会帮助各行各业推动数字化转型，但不会进入任何垂直的行业，包括金融保险业。其次，科技或互联网企业涉足金融领域就要与传统金融服务业一视同仁地接受政府的金融监管。第三，只要法规允许，"基于实时驾驶行为定价"不失为一种利用科技做到精准计费的创新想法。但这项创新为什么出自马斯克，而不是传统的金融保险业？这或许是每个行业领导人都值得思考的问题。正是因为马斯克这样的跨界"入侵式"创新者的存在，才会倒逼传统企业不断自我革新，打开边界，自我重塑。

那么，传统企业如何做好准备，重启未来？

对于传统产业，尤其是一家成功的传统企业，经常会固化过去的成功，而显得创新力不足。这不是因为它的员工不会创新，而是因为企业的机制与文化并没有鼓励创新。传统企业重视纪律，并确保每项任务都能胜利成功；但创新需要成长型思维，鼓励大家勇敢尝试，并且接受失败。所以，对传统产业数字化的第一个建议是：要划出能鼓励创新、接受失败的"一块区域"——它可以是一个研究院，可以是一次黑客松周，或者是一些高风险与高回报的项目。

面对数字化转型的大潮，传统产业也显得人才不足。这里指的不是人工智能专家，也不是数据科学家，这些不足都可以通过与科技公司合作得到弥补，而是指是缺乏了解科技与数字化转型的中高层干部。每家企业的中高层干部大多离开学校达10年以上，无论他们当年是多么厉害的学霸，都没有学过今天的人工智能和颠覆性新技术。那么他们如何领导企业进行数字化转型呢？

因此，第二个建议就是针对企业干部进行培训，不是找几位专家做几场演讲，而是像在学校一样有系统地开课并认真学习。如果企业有足够的资源，也可以鼓励并资助他们回学校进修。中高层经理人的数字化成熟度，关系着企业数字化转型是否成功。

除此之外，传统企业多以功能划分部门，各部门的职权也很清楚。这对贯彻任务执行是必需的，但也容易形成沟通壁垒。数字化转型不是一个部门能够单独完成的，甚至不是一个企业或一个行业可以独自完成的。数字化转型需要跨部门、跨行业合作，才能让第一流的技术在最有价值的商业场景得到应用。

所以，第三个建议是改变绩效评估的标准，不只凸显个别部门的绩效，还要奖励跨部门合作。比如，该部门做了哪些能帮助其他部门成功的事情？或如何借由别人的帮助而扩大自己的绩效？这种奖励也可以扩大到与其他企业之间的合作。

2.3.4 数字化成熟度并不神奇

讨论过医疗行业与保险行业如何应用新技术推动转型之后，下面再向大家介绍"数字化成熟度"，它是企业推动数字化转型之前的自我评估。

我们都知道人工智能是基于大数据的技术，因此在第一阶段的自动化与第二阶段的网络化足够成熟的组织，才具备大量且有效的数据，以进行第三阶段的智能化转型。现在许多大型企业、工厂或卖场还是以传统方式进行管理，那就要先充实自动化与网络化，方能推动进一步的智能化。

数字化成熟度较高的企业大多已经建构了许多流程驱动的自动化系统，但是这些系统和它们的相关数据可能并没有彼此打通，因而形成了所谓的"信息孤岛"现象。例如，一家银行在多年前与A集成商合作开发了处理核心业务的征信授信系统；几年后，该银行开始推动财富管理业务，就与B集成商合作开发财富管理系统；再隔若干年，该银行为了符合巴塞尔新资本协议，又与C集成商合作开发风险管理系统。

这种情况很常见，一是因为集成商各有专长，懂财富管理的不一定懂风险管理；二是因为系统开发需要招标，也不可能都由同一家集成商承包。因此，组织内各主要系统及其数据很容易形成孤岛。许多大型医院也有类似情况。例如，挂号系统、问诊系统与开药系统之间不能衔接的问题屡见不鲜，网上信息与本地信息不同步的现象也很常见。

数字化转型的一大挑战就是打通"信息孤岛"，并让流程驱动的自动化系统逐步转化成以数据驱动的智能化系统。这些都是跨部门的工作，而且需要资金、时间以及内部与外部的协作。这说明为什么数字化转型是一个由上而下的过程，而且建议成立数字化转型办公室以统筹跨部门的需求与资源。因为每一个传统信息系统只处理一个流程，数据也只属于一个系统。除了"信息孤岛"的问题，目前传统信息系统还不能形成数字世界与现实世界之间的映射，也就是现实世界里的问题不能自由并完整地转到数字世界，从而让人工智能算法协助做出预测或决策，而只能在固定的流程中进行计算。

除此之外，开发传统流程驱动的自动化系统大多使用"瀑布式开发"，其基本流程从需求、设计、开发到测试,是一个控制比较严格的项目管理模式。它要求有明确的需求,按照需求做好规划,然后依照阶段逐步完成。"瀑布式开发"虽然严谨,但应对需求改变的更新周期太过漫长。数字化转型后的企业为了应对快速迭代的需求变化,在软件系统中需要导入"敏捷开发",这是一种以用户需求进化为核心,迭代并循序渐进的开发方法——尽快上线软件原型,然后在实际场景中快速修改并发布新版本,如此循环,直到使用者满意。

那么,企业在推动数字化转型时,可以先做"数字成熟度评估",以帮助企业了解自身的数字化程度,从而明晰存在的不足和改进之处。市面上的成熟度评估模型非常多,企业可以聘请顾问公司做专业咨询。

下面简单介绍一下德勤(Deloitte)与电信管理论坛(TM Forum)合作开发的数字成熟度评估工具。该模型涵盖五个核心业务维度,不仅适用于电信领域,各行业都可以使用。评估结果可以协助企业领导层了解企业在转变过程中所处的位置,据此制定短期、长期的目标和计划,并对有影响力的改造项目做投资。下面是五个核心业务维度。

(1)客户:提供一种体验,让客户将组织视为数字合作伙伴,使用首选的互动渠道来控制在线和离线的时间。

(2)战略:重点关注业务如何通过数字化新方案进行转型或运营,以增加其竞争优势,并将它嵌入整个商业战略中。

(3)技术:借由创建、处理、存储、安全和交换数据,以低成本和低管理费用满足客户的需求,巩固数字战略的成功。

(4)运营:通过使用数字技术来执行并改进流程和任务,以推动战略管理并提高业务效率和有效性。

(5)组织与文化:定义并发展具有治理和人才管理的组织文化,以支持数字成熟度曲线的进展,并灵活地实现增长和创新目标。

以上五个维度涵盖任何组织转型的需求。顾问公司可以协助组织依照需求细分这些维度,然后借由问卷调查或访谈来量化组织的数字成熟度。有经验的顾问公司可以通过与性质类似组织相比较;组织也可以在问卷中的"期望"与"实际"栏相比较,以精准地找到数字化的薄弱之处或最需要改善的地方。

2.3.5 看懂数字化转型架构

企业评估了数字化成熟度之后，就可以建立企业的"数字化转型架构"。

图 2-2 所示是一家大型制造业的参考框架。支撑整个企业的服务有三层。

（1）最底层是计算资源基础建设。在这个例子中，该企业要建设有扩张弹性、安全且重视隐私的本地计算资源；该企业要使用公有云来扩大计算能力，以方便坐落在全球各地的工厂共享资源；另外，要建设 5G 专网，强化大型工厂内的生产连线。

（2）中台建设是指在基础建设上的共用资源，包括人工智能技术、各项业务或与生产相关的数据等。

（3）再上一层是横贯全公司的财务、法务与人事等功能的数字化转型。利用这些功能可以优先建设基于人工智能技术的预测和预警系统，我们在前面说过，机器学习算法特别适合预测和发现异常情况。另外，就是用文字识别（OCR）技术将文本数字化。许多传统企业仍然使用大量的纸本文件，包括订单、合约、人事档案等；部分纸本文件可能本来就是电子文本，但由于企业经常视纸本为"正本"，导致电子文本遗失或未做整理。因此，将纸本数字化也是企业数字化转型的重要一步。

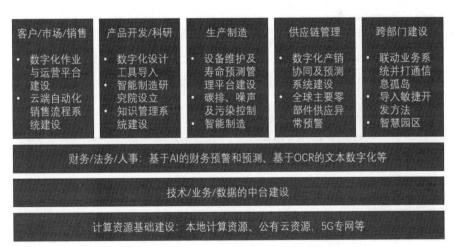

图 2-2 企业数字化转型的参考框架（以制造业为例）

跨部门协作是数字化转型的关键。在这个制造业的案例中，转型框架分为客户/市场/销售、产品开发/科研、生产制造、供应链管理、跨部门建设这五条主线。

依据企业需求，每条主线优先建设几个重点项目：搭建运行在公有云上的自动化销售系统平台，贯穿客户需求、销售与访谈记录、B2B 销售渠道管理等，并能让全球各地的销售同事很方便地存取或搜索相关信息；使用科技手段控制碳排、噪声或其他的污染；或是跨部门开展联动业务系统并打通"信息孤岛"。这些优先项目虽然不多，但执行起来都是很大的工程。

从图 2-2 可以看出来，为什么我们在第 1 章会强调由企业领导层重新思考组织愿景与战略定位，并凝聚全公司的共识，因为数字化转型不是一个或几个项目那么简单，而是对整个企业的天翻地覆改造。它需要领导者下定决心，才能大规模地调度资源，大范围地整合系统与数据，并长期贯彻转型理念。

点评

自从微软公司市值在 2019 年突破万亿美元以来，全球数字化转型已经在 2020 年新冠疫情大环境下取得了突破性进展，有的行业的数字化转型进程甚至提速了 3～5 年。而人工智能、云计算、大数据等数字技术，经过十余年的发展也达到了商用成熟的阶段。基于这些数字技术的数字化转型已经不再神秘，不少先行企业已经积累了相当成功的经验与实践。以微软为代表的高科技企业，率先通过数字化转型成功打开了第二曲线，取得了数字化转型的加速度。今天，越来越多的传统产业开始拥有创新与开放的精神。在微软等成功转型公司的示范下，传统企业不再固守过去的成功模式，而是经由合作、共创、学习等形式，全面启动未来的成功模式。

为什么新的车险定价创意会来自马斯克呢？它不是更应该来自保险业的从业者吗？你所在的企业，应该选择哪些数字化转型的题目，加速数字化转型呢？

2.4 AI时代的数字化转型密码

在用人工智能推动医疗医药行业创新方面,谷成明博士是一面旗帜。谷成明曾经先后担任辉瑞制药与赛诺菲制药的医学部负责人,具有超过15年的临床和科研工作经历。因此,本书特地邀请他在书中做经验分享。

2.4.1 "能看、能听、能说、能懂"的行业场景

在与谷老师交流的过程中,经常被他以人工智能推动医疗医药行业转型的热情所感动,所以首先请谷成明分享他对这项工作的梦想。

谷成明说,30多年前,比尔·盖茨曾设想有朝一日,个人计算机会看、会听、会说并了解人类,今天他对医疗医药行业的梦想也是类似的。

先看今天的医院,现在医院的EMR(电子病历)系统其实就如当初个人计算机一样是在记录病历,除此之外并没有多少功能。而谷成明想让未来的病历系统变成医生的辅助决策系统,病历数据化后可分析、可预测,能够为医生在数据与知识的海洋进行导航和指引。

我们处于一个信息和数据大爆炸的时代,也是新知识快速形成的新时代,医生无法及时了解那么多信息、学习那么多知识,因此需要知识驱动的辅助决策系统。而知识驱动的辅助决策系统的下一步就是数据驱动的辅助决策系统。

数据即经验,也就是说,如果将整个医疗体系的数据都"装入"这样一个系统,甚至将全社会的数据都集合在一起,目前国家卫生健康委员会正将全国的电子病历都整合到一个系统,那么就集合了全中国的经验,一旦成功的话,将带来巨大的价值。

从知识驱动到数据驱动,推动从一个医生看病到一个体系看病,不仅能筛选出最有价值的临床决策的途径,还能为每一个人提供个性化治疗。谷成明相信,当这一天到来的时候,全社会的医疗水平将有极大提升。

多年来医疗医药行业都是围绕这样的路径,从基于知识驱动的方式,将临床路径、诊治指南等输入到系统中,现在更多是围绕数据驱动的方式——结合

临床医生的场景，将疾病筛查、诊断治疗、病人管理，甚至医院内外管理都整合在一起。这与比尔·盖茨30多年前的理念很相似，只是应用到了医院场景。

此外，医疗系统正在实施DRG（疾病诊断相关分组）和DIP（按病种分值付费），这些也需要依靠人工智能及大数据技术。

2.4.2 颠覆性的研发创新

谷成明对制药数字化转型和未来制造也怀有梦想。例如，药物研发的痛点很明确，那就是研发成本高昂，一款新药的研究往往需要数十亿元；研发周期需要10～20年，失败率还很高。那么，如何将过去依靠人类经验的医药研发模式转向人工智能支撑的模式，这是一个梦想。

现有用AI预测蛋白质折叠的Alpha Fold算法，也有用AI技术寻找药物靶点、进行化合物合成以及分子筛查等方法。谷成明从微软的AI投资顾问研发中受到了启发，其中一项研发采用了时间序列和空间序列计算，也就是把时空切面上所有影响因素都考虑进来，再放到一个大周期中并纳入小概率事件，就能形成一个完整的AI模型，用这个AI模型进行预测就比拍脑袋或者只看眼下而不考虑未来的人工方式好很多。

这里用医学研究常讲的干实验和湿实验做个比喻：干实验即用算法能解决的问题就不用再到实验室进行生物化学实验（也就是湿实验）；而人要从事真正具有创新的实验，即湿实验。利用知识图谱技术，不仅能够总结出现有的知识和知识关系，还能推算出新知识和新知识之间的关系。例如，现在的免疫药物可以适应多个病症，如同时适应皮炎、支气管炎、鼻炎等十几种病症，那么是否还能适应更多的病症？通过知识图谱、大数据和AI的推算，也许就能找出新的适应症，再交由医生进行试验，从而提高医药研发效率。

现在元宇宙非常火，虚拟世界已经能够影响甚至指导现实世界，这是未来的发展趋势。以前有"知人知面不知心"的说法，但当现实世界和人都被数字化后，虚拟世界对人的理解和掌握将远远超过现实世界，这就是大数据与人工智能的威力。

谷成明认为，人工智能在医药研发方面的应用一定会颠覆今天的模式，一定会让现在的医药研发变得更加高效。近期的一个例子是 COVID-19 的疫苗研发——以前需要十年才能研发出来的疫苗，现在一年就研发出来了，相应治疗的药物也研发出来了。

DNA、RNA、mRNA 等都是生物的遗传信息载体，不同 DNA 与 RNA 等的组合方式就像编写代码一样，代码组合不会太多，无论是 DNA 剪切技术或是将病毒基因与人类基因融合从而产生蛋白，还是基因疗法、细胞疗法等，都可以用人工合成方式实现，与植物转基因或动物转基因没有任何区分。未来就可以计算出放弃哪一段基因，相应能产生什么结果，这些都是固定的结果。以后可以不用药物治疗某些疾病了，因为可以从根本上解决问题。这就是 AI 对药物研制以及未来医疗可能带来的影响。

说到数字化转型，现在很多从事医疗数字化转型的公司具有非常高的估值，动不动就达到几十亿甚至上百亿元，但同时现状可能是一个 200 名病人的临床研究都要花费上亿元资金，因为数据收集太难了，例如，一个肿瘤病人的数据收集下来就需要花费几十万元，费用十分高昂。

谷成明认为，通过数字化转型，当未来 EMR 系统发展到了高度成熟状态时，就可以预测病患的疾病进展情况，准确推测出某一天在某几家医院将出现适合研究的病人数量，那么通过不同医院的合作，可以在一天之内就完成数据的收集，临床研究的方式方法也将被彻底颠覆。

当大数据技术出来后，临床研究就可以实现真实世界证据（RWE）的研究，过去是随机对照研究（RCT），即随机进行对照试验，一组进行干预治疗，而另一组不进行干预，从而观察治疗与治疗结果的因果关系。而有了大数据分析以及足够的数据后，就可以通过建模的方式找到相关关系，建立分析模型。这是一个方法论的革新，所有的数据都将具备和产生价值，而不像过去那样只有部分数据能产生价值。

2.4.3 数字人营销

在药物营销方面，谷成明认为现在药物营销还需要依靠销售代表，属于劳动密集型工作。以前一家药厂可能有上万名销售代表，现在已经大幅减少了，但仍有数千名销售代表，未来将是虚拟销售代表的时代，当然，并不是完全由虚拟销售代表完成营销工作，而是采用人机混合方式。

未来一定是对人的依赖越来越少，转而更多采用数字化的方式。现在有很多数字化手段可以触达客户，包括数字化和自动化的内容生成，从医学文献直接转为 PPT 幻灯片，自动生成相关内容的总结，甚至将网络上不同的观点汇集到一起，为医生选药提供更加全面的观点，以及自动化生产抖音短视频进一步实现互动营销等。

未来可能整个医药行业只需要几百名销售代表，就可以触达几百万的医生，这就是人工智能技术带来的效率提升。

2.4.4　拐点正在到来

有一句经常说的话是"梦想很丰满，现实很骨感"。听完丰富的梦想后，我们还要回到现实中。那么，到目前为止，医疗医药行业的数字化转型进展如何？中国跟其他国家相比情况又如何？

谷成明的回答是：人工智能所驱动的数字化转型是在互联网转型基础上推进的，互联网带来的是流程效率提升，而 AI 带来的是真正的医疗价值。

互联网转型方面，一个明显的例子就是现在去医院看病不再需要不停地排队，互联网已经解决了流程不通畅的问题；健康码也是用互联网解决流程问题。另一个例子是 EMR 系统，现在即使在乡村也都在用个人计算机记录病历，而不像以前用病例本记录病历，病人看完病后拿走病历本，医生处毫无留存。如今，尽管数据质量有高有低，但已经有了 EMR 系统，病历数据化的趋势已经在向好的方向发展。

截至 2022 年年初，中国的国家全面健康信息平台基本建成，7000 多家二级以上公立医院接入省统筹区域平台，2200 多家三级医院初步实现院内信息互通共享；国家卫生健康委员会正研究建立全国统一的电子健康档案、电子病历、药品器械、公共卫生、医疗服务、医保等信息标准体系，并逐步实现互联互通、信息共享和业务协同，医疗系统的信息化与互联网化已经取得了一定成绩。

尽管人工智能的应用仍处于试点阶段，但"星星之火，可以燎原"，随着试点项目越来越多、规模越来越大，一定会有越来越好的发展。谷成明认为，过去几千年来中华文明对于科学研究的投入总体是不够的，现在国家加大了对于基础科研的投入，这是非常正确的做法，但需要时间才能取得突破，而非一日之功。

2.4.5 找到阻力，打破它

谷成明博士这些年通过写书、公开演讲、举办会议等形式不断呼吁推动数字化转型，政府也非常支持，但是总体来说大家的脚步不够快，在很多时候，数字化转型听起来还只是一个概念。所以，从医疗健康产业的角度看，他看到哪些数字化转型的阻力？

谷成明认为，最大的阻力来自"上面"而不是"下面"：来自企业的领导人是否具备数字化素养和数字化思维，否则行动起来就不会向数字化方向迈进。现在，所有的企业都在喊口号要数字化转型，而真正执行实施的却少之又少：真正投入资源了吗？项目优先级定好了吗？找到合适的人了吗？这些都是问题。

成功的企业都已经建立了自己的核心竞争力，并依赖自己的核心竞争力在市场上立足和发展。而数字化转型则是一场企业的革命，是要打破原有思维定式和已经建立起来的商业模式。那么问题就来了：如何平衡短期的利益和长期的发展？

事实上，当企业开始数字化转型时，从长远看是否能成功也是未知数。而现有的企业运营和商业模式是成功的，尽管效率在下降，但仍能存活，还没有到山穷水尽、倒逼企业变革的那一步。没有短期的存活，也就没有长期的发展，这就造成决策者总想着要保住企业的今天——由于更加看重短期利益而造成对长期转型的决心不够大。所以，如果领导者的利益还与过去的模式捆绑在一起，那么就很难真正进行改革。

像亚马逊或微软这样在企业在非常成功的时候就分出一个团队将现有的技术和商业模式彻底颠覆的企业少之又少。很多人看到了必须要转型，但实际工作中就会存在各种各样的问题。

2.4.6 数字化文化建设是当务之急

对于企业如何建立数字化转型的方法论，谷成明认为，当务之急是做好数字化文化的建设，因为有好多人不理解企业文化的重要性。在很多人的头脑里，特别是在知识分子的头脑里，文化是看不见、摸不着的，比较虚无缥缈。但实际上，企业的文化决定了企业的思维，而企业的思维决定了企业的认知，企业的认知又决定了企业的行动，这样才能真正实现数字化转型成功。

很多时候，人与人的差距在脖子以上，而不是在脖子以下；企业与企业的差距也是一样的。"手"与"脚"方面，也就是数字化转型的技术、工具和方案等，已经没多大差距了，关键的差距在于企业的"头脑"。谷成明打了个比喻：文化就像人的激素，人能成长成什么样是激素说了算，激素虽然看不见、摸不着，但它就像文化一样，决定了一个人的成长。

微软的使命是"予力全球每一人、每一组织成就不凡"，这就是微软的文化，微软公司所有人都会按这个文化所倡导的行为方式一致行动。如果萨提亚下达了一个行政指令，再一级一级地传递下来，这个传递过程就像神经系统，从中枢神经到外周神经，再到神经细胞、肌肉、骨骼的响应，这个过程对于组织来说太缓慢了。而且，信号在组织的传递过程中很有可能出现中断，就好像神经发炎了，信号传达不下去了。

因此，对于组织来说，从上面传递下来的信息，到达一线员工时可能早就走样了。但是激素不一样，因为不管激素走到哪里都是一样的结果，每一个细胞、每一个组织、每一个脏器的反应都是一样的，变化也是一致的。就像春天天气变暖和了，所有的花都开了，这并不是行政指令下达的结果。有人的地方必须要有文化，就像人体要有激素和神经系统一样。对于企业来说，既要有组织架构，又要有企业文化，而数字化转型时期的企业文化建设则非常重要。

2.4.7 "不要浪费一场好的危机"

说到医疗医药数字化转型，就无法回避COVID-19全球疫情。据有关统计，截至2022年3月，全球COVID-19大流行两年来已经死亡600万人。谷成明作为医疗医药行业的工作者，他对这一次全球应对COVID-19疫情有哪些经验总结或观察,从而为下一次新的疫情做好准备。

谷成明引用了丘吉尔讲过的话:不要浪费一场好的危机。其实从积极的角度看,这次COVID-19危机给全世界都上了一课,让我们知道应该做什么、哪些应对措施是正确的、哪些是不正确的,当然,还有很多争议性的举措。如果下一次再出现类似的情况,也许不是全球疫情,也许是其他的全球性危机,就可以借鉴今天的经验。

如果病毒再次来袭,那么就像比尔·盖茨所说的:我们今天已经有了很多可以应对的方法。

首先,政府肯定能在半年内研制出疫苗,也能相应研发出治疗的药物,这套体系已经成熟了。中国国家卫生健康委员会就单独成立了国家疾病预防控制局,该机构是国务院直属的副部级单位。国家疾病预防控制局的成立是中国疾控体系改革的重要组成部分,意味着疾病预防控制被提升到更重要的地位。国家卫生健康委员会原来也设置有疾病预防控制机构,但其重要性还远远不够,因此专门成立疾病预防控制局以及应急办公室,直接向国家卫生健康委员会主任汇报,这样一旦出现新的疫情就能够马上组织采取应对措施。

其次,各地在疫情应对机制方面加强了管控措施,对疫情的监控速度也大幅提升,最开始要很长时间才能出具监控报告,现在较短的时间内就能获得。从疫苗的生产和应用、核酸检测到各种的应急措施,中国的公共卫生应急机制得到了整体升级。过去大家都不知道CDC(疾病预防控制中心),后来SARS的出现才让CDC进入了公众视野,现在COVID-19让CDC的重要性又提升了。通过这次的COVID-19危机,未来就算出现其他的疫情,各地也能有更好、更高效的应对措施。

最后,人类在技术方面也储备了很多现成的技术,包括疫苗研制、药物研制、人才培养等,这些都让人类在应对未来疫情时更有效率。

近年来谷成明博士一直热心于行业公益性事业。为了推广医疗医药行业数字化转型,他出版了不少专业书籍,包括2018年出版的《AI时代的医学密码》。这些书把许多行业案例汇集起来,每年通过出版书籍的形式汇集数十个医疗行业中顶尖企业的案例,几年下来就可以看到一个非常清晰的发展脉络——哪些技术方案改变了商业模式，哪些改变了客户交互模式等。这是为了整个行业数字化转型而自发进行的公益性事业，参与者不会从中获得任何收益，其目的就是建立一个行业交流的平台，几年下来，成绩满满。谷成明他们也一直在坚持做这些有意义的事。

自 2006 年 AWS（亚马逊云科技）推出第一代公有云服务、2016 年谷歌人工智能程序 AlphaGo 战胜人类围棋世界冠军以来，基于人工智能等数字技术的数字化转型正在迎来指数级加速上升的拐点。人工智能技术已经在行业应用中遍地开花，并且大规模渗透到企业和行业生态中。数据正在成为新的生产要素，人工智能正在成为新的生产力，互联网和云计算正在构建新的生产关系，之前散落的数字化转型场景正在连成面，而连成面的数字化转型场景正推动企业从量变到质变——打开第二曲线已经不再是瞭望地平线，而是由第一批转型成功企业所带来的近距离现实。至于 AI 时代的数字化转型密码是什么，这是留给读者的小练习。

AI 时代的数字化转型密码是什么？你公司所在行业的数字化转型密码又是什么？

本章总结

本章将人工智能及其相关的技术做了一番整理，尤其强调这一波人工智能所驱动的数字化转型是产生一个与现实世界相对应的数字世界。我们在 2.1 节讨论了数字化转型可以使用的技术，包括大数据、云计算与人工智能等。2.2

节列举了医疗相关案例，以说明颠覆性科技如何改造整个产业，造福全民。2.3 节重点介绍了数字化成熟度评估，并以一家大型制造业的数字化转型架构说明了如何有条理、有次序地推动企业转型。2.4 节通过与医疗行业专家的对话，试图揭示 AI 时代的数字化转型密码。本章提到的成立数字化转型办公室、评估数字化成熟度与建立数字化转型架构等，都是企业推动数字化转型的"起手式"。把这些规划做好，企业转型就成功一半了。

第 3 章
优势产品组合的转换

微软官方网站上可以查询到的最早期的公司财报是 1996 年的，财报里这样描述颠覆性时代赋予微软的价值："纵观历史，黄金是驱动商业的'货币'，尽管它又大又重且难以分发。而今天的'货币'是信息。这就是为什么我们设计了可以快速分发信息的产品，从而可以触达最广泛的人群。"从某种程度上讲，这句话解释了微软所引领的"生产力"变革，以及定义了从个人计算机到互联网再到人工智能的数字化转型三阶段。今天，我们仍处于信息货币的时代中，而以人工智能为代表的颠覆性技术再次变革了信息分发的方式，相应变革了信息工作者的生产力。本章将探讨以人工智能为代表的颠覆性技术如何驱动产品、生产与服务等商业变革。

3.1 从过去的成功中找到未来的线索

3.1.1 回到初心，找到企业的灵魂

2020 年有一张关于微软产品转型的图（见图 3-1），图的左半部是"你印象中的微软"，右半部是"现在的微软"。这本来是常见的广告宣传形式，但由于这几年微软产品的变化幅度极大，所以一张简单的图竟然呈现了强烈的对比效果。

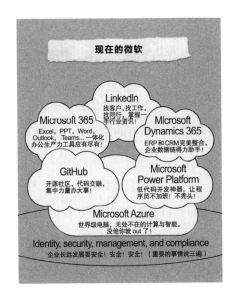

图 3-1　微软产品图的对比

1. 紧扣 BASIC 为主线，发展主力产品

在微软所有的产品中，Windows 与 Office 是两大经典软件产品。一个图形化视窗操作系统和一套图形化办公软件，奠定了人们脑海中的微软形象，并牢牢占据了"生产力"一词，直到今日。

在著名的 Office 2003 版本发布之初，当年的微软财报将 Office 软件归入了"信息工作者"产品线，可见微软从一开始对"生产力"的定义即指信息工作者的生产力。

从历史上来看，微软 Windows 与 Office 两大经典拳头产品基本上并行发展，齐头并进。虽然很多人是从 Office 97 开始使用微软 Office 并从此成为微软的忠诚用户，但其实微软 Office 软件在命令行式的 MS-DOS 操作系统时代就已经开始了它的光辉历程。

在图形化视窗操作系统 Windows 出现之前，使用较多的是类似大型机命令行式的 MS-DOS 操作系统。当然，在 MS-DOS 之前，更为"骨灰级"的微软产品，也是真正第一代微软产品，那就是在 1975 年发布的微软 BASIC 编译器，它面向普通学生和计算机初学者普及了计算机编程语言，提高了商用软件开发者的软件"生产力",再通过商用软件赋能更多的商业用户。

正如 BASIC 的全称"Beginner's All-purpose Symbolic Instruction Code"(初学者通用符号指令代码),这代表了微软的初心,也是微软一以贯之的软件思想和商业理念:**赋能最普通的人、面向每一个人和每一个组织,普及信息技术、提升信息工作者的生产力,成就不凡。**

1981 年 8 月 12 日,IBM 发布了世界上首个 PC——IBM 5150,标志着 PC 这一人类历史上最伟大的发明之一正式开始走进千家万户。而 IBM 5150 在发布的时候配备了微软的 16 位操作系统 MS DOS 1.0,同时将 Microsoft BASIC 作为计算机的 ROM-BASIC,也就是在 ROM 区(早期计算机中的代码存储区)的 BASIC 编译器。从此,MS DOS 及 Microsoft BASIC 随着 IBM PC 进入家家户户。

当时 IBM 5150 还捆绑了 VisiCalc 电子表格软件,它最早在 Apple II 上捆绑销售而取得了较大的市场份额,很多用户甚至为了使用 VisiCalc 而购买 Apple II 个人计算机,VisiCalc 也成为 PC 产业快速发展的催化剂。微软看到了电子表格软件的重要性,于 1982 年推出了 Microsoft Excel 的前身,即 Multiplan。但在 1982 年,另一家叫作 Lotus Software 的公司在 IBM PC 上推出了一款名为 Lotus 1-2-3 的软件,同时集成了表格计算、数据库和数据可视化这三个功能,从而取代了 VisiCalc 的市场地位并垄断了之后 10 年的电子表格应用市场。Lotus 1-2-3 也成为历史上第一个销售超过 100 万套的软件。其实在这里可以看到,虽然同在 MS DOS 平台上发展,但 Lotus 1-2-3 发展得比 Excel 1.0(即 Multiplan)好很多。Lotus 1-2-3 对市场的垄断地位,直到 1993 年基于 Windows 平台的 Excel 5.0 推出,才逐渐失去领先,Lotus Software 也于 1995 年被 IBM 收购。

与 Excel 并行发展的 Microsoft Word 于 1983 年 10 月上市,当时的 Word 被叫作 Multi-Tool Word。Word 1.0 从底层开始就是为图形界面而设计,也是第一套可在个人计算机屏幕上显示粗体、斜体和特殊符号的文字处理软件,支持鼠标与打印机。当时,Word 还在与 WordPerfect、WordStar 等文字处理软件展

第 3 章 优势产品组合的转换

开竞争。到了 1985 年，Word 2.0 开始加入"拼写检查"和"字数统计"等后来耳熟能详的功能。接下来的几年里，微软对 Word 进行了数次代码重写，让它可以适应多种操作系统，包括 DOS 和 Macintosh（苹果个人计算机的操作系统），而该软件的名字也被更改为后来大家熟悉的"Word"。所以，微软从早期的 Office 软件就是支持苹果个人计算机的，虽然后来大家普遍把微软与苹果视为"宿敌"，但其实在一开始进入市场的时候就已经埋下了两家公司既竞争又合作的种子。

1993 年，微软把 Word 6.0 与 Excel 5.0 集成到了 Office 4.0 套装软件中，让 Word 与 Excel 可以彼此共享数据，这极大方便了用户的使用。当时的 Excel 5.0 for Windows 也首次引进了 VBA（Visual Basic for Applications），即宏编程，这为 Excel 打开了无穷无尽的可能空间，实现了批量数据运算、数据处理流程、数据可视化呈现等重复性表格工作的自动化。宏编程为业务人员带来了极大的便利性，即使没有计算机背景的表格操作人员也可以编制自己的数据处理流程。数据共享与互通是微软 Office 套装软件在市场上能够胜出的重要原因。早期的 Word 和 Excel 如果单独面对市场中的竞争对手，并没有更突出的优点，但随着集成到 Office 套装软件中而打通了数据共享以及集成了 VBA 开发能力，再加上 1992 年 Windows 3.1 在市场上取得成功以及 1995 年 Windows 95 在全球范围内获得巨大成功，微软 Office 开始成为办公软件市场的标准。**Windows 与 Office 相互推动，奠定了微软在软件产业的重要地位。**

2. 不断拓展优势产品组合

1992 年，另一个重要组件微软 Office 套件诞生了，这就是 Access 数据库。之所以要提到 Access 数据库，是因为这同样是一款图形化的数据库软件，使用者无须任何开发经验就可以创建复杂的查询系统，这就是 Access 作为微软 Office 组件的重要原因。Access 数据库的出现极大降低了中小企业使用数据库的门槛和成本，甚至个人也能轻松创建自己的数据库，进行数据管理与数据分析。

微软 Office 套件中还有两个重要的组件：Microsoft PowerPoint 和 Microsoft Outlook。其中，Microsoft PowerPoint 的原型由美国计算机软件公司

Forethought 开发，该软件最初被命名为 Presenter，并于 1987 年发布在苹果的 Macintosh 个人计算机上，这就是 Mac 版的 PowerPoint 1.0。也是在同一年，微软公司认识到了该软件对于商业市场的价值，于是以 1400 万美元收购了该软件，这也是微软公司历史上第一次收购。PowerPoint 被设计成能用于商业环境的群组可视化展示和演讲，这显著提升了团队和企业沟通的效率及生产力。自 PowerPoint 诞生之后，投影仪和投影幕布成为企业会议室的标配，PowerPoint 也是个人计算机史上最辉煌、最具影响力的软件之一。

Microsoft Outlook 是微软 Exchange 邮件服务器的客户端，Outlook 97 是 Microsoft Outlook 的第一个版本，它融合了之前的相关软件功能。Outlook 不仅提供了企业电子邮件的管理功能，还可以管理联系人、在日历中安排会议以及在日历中添加记录等。对于企业用户来说，Microsoft Outlook 是一个很好的个人行程和日程管理工具，也是很好的团队管理与协作平台。

微软 Office 套件中的最后一个加入者就是不太为个人用户所熟知却为广大企业用户所熟悉的 SharePoint。微软在 2001 年所创建的 SharePoint 是一个企业内网解决方案，它能让企业轻松开发出服务内部的门户站点，无缝连接内部用户、团队和知识，支持企业内部展开高效的沟通与协作，从而极大提高了企业团队生产力。

3. 用优势产品组合打开市场

时间来到了 2003 年，就在全球互联网正如火如荼发展的时候，集大成的 Office 2003 登场了。它涵盖了文档编辑、表格计算、幻灯片演示、笔记管理、数据库、表单设计、网页制作、出版物制作等多个办公领域，Microsoft InfoPath 和 OneNote 也首次被引入微软 Office 套件。Office 2003 是 Office 各版本中的经典，可谓经久不衰；它将微软的生产力理念展现得淋漓尽致。

在 2003 财年报告中，微软这样描述 Office 2003：Office 2003 将从根本上改变人们沟通、协作和管理信息的方式。Office 2003 的功能是如此之全，以至于很多人只用到十分之一的功能就已经胜任自己的工作。而市场上其他公司的单独功能的办公软件，由于彼此之间缺乏兼容性，数据互连互通能力不足，以及与微软 Office 的不兼容等问题，逐渐淡出市场。

微软 Office 软件与 VBA 以及支持更为高级的编程开发工具 Visual Studio 等相配合，推动了商业软件开发市场的繁荣，很多独立软件开发商和开发者纷纷开发 Office 增值方案和服务，继续提升信息工作者的生产力，不断强化 Office 的用户黏性。

4. 拳头产品，既是历史，也孕育了未来

说到微软，我们绕不开 Windows。

Windows 在历史上包括两大产品线：面向个人的桌面 Windows；面向企业的 Windows NT，也就是 Windows 服务器版本。2001 年，这两条产品线的技术合并到 Windows XP，Windows XP 也成为 Windows 历史上最稳定的版本之一，如今的 Windows 10 仍以 Windows NT 为内核；而在 2000 年以后，Windows NT 从 Windows 2000 Server 到被重新命名为 Windows Server 2003，再到 Windows Server 2022，Windows Server 技术成为今天 Microsoft Azure 智能云的基础技术之一。

前面章节提到过，在 2001 年 Windows XP 之后的 5 年时间里，微软把全部的研发精英团队投入到了一个代号为"长角"（Longhorn）的产品上，这就是 2006 年 11 月发布的 Windows Vista，但 Windows Vista 在当时受到了广泛批评。更得不偿失的是，它导致微软在互联网和移动互联网发展最迅猛的 5 年里失去了参与市场的机会。不过，在此期间不断发展的 Windows Server 版本却为后来微软在公有云时代的成功奠定了基础。

这里特别要提到，现任微软第三任首席执行官萨提亚·纳德拉在 1992 年加入微软的时候，就负责推广当时刚诞生的 Windows NT；2008—2011 年，萨提亚负责 BING（必应）搜索部门，由此了解了超大规模互联网技术，也就是今天公有云技术的前身；2011 年，萨提亚开始转而全面负责微软服务器与工具（Server & Tools）部门，着手对该部门进行改造，才有了后来微软智能云 Azure 的成功。

在以前的微软服务器与工具部门中，除了 Windows Server，还有一个拳头

产品，那就是大名鼎鼎的数据库 SQL Server。同样在 1998 年，当微软刚开始开发 Windows NT 时，微软也与另外两家公司合作共同开发了最初版本的 SQL Server；在 Windows NT 推出后，微软将 SQL Server 移植到 Windows NT 系统上，专注于开发推广基于 Windows NT 的 SQL Server。

作为于 UNIX 操作系统之上关系型数据库产品的竞争对手，SQL Server 把业务关键型关系型数据库带到了 Windows 平台。微软对于 SQL Server 的愿景是统一数据平台，在 SQL Server 的持续发展之下，微软顺利渡过了大数据时代，进入以公有云为代表的云计算时代。SQL Server 作为微软智能云 Azure 的技术基础之一，为微软智能云 Azure 夯实了数据和数据智能的基础。而数据与智能正是微软智能云 Azure 的设计初衷。

3.1.2　业绩增长，股票却不涨

到此为止，陆续谈到了微软的主要个人级产品和企业级产品，我们并没有涉及互联网与移动互联网时期的微软产品与服务，如 MSN、Windows Live、BING 搜索引擎、Windows Mobile、Windows Phone、Zune 等产品线。实际上，在 2000—2010 年互联网与移动互联网高速发展的黄金十年中，微软除了股票没有增长，业务营收却一直保持强劲增势。

2005 年潘天佑博士第一次加入微软时，当时 30 岁的微软在 2005 财年的营收增长了近 30 亿美元，达到近 400 亿美元，运营收入增长了 61%，而在 2001 财年到 2005 财年间，微软的运营收入增长 73%，五年共产生 1620 亿美元总运营收入，运营中产生的净现金流高达 750 亿美元。

潘天佑博士在 2007 年离开微软，回到自己曾经的创业公司处理一些事务。微软在 2007 财年再次大获成功，推出了众多的企业级软件产品，2007 财年营收达到破纪录的 500 亿美元，那时刚推出的 Windows Vista 在 2007 财年售出了 5500 万个软件许可，而售出的微软 Office 软件许可高达 7100 万个。

在微软公司 2007 财年，微软服务器软件已经成长为一个高达 110 多亿美元的业务，而即将到来的 Windows Server 2008、SQL Server 2008、Visual Studio 2008 等，预示着一个更加辉煌的未来。事实上也是如此，微软在 2008

财年达到了 604 亿美元的收入新高，2008 财年微软售出了 1.8 亿个 Windows Vista 软件许可、1.2 亿个微软 Office 软件许可。

2008 年，微软还推出了一个对未来影响深远的企业级技术，这就是随 Windows Server 2008 推出的大名鼎鼎的服务器虚拟化软件 Hyper-V，Hyper-V 也是后来微软智能云 Azure 的关键技术之一；当年的 10 月，微软推出了 Windows Azure 技术预览版，也就是微软"面向云计算的操作系统"。"云计算"这个词开始进入微软公司 2009 财年报告，标志着一个新的时代拉开帷幕。

3.1.3　第二增长空间并非凭空而来

关于微软为什么错过互联网与移动互联网时代，特别是 2000—2010 年的微软股票几乎停滞不动，这也带来了业界对鲍尔默的广泛批评。**从今天微软在云计算领域的巨大成功来看，微软从始至终都是一家生产力公司，而所谓"生产力"主要指的是信息工作者生产力。**

我们可以把信息工作者生产力看成三大部分：桌面客户端、Office 办公端以及服务器端。这三端在互联网和移动互联网时代其实并没有发生根本性改变。特别是互联网和移动互联网的主要技术架构仍然以 X86 的客户／服务器架构为基础，从根本上来看这并没有动摇微软的根基，因此也就没有从内部颠覆微软。

而在移动互联网时代兴起的智能手机，在很长一段时间内都是轻信息、轻数据、轻交互的技术平台，主要服务于社交、游戏、娱乐等非信息工作者生产力场景，因此很难让一个重信息、重数据、重交互的个人计算机基因适应互联网和移动互联网时代。

云计算则不同，其本质是企业 IT 的超大规模化，是将本来属于一家企业的数据中心扩大，再以按需按时租赁的方式向企业提供所需的 IT 供给。这从根本上改变了企业 IT 供应链的组织与交付方式，也从根本上改变了 IT 技术人员——这个最重要的信息工作者群体的生产力。

所以从事后的眼光来看，**微软直接从个人计算机时代，跳过了互联网与移动互联网时代，而一步迈入云计算时代——这看似断裂的跨越，其实有着强连接的大逻辑在其中，这就是信息工作者生产力。**

点评

对于想打开第二曲线的高科技企业来说,已有的优势产品组合既是累赘,但也孕育着下一代优势产品组合。数字技术并不是万能的,企业也不能完全抛开已有的核心优势,转而像微软那样专注于数字技术。因为非IT企业的核心竞争力并不是软件工程师——微软、亚马逊云科技、谷歌、阿里云等云计算与AI公司的核心竞争力与核心资源就是数以万计的软件工程师,其中还有很多顶级程序员、软件架构师、软件工程师,甚至是大师级科研专家。

传统企业必须重新审视自己的核心竞争力,找到支持已有优势产品组合的最底层、最基础的逻辑,才能找到第二曲线的基石。例如,微软首先要为自己开发一套软件开发工具,从而进一步开发操作系统、数据库等系统软件以及办公应用软件,因此外界虽然看到的是Windows、SQL Server、Office等软件产品,背后却是微软一直致力于提升自己软件开发生产力的基础商业逻辑,由此找到了微软产品的灵魂——信息工作者生产力。在微软的第二曲线中,信息工作者生产力的基线一直存在,而且得到了进一步的强化与升华。

小练习

你所在企业的现有优势产品组合是什么?它们的基础商业逻辑是什么?进一步思考:你所在企业的"灵魂"是什么?

○ 3.2 产品组合转型"大考"

3.2.1 "未来已来",只是它不是想象中那样

在2008年发布Windows Azure时,微软内部对于云计算技术路线仍存在

纷争。

这一点在微软首席执行官萨提亚·纳德拉的《刷新》一书中有记述：2008 年到 2011 年，是萨提亚学习云计算相关知识的三年，而这三年也是当时 Windows Azure 第一代团队在微软内部求生存的三年。Windows Azure 仍处于孵化期，几乎没有收入。2010 年，鲍尔默宣布公司将全力发展云业务，研发投入高达 87 亿美元，但当时微软云平台依然缺乏清晰的愿景，更不用说创造实际的营收了。而当时服务器与工具部门是微软的三大支柱型业务之一，年营收高达上百亿美元。对于服务器与工具部门来说，他们当时正在赚大钱，多数人并不想为还处在赔钱阶段的"云计算"分心。

关于微软为什么要开发 Windows Azure，有记录的版本可以追踪到 2006 年的春天，那时 Windows Vista 基本上已经完成，微软的决策者开始探索公司下一步软件服务的发展方向。

当时，微软对于云平台的构想并非今天面向大众的公有云平台，而只是一个通用 IT 平台，最直接的目标就是帮助本公司的软件服务开发。当时微软已有了 Live Search（后来的 Bing——必应搜索）、Hotmail、SharePoint 等互联网规模的软件服务，而当时发现影响开发速度的一个主要原因是每一个软件服务团队不得不自行搭建最底层的软硬件基础设施，而这些通常又跟软件服务本身并不相关，这就造成了重复开发同样功能的软硬件基础设施，也就是"重复造轮子"，同时在软件服务本身规模和成本预估方面也造成浪费，由此开始了 Windows Azure 的研发工作。

可见，微软本身虽然在互联网和移动互联网时代并没有什么大的收获，但通过运营自有的互联网服务，也促使微软开始思考这一类超大规模、基于互联网的软件服务到底需要什么样的底层硬件和相应的操作系统，从而释放这些互联网级别的软件服务开发者的生产力。

2008 年的第一代微软公有云 Windows Azure 的技术路线，试图一步到位实现云计算的跨越式发展，这就是 Windows Azure 在第一次发布的时候就推出 PaaS（平台即服务）的原因。我们来看一下 2008 年 10 月在当时微软专业开发者大会（PDC）上发布的 Windows Azure 技术预览：主要组件就是

Windows Azure Services Platform，包括 .Net 服务、SQL 服务以及 Live 服务等，特别是微软数据库服务 SQL Service 是该平台的主打特色，提供数据同步、报表服务、分析服务、集成服务等。而 SQL Server Data Service 将成为 SQL Data Services，也就是将"Server"（服务器）一词去掉。

简单理解，Windows Azure Services Platform 就是公有云的 PaaS 层，主要包括数据库、中间件、开发语言等，这些都是微软的强项。换言之，就是把以前 SQL Server、Windows Server 这样的微软强势软件，从卖软件许可证的模式，转为通过网络实现的按使用量或使用时间的租赁模式，这不但与当时的服务器与工具部门的获利模式相抵触，企业客户也不一定能马上接受将自己重要的业务应用建立在第三方共享的基础设施之上。

相比较之下，2006 年 AWS 亚马逊云科技在推出第一代 AWS 服务的时候，正是 S3 简单存储服务和 EC2 弹性计算云这两个最基础的 IaaS，极大迎合了当时的市场需求。

所谓 IaaS，可以简单理解为"服务器即服务"，也就是由微软或 AWS 这样的第三方公有云服务商建立云数据中心，按使用时间或使用量租赁服务器的服务。通俗地打个比喻，即用户通过第三方公有云服务商建立的大带宽网络，以浏览器操作界面，远程操作位于第三方公有云服务商数据中心里的服务器，为自己的应用程序提供算力，使用完成后再释放掉远程的服务器，同时为使用时间付费。IaaS 是当时以及未来很长一段时间内（甚至一直到 2020 年），用户对于公有云的主要需求。

2008 年 Windows Azure 在发布的时候想要一步到位为开发者提供 PaaS 服务，这在当时来说有些远离市场需求，需要时间对用户进行教育和培养。

3.2.2 人云亦云的大变革

当时业界对于"什么是云计算"以及"云计算到底能做什么"还没有定论。

例如，2008 年有一篇微软在中国的文章这样描述："你会把自己的家庭录像上传并储存在电视台吗？我想没有人会这样做——所有的数据、服务和应用都依托于互联网'云'里，看上去很美，但很明显，无论企业还是个人，并不是每一位用户都能完全依赖隐藏在'云彩'背后的服务商,把有关个人隐私的数据上传到网络存储端。不仅如此,从经济学角度来说,带宽、存储、计算都不大可能是免费的,完全基于'云'的服务绝不会满足所有客户的需求。从通信的供求关系来说,虽然带宽在不断增长,但数据的容量也在同步增长,比如一部 1080P 的电影,基于国内现有的带宽便不大可能实现即时播放。再从技术角度来说,客户端的计算能力强,才能带给用户更多精彩的应用。所以'云服务平台+客户终端'的计算架构更可靠、更灵活,代表了产业的发展方向。根据客户的需要,未来的计算和服务会分别存在于云和客户端之中。"

那时候潘天佑博士暂时离开微软回去管理他自己参与创立的公司,它是微软的黄金级别合作伙伴。2009 年,潘天佑博士受邀参加了一个大会,在那里再次听到微软"云+端"的理念。潘天佑博士说,他很难体会什么是"云",只感觉"云"是好大的一台服务器!而所谓的"端",当时被微软解释为"PC+",也就是从个人计算(personal computing)向个人通信(personal communication)和个人控制(personal control)中心扩展。当然,这个描述也让当时的人们如在云里雾里。

直到 2013 年,也就是萨提亚接任微软首席执行官的前一年,微软的产品几乎仍然是个人计算机时代的产物,如图 3-2 所示。而其中的 Windows Phone 一直没有起色,在智能手机呈爆炸式增长的时候,微软不仅没有领先,甚至连参与的机会都没有。个人计算机的季度出货量为 7000 万台,而智能手机的出货量达到了 3.5 亿部。个人计算机时代开始走下坡路了,智能手机的出货量远远超过人们的预期,安卓和苹果系统的需求急剧上升。

2013 Product Roadmap Archive

The following products were featured in our 2013 Microsoft Product Roadmap. Click on a product name to jump to that section.

- Windows 8.1
- Office 2013
- Office 365
- SharePoint 2010 SP2
- SharePoint 2013
- Exchange Server 2010 SP3
- Exchange Server 2013
- Windows Phone 8.1
- Lync Server 2013
- Windows Embedded 8
- BizTalk Server 2013
- Dynamics CRM 2013
- Dynamics ERP
- Visual Studio 2012 Update 2
- Discontinued Products

图 3-2 2013 年的微软产品组合

3.2.3　押注下一个优势产品组合

自 2014 年接任微软首席执行官后，萨提亚有了更大的权限，他可以用云的观点去统领整个微软的未来方向。萨提亚上任之后没多久，即 2014 年 4 月，萨提亚就将 Windows Azure 更名为 Microsoft Azure，将 Azure 从二级产品提升为一级产品，同时将 Azure 从 Windows 体系中剥离出来，使其成为与 Windows 和 Office 平起平坐的产品。在更大的战略规划里，Azure 将是所有微软产品与服务的"底座"，将统领所有的微软产品与服务。

上任之时，萨提亚就提出了"移动为先，云为先"的发展理念。那时，微软还是一家在移动市场相当落后的公司，说到"移动为先"这样一个愿景，可能没有多少人相信。但实际上，萨提亚提到的是微软在"移动为先，云为先"的世界里提供生产力和平台。"我们将重塑生产力，予力全球每一个人、每一个组织，成就不凡。"

萨提亚指出，一个重要趋势是用大量类似实时机器学习之类的功能对所有数字化信息进行推理，并获得洞察力，同时要提升人与机器之间以及机器与机器之间的交互能力。在这个趋势下，移动与云必须同时为先。云只是潜在的算力，它通过设备才能与现实世界交互。这些设备可以是传感器，也可以是移动设备；可以是平板电脑，也可以是会议室或客厅的大屏幕。同样，没有连接到云的设备也无法完成所有的计算。

萨提亚在 2014 年 7 月 10 日，也就是微软新财年的前几天，给公司全员发出了一封类似宣言的邮件。他在邮件中写道："生产力远不止文档、电子表格和幻灯片那么简单。越来越多的人被移动设备、应用程序、数据和社交网络的海洋淹没，微软将致力于帮助智能时代的人们。"**注意，在这里，萨提亚把生产力从信息工作者扩展到了智能时代的人们。**

2015 年 7 月，萨提亚在一年一度的全球员工大会上，再次阐述了如何"予力全球每一个人、每一个组织，成就不凡"。他所表述的内容大致如下。

首先，微软将重塑生产力和业务流程，不再仅限于开发个人生产力工具。微软将开发赋能团队的工具；微软将基于协作、移动、智能和信任四大原则，着手设计针对计算的智能架构。想要在数据爆炸时代取得成功，人们需要使用智能，包括分析工具、服务和智能助理等，帮助人们管理最稀缺的资源，这就是时间。

其次，微软将构建智能云平台。今天，每一个组织都需要新的云基础设施和应用程序，通过运用先进的分析工具、机器学习和人工智能，将海量数据转化为预测和分析能力。从基础设施的角度出发，微软将在世界各地建立多个独一无二的数据中心，打造全球性的、超大规模的云平台。同时，微软云服务将是开放的，并提供不同选择，它可以支持各种各样的应用程序平台和开发工具。微软将把服务器产品打造成云服务的利器，使之真正支持混合计算。届时，它不仅是驱动增长的基础设施，还将在所有应用程序中注入智能。

最后，就是创造更个性化的计算。Windows 10 可以以更新、更自然的方式实现与设备的互动和接触，所有体验都以"用户至上"为原则，可以进行跨设备的无缝衔接。

"移动为先，云为先"，并不是说微软要在智能手机领域继续坚持下去，而是说微软要拥抱移动的世界以及云的世界，在这两个世界里提供新的生产力，这就是数据和智能。

我们来看一下 2022 年的 Microsoft 365 云服务。Microsoft 365 是一组 SaaS（软件即服务），它基于云平台提供多种服务，通过将 Word、PowerPoint、Excel 和 Outlook、OneNote 等应用与 OneDrive 和 Microsoft Teams 等强大的云服务相结合，可以让任何人使用任何设备随时随地创建和共享内容。Microsoft 365 由 Office 365 升级而来，支持 Windows、安卓、iOS、MacOS 等终端平台，将 Office 桌面端应用的优势结合企业级邮件处理、文件分享、即时消息和可视网络会议等融为一体，以满足不同类型企业的办公需求。

微软将这些与企业办公相关的 SaaS 服务组合在一起并不稀奇，支持多种智能终端也符合时代大趋势，最妙的是 Microsoft 365 底层的 Microsoft Graph。说到 Microsoft Graph，就要提及知识图谱（knowledge graph）。知识图谱是知识的一种表达方式，是人工智能的一个重要分支知识工程在大数据环境中的应用。一个简单的知识图谱应用，就是将一系列电子邮件、邮件附件文档、邮件涉及的收件人和发件人、以及电子邮件中涉及的会议地址、时间、主题、参加人员等"上下文"都组织起来，这样智能助理就可以分析出这一系列电子邮件是关于一个会议的组织、会议的主题是什么、需要哪些人参加、会议的时间和地点、会议涉及的相关文档、这个会议与其他的会议是什么关系等，从而智能化提醒所有参会者以及相关者并附带上所有相关的数据和信息，这样当参会者进入会议室时就已经获得了所有需要知道的数据和信息，而不用自己从Word、Excel、Outlook、Teams等应用程序中手工找到相关的数据和信息。

如今，微软把知识图谱的概念应用到 Microsoft 365 中，并提供 Microsoft Graph 这样一个已经组织好的智能平台，再以 Microsoft Graph API 的方式供开发者简单调用就能生成复杂的具备上下文智能的应用程序。Microsoft Graph 已经连接了 Microsoft 365，相当于 Microsoft 365 的智能引擎，可极大提升开发者的生产力，进而赋能企业员工、团队和组织。**这就是"移动为先，云为先"世界里更为先进的生产力。**

3.2.4 优势产品组合的过渡与衔接

2017 年，萨提亚将"移动为先，云为先"的微软战略升级为"智能边缘，智能云"。

首先，萨提亚认为，随着用户体验扩展到所有的设备和所有的感知层面，用户体验已经不再是"移动为先，云为先"，而是无所不在、多种感知并存，技术将支持用户向声音、笔迹、手势、眼神交互等多感观、更自然的交互方式过渡。

其次，人工智能已经发展到了跨所有设备、应用和基础设施而无处不在，人工智能将能驱动各种洞察并代替人们做出决策。

最后，随着边缘计算的大发展，计算将更加分布式化，包括互联的汽车、互联的工厂以及任何互联的设备。当开发者要为这样一个新世界去开发应用程序的时候，他们需要一个新的机制。

所以，什么是"智能边缘，智能云"呢？智能云是一种由公有云和人工智能技术支持的普遍计算，适用于开发者能构想出的各种智能应用程序和系统；

智能边缘是一组不断扩展的连接系统和设备，用于收集和分析数据，它靠近用户和数据，用户可通过响应度高且可感知上下文的应用程序获取实时见解和体验。将云的几乎无限的计算能力与网络边缘的智能和感知设备相结合，创建一个用于构建沉浸式和有影响力的业务解决方案的框架，这就是"智能边缘，智能云"。

我们来看一下 2022 年的微软智能云 Azure。其底层是计算、存储、网络、安全和身份等 IaaS 层（基础设施即服务），中间是基于无服务器技术（一种更高级的云计算技术）的数据库、分析、机器学习、物联网、容器、混合现实、集成等 PaaS 层（平台即服务），边缘还有 Azure Stack Hub、Azure Stack Edge、Azure Sphere、Azure Kinect、HoloLens 等边缘设备与服务，围绕智能边缘和智能云的是 Visual Studio、GitHub、Power Apps、Power BI 等开发平台和工具。这样一个产品与服务布局，就非常完整地体现了"智能边缘，智能云"的理念。

微软智能云 Azure 正在释放新一代的微软生产力。例如，2020 年 2 月，微软发布了高达 170 亿参数的人工智能自然语言大模型，其容量是开源 AI 组织 OpenAI 模型 GPT-2 的 10 多倍，新的自然语言大模型可以让机器人像人类一样直接、准确、流畅地做出反应，比如可以自然地总结或回答有关个人文件或电子邮件的问题。2020 年 9 月，微软与 OpenAI 达成合作协议，获得了 GPT-3 的独家授权。GPT-3 的模型参数高达 1700 亿，这个模型可以写小说、与人聊天、设计网页等，堪称到 2020 年为止最全能的人工智能模型，同时，它还入选了《麻省理工科技评论》2021 年初评选的"十大突破性技术"。

2021 年 5 月，微软将 GPT-3 模型集成到了 Power Apps 中。Power Apps 是微软低代码开发平台 Power Platform 的重要组成部分，而微软将 GPT-3 集成到 Power Apps 中，将帮助那些没有编程经验的业务人员也能像专业程序员一样开发出自己想要的任何应用程序。例如，没有编程经验的业务人员可以直接输入"在产品名称中显示 10 个带有婴儿推车的订单，并按购买日期排序，将最新的排在最前面"，这些内容会自动转换成 Power Fx 代码并直接显示出结果。

Power Fx 语言是在 Excel 基础上重构而成的，一线业务人员对 Excel 极为熟悉，因而无须经过额外的专业编程培训就能快速掌握 Power Fx，迅速创建出满足业务需求的任何程序。而对于专业的程序员来说，Power Fx 同样是开发神器。Power Fx 的公式可以存储在 Visual Studio Code、Visual Studio 或任何其他文本编辑器的 YAML 源文件中，同时可以通过 GitHub、Azure DevOps 或任何其他源代码开发程序使用 Power Fx。

在萨提亚的智能云时代，还有两个必须要提到的平台：LinkedIn（领英）与 GitHub。2016 年 6 月，微软宣布将以 262 亿美元的价格收购 LinkedIn。LinkedIn 创建于 2002 年，致力于向全球职场人士提供沟通平台。作为全球最大的职业社交网站，2016 年，LinkedIn 会员人数在世界范围内已超过 3 亿，每家入选《财富》世界 500 强的公司都有高管加入 LinkedIn。

萨提亚在向微软员工发布的备忘录中，这样谈论收购 LinkedIn 的交易过程：双方都在追求以帮助人们和组织为中心的共同使命，随着 Office 365 商业版和 Dynamics 业务的增长，此交易的达成对微软重塑生产力和业务流程的计划很关键。萨提亚认为，在 LinkedIn 公共网络上职业信息与 Office 365 和 Dynamics 信息融合起来，将形成充满活力的网络，该模式不但能重塑职业人士的生产力，同时还能改造销售、营销和人才管理的业务流程。到 2021 年的时候，LinkedIn 的用户超过 7 亿。LinkedIn 对于微软的价值无疑是巨大的，LinkedIn 上的用户群是智能时代最核心的人群，他们的需要也就是微软产品和服务的研发方向。

除了 LinkedIn 上的商务和职业人群，GitHub 上的开发者人群也是微软在智能时代最核心的用户群。实际上，微软自己就是 GitHub 的最大贡献者之一。2016 年微软向 GitHub 贡献了超过 16 000 个项目。2018 年 6 月，微软宣布以 75 亿美元收购了 GitHub。收购后，微软强调 GitHub 依然是一个开放的平台，任何开发者都可以接入、扩展，同时依然可以使用他们为自己的项目所选择的语言、工具、操作系统，将代码部署到任何云服务和任何终端设备上。

到 2020 年，GitHub 上汇聚了超过 5000 万开发者、300 万个组织，包括《财富》50 强中的绝大多数企业，都在 GitHub 上开展协作和构建软件。根据开发者的需求，微软推出了 Codespaces 服务，包括 GitHub、Visual Studio 和 Azure 等精华合集，帮助开发者在很短的时间内就完成了从代码到云上部署的过程。收购 LinkedIn 和 GitHub 让微软有了直接接触和服务智能时代两大社群的机会，也让这两个社群中的人们有了直接体验微软智能云产品与服务的机会。

3.2.5 看不到的变化正在发生

所有的这一切，都是为了强化萨提亚所重视的"技术强度"。萨提亚在 Microsoft Ignite 2018 上强调，现在正在发生的情况是计算正在嵌入现实世界的每个地方，无论是家庭或工作，还是体育场或医院。每个行业，包括石油和天然气、零售、金融服务、农业技术等，都在通过数字技术进行转型。

微软不断创新，提供完整的新技术平台、工具和使用方法，以安全、可靠、负责任的价值观，把新技术扩散到全球的每一个角落，强化全世界的新技术强度，用新技术赋能全球的每一个政府机构、企业、组织和个人，推动全球更加快速地走向新经济体系。

2018 年，全球有超过 192 个国家和地区（几乎是地球上的所有国家和地区）超过 7 亿台设备运行着 Windows 10，140 多个国家和地区的 12 亿人通过 107 种语言使用微软 Office，95% 的《财富》500 强企业在使用微软云，微软人工智能助理 Cortana 自发布以来已经被咨询了 180 亿个问题，每天微软都分析着超过 6.5 万亿种信号以识别安全威胁并保护用户，Skype Translator 能实时翻译 9 种语言的语音信息和 50 种语言的文字信息。此外，微软智能云实现了遍及全球的广泛覆盖，Microsoft Azure 在全球有 54 个区域，服务全球 140 多个国家和地区市场，超过其他公有云服务商的总和。

更重要的是，"技术强度"还指企业通过采用数字技术，再把数字技术嵌入到自己企业的产品与服务中，从而构建自己的数字化能力，将自身转换为科技公司，并以数字化能力推动全社会的数字化转型。2019 年年底，微软发布了一项"全球技术强度状态研究"报告，该报告显示当前每家公司都正在成为科技公司。根据微软的这份报告，"技术强度"这一概念已经普遍存在于企业中，有 73% 的受访公司表示正在使用下一代数字技术提升技术强度，如机器学习（39%）、物联网（37%）、人工智能（32%）、区块链（29%）和混合现实（21%）。

在提升技术强度的过程中，最主要的方式就是在一个数字平台上利用这些数字技术和工具以及开发新的数字技术与工具。当然，为了让人们更好、更易于接受创新的数字技术和工具，还需要建立数字技能和数字信任。这些汇集起来就是萨提亚提出的**技术强度公式：技术强度 =（数字技术采用 × 数字技能）^信任**。

可能很多人都没有想到，微软是全球第一大网络安全公司。近年来在多个网络安全产业排行榜中，微软都稳居第一的位置。例如，上海赛博网络安全产业创新研究院发布的《2018 全球网络安全企业竞争力研究报告》中评出了全球网络安全企业 100 强，其中微软位列第一。

在安全方面，微软有两种能力：一体化的集成能力和极强的 AI 与自动化能力。从身份与访问管理，到终端、邮件和应用安全，再到数据防泄漏和云安全及 SIEM（安全信息与事件管理），微软实现了端到端的安全。当然，微软在云计算、操作系统、智能设备、软件应用、人工智能等多个技术领域均处于世界顶尖水平。微软所处理的数据量也庞大到令人难以想象。微软每天收集超过 8 万亿条安全信号（security signals），并采用强大的机器学习和 AI 技术，再结合专业人员智慧，处理这些庞大的安全数据，为客户提供强有力的安全防护。仅 2020 年全年，微软终端软件 Defender 就拦截了将近 60 亿条恶意威胁。如今，微软安全保护着全球 120 个国家 40 多万的客户，其中既有小企业，也有大企业。《财富》世界 100 强中有 90 家企业是微软安全的客户，它们都在使用至少四种以上的微软安全产品或服务。

3.2.6　转型并不是抛掉过去

微软在互联网与移动通信时代错失了转型的契机，因此大家对微软的产品印象仍停留在 Windows 视窗与 Office 办公软件上。但 Windows 与 Office 从一开始就代表的生产力并没有就此中断，而是在云计算时代进一步发扬光大。

对比微软的两张产品图（见图 3-1），我们可以观察到有三点"未变"。

（1）微软在不同时代都坚持了同样的主题——赋能，也就是通过数字技术帮助用户创造和实现更多的价值。

（2）微软在不同时代都做了同一件事情——普及。从最早的 BASIC 编译器到 Windows 和 Office，再到智能边缘和智能云，微软一直致力于将原先属于"象牙塔"的数字技术推广给最广大的一般使用人群。

（3）微软在不同时代都专注于同一个需求——生产力。从早期的信息工作者到后来扩展到智能时代的人们，从早期的个人生产力到后来的团队和社群生产力，微软都着眼于信息和数字经济时代的最强刚需——生产力。

转型并不是抛掉过去。微软的产品转型虽然是基于过去40多年的优势与不变的核心精神来推动的，但它的转变是快速且划时代的。可以总结为以下四点。

（1）微软从最开始的PC平台，"跳过"网络平台，直接进入云计算平台战略。其中，微软虽然没有自己的互联网平台，但通过运营大型互联网服务，促使微软为大型互联网服务开发底层的技术平台，这就是云计算平台。虽然看起来微软"跳入"了云计算时代，但实则是经过了互联网时代的过渡，才有了后来的成功。

（2）微软从成立之初就是一家数字技术公司，本身并不存在所谓的数字化转型，但微软为第三阶段的数字化转型进行了主动转型。特别是IaaS（基础设施即服务）的建设，需要在全球建立大量的超大规模的云数据中心，这些数据中心都需要大量固定资产投入，对于微软这样一家纯软件出身的轻资产公司来说，需要极大的魄力和领导力。

（3）微软从卖产品到卖服务，经历了商业模式的重大转型。云计算，特别是公有云，是一种按订阅量和使用量计费的商业模式，这与传统上销售套装软件的一次性买断模式有着截然不同的特点。面向云计算时代，微软除了进行产品和服务的重大调整，在财务模型和销售模型上也进行了重大更新，同时也调整了市场营销和销售组织，以全面适应按订阅量和使用量计费的商业模式。

（4）微软进入萨提亚时代后，从"移动为先，云为先"到"智能边缘，智能云"再到提高"技术强度"，实际上从一开始就抓住微软员工和整个业界的注意力焦点、占领市场心智、提振大家的信心；然后将云计算、人工智能等普及到所有的地方，切实做好产品与服务；再推动企业和组织全面采用数字技术并应用数字技术真正改变现实世界，落地数字化转型、产生实效。这就是微软推进用户数字化旅程、实现用户价值的过程。

优势产品组合转型,对任何企业来说都是"大考"。企业人员不仅是由首席执行官构成的,更是由一批中层管理者以及基层员工所组成。如何推动中层管理者及基层员工积极拥抱转型,这需要找到现有优势产品组合与转型之后产品组合之间的有效技术逻辑衔接,而不能完全"重起炉,另开灶",否则既得不到现有产品和业务团队的支持,也会让公司无法很好地驾驭两代产品组合之间的转换,同时市场也很可能没有做好迎接完全不同的产品组合的准备。

转换产品组合在很大程度上是一种战略投资,带有"押注"的意味。对于想要打开第二曲线的企业来说,如何审时度势而又适度超前地"押注"下一代产品组合,这就需要认识到"看不到且正在发生的变化"。从卖产品向卖服务转型,以及人工智能技术赋能下的数字经济浪潮涌起,这是两个"看不到且正在发生的变化",一个在公司内部,另一个在外部市场中。

您所在公司正处于企业发展的哪个阶段?是上一个商业模式最成功的时候吗?如果是的话,那么又将如何推动公司在最成功的时候进行转型?结合人工智能、云计算、物联网等数字技术的下一代产品组合,能否从卖产品向卖服务转型?

○ 3.3 打造第二增长空间

3.3.1 偶然的催化剂,其实是必然

微软是一家数字技术公司,它的产品转型必须抢在其他行业的数字化转型需求之前。也就是说,如果在大家都需要云计算及人工智能技术与服务时,微

软却无法提供，那它就彻底失败了。

微软的产品理念一直到2013年还属于第一阶段——由个人计算机所驱动的数字化需求，而本章所展示的产品转型主要发生于萨提亚在2014年担任首席执行官之后，这个转型的成效在自2020年开始的新冠疫情中表现得特别清楚。

正如萨提亚所说："新冠疫情使数字化进程加快了至少十年，现在已成为我们运作方式的重要组成部分。"他同时还说："将数字技术置于一切事物的核心，可以让业务更有韧性，并且更快地适应任何不利的因素。"

新冠疫情全面暴发导致全球各个国家和地区大面积物理封锁，以及各行各业全面停摆。然而，在物理中断的地方，数字技术正在无缝连接起来，为人们创造更先进的生产力和沟通协作方式。在微软年度大会Ignite 2020上，萨提亚表示，随着全球在响应疫情、从疫情中恢复以及重新想向后疫情时代的社会和商业中反复迭代演进，数字技术已经变得极为重要。

任何组织若想要在前所未有的不确定环境中胜出，就必须要赋能员工、培养新的混合办公模式、以新方式与客户交互、转型产品与服务的商业模式、确保员工与客户安全等，这就需要用数据构成生生不息的循环，从而实现数字化转型以及重塑企业的韧性。

疫情给每个企业在提升技术强度的工作上带来许多启示，我们尤其应该仔细思考企业的三个"T"，也就是技术（technology）、人才（talent）、信任（trust）。下面，让我们沿着这个思路展开讨论。

3.3.2　一个场景引发了爆款产品

无远弗届的线上沟通能力变得非常重要。 自2020年开始的疫情以及之后的疫情应对策略中，不断出现的物理隔离已经呈常态化，这就需要技术手段赋能员工稳定可靠地在线上工作和沟通，微软的Teams和HoloLens就是这样的代表性技术工具，也是远程办公场景所引发的爆款产品。

Teams是一款基于聊天的智能团队协作工具，可以同步进行文档共享，并为成员提供包括语音、视频会议在内的即时通信工具。作为团队合作的中心，组织内外的人员可在Teams中主动联系和协作来完成工作，无论是共同创作文档、举行会议还是在其他应用和服务中合作，都可以在线进行对话。在 Teams 中，员工可以进行非正式聊天、快速对项目进行重复操作、处理团队文件以及对共享的可交付结果进行协作。

2021 年 5 月，Teams 上线四周年之际，全球日活跃用户数超过 1.45 亿，为全球 181 个市场提供 53 种语言的服务，每天有超过 2 亿人参加 Teams 会议，全球用户每天用 Teams 开展协作的总时长超过 300 亿分钟。在全球《财富》100 强企业中有 93 家采用 Teams，Teams 用户数超过 1 万人的组织有 2700 多家，超过 10 万人的大型企业达到 117 个。

如今，Teams 已经成为微软云端生产力平台 Microsoft 365 中最核心、最重要的智能远程协作中枢。Teams 不仅是一个远程会议应用，更是一个全方位的智能协作平台，它的应用商店已提供超过 800 个第三方应用，覆盖了不同行业的众多业务场景。为了满足大型线上互动直播的需要，Webinars 直播功能可以支持最多 1000 名与会者或最多 1 万名观众，提供用户注册、互动调查、与会者报告等增强功能，还可通过与 Dynamics 365 无缝整合快速跟进活动效果。

在 Teams 上线四周年之际，微软宣布将全面提升对 Teams 的研发投入，预计未来 6 ～ 12 个月内将推出超过 500 项新功能，持续完善会议体验、优化行业场景、增强安全保障。例如，2021 年年底发布的 Mesh for Teams 就把 Teams 带入了元宇宙的世界。Mesh for Teams 功能结合了 Microsoft Mesh 的混合现实功能，允许不同位置的人们通过 Teams 加入协作，如召开会议、发送信息、处理共享文档等，共享全息体验。

Mesh for Teams 基于 Teams 的现有功能进行开发，包括 Together 模式和演示者视角（presenter view），这些功能使远程会议和混合会议更具协作性和沉浸感。任何人都可以接入 Mesh for Teams，无论是使用传统的智能手机、笔记本电脑，还是混合现实头戴式设备。Mesh for Teams 不仅使在线会议更个性化、更具吸引力和乐趣，它还是通往元宇宙的门户，人们在这里可以通过任何设备登录自己的个人虚拟身份，进行交流、协作和分享。

前微软技术院士 Alex Kipman 及其团队花了数年时间与埃森哲共同打造支持 Mesh 的沉浸式空间。说起 Alex Kipman，可以说在微软内部和业界都是大名鼎鼎的技术专家，他是 Kinect 的发明者，也创造了微软 HoloLens。说起微软体感外设 Kinect，该产品在推出的时候可以说是轰动一时。这款在 2010 年年底推出的体感游戏设备，在开售的前 4 个月即销售了 1000 多万台，成为史上销售速度最快的消费电子设备。Kinect 定位于更多的娱乐产品，主要作为 Xbox 360 的附件而存在。它在市场上的销售非常抢眼，创下了很多游戏产品现象级的记录。在同时期的游戏主机产品中，Xbox 游戏主机是销售量最高的。而 Xbox 之所以能够卖得那么好，很大程度上是因为 Kinect 的推动。

2015 年 1 月，研发了 Kinect 的微软技术团队推出另一款轰动一时的新硬件，那就是 HoloLens 混合现实设备，这是一款增强现实全息眼镜。2019 年 2 月，微软发布了 HoloLens 2；2021 年 2 月，微软发布了 HoloLens 工业版。与其他全息眼镜不同，HoloLens 是一款混合现实眼镜，它并不像其他全息眼镜那样完全阻断了用户的视线，而是在现实场景中叠加了数字内容。

2018 年 1 月 8 日，武汉协和医院医生率领的手术团队通过远程会诊系统，指导新疆博州人民医院，成功实施了全球首例混合现实技术三地远程会诊手术，该手术就采用了 HoloLens。此次会诊在武汉协和医院骨科医院、新疆博州人民医院、美国弗吉尼亚理工大学三个地方同时展开，由武汉协和医院总指挥、跨越 3700 千米的远程会诊手术，为多位患者成功实施了手术。这一套以微软 HoloLens 为基础，面向临床医疗、医学教学、医学科研的解决方案，已经用于全国 100 多家三甲医院中，涉及手术方案制定、医患沟通、术中辅助导航等场景，不但有助于提高教学、沟通的效率，还让诊断与术中辅助更加精准。

3.3.3 时刻做好准备，随时拥抱未来

疫情促使我们重新思考使用云服务的方式。 虽然一些企业建立了大量的本地数据中心，但疫情推动更多的企业开始大量采用公有云服务。

在疫情的推动下，越来越多的企业开始采用在线直播和在线大型活动的方式，推进企业的工作以及组织企业和行业会议。从微软智能云 Azure 到 Microsoft 365，微软云在成为在线会议和大型活动直播优选云平台的同时，也在推动更多的企业上云。微软智能云 Azure 提供了覆盖全球 58 个区域的云平

台和功能丰富的 PaaS 级服务,可以根据直播的实际需求进行选择、搭配、定制、扩容,借助云计算弹性伸缩、灵活配置、按需付费的特性,能够以更低的成本满足短时间内多场直播活动同时进行的高并发需求。Azure 的 PaaS 服务可通过 API 与第三方合作伙伴无缝衔接,为大型活动的直播加入诸如二维码邀请函、微信小程序导流、身份注册与认证服务、调查问券和信息收集等定制化前端服务,同时通过在后端接入 CRM(客户关系管理)和大数据分析接口,该方案还可快速加入受众分析与传播效果评估、销售线索跟踪等附加功能。

在疫情期间,上汽通用五菱就利用微软智能云上搭建的在线培训平台,为不能到店上岗的 4S 店销售员工集中进行远程培训,云端培训平台顺利支持了 1 万人同时访问的峰值需求;某制药企业利用这一方案,举行了面向国内上下游各渠道的全员直播大会,有超过 8 万人次观看会议直播或点播回放。而基于 Microsoft 365 打造的企业级 Live Events 直播管理平台,通过对 Teams 等服务进行简单配置,就能快速实现专业水准的大型会议直播,会议可以设置成开放的互联网会议或者内部会议模式,最多允许 1 万名来自组织内外的观众参与直播。

疫情极大推进了企业上云进程。 随着混合工作成为新常态,云基础设施和服务成为关乎每一个员工、部门和流程的新 IT。在应对疫情这样的突发事件的过程中,微软最重要的一条经验就是:云就绪让微软几乎在一夜之间就在全球范围内,快速、全面迁移到了远程工作。依托于云端、完全数字化的生产力工具、协作沟通、业务流程,远程工作几乎没有降低微软员工的工作效率。而将 IT 基础设施以及主要业务流程迁移到云端,还显著提高了微软公司工作方式的灵活性,并且让整个企业 IT 管理实现了一步到位的转型升级。

越来越多的企业由于选择微软智能云平台,在疫情之中和疫情后的世界里脱颖而出。作为一家全球化的汽车零部件优秀供应商,均胜电子自 2018 年起就与微软开展合作,借助智能云平台 Azure、生产力云平台 Microsoft 365 以及企业应用云平台 Dynamics 365,在实现了全球业务范围的统一平台整合和数字化战略部署的同时,也开始积极尝试通过云计算赋能车联网和企业基础架构。而这家企业"未雨绸缪"地在全球范围内推广一站式的整合生产力云 Microsoft 365,顺利保证了疫情期间员工的跨部门、跨区域信息顺畅沟通与协作,真正实现了现代化高效办公。

3.3.4 新的世界，它永远留下来了

疫情打破了人们对于工作和生活的分界线。越来越多的企业和企业员工开始永久性进入远程办公或混合办公状态，数字技术正在弥合集中式办公室办公与分布式远程办公之间的断裂之处，为疫情后的人才提供具备更高生产力的混合办公新环境。

2021年3月，微软首次发布年度"工作趋势指数"报告，该报告面向来自包括中国在内的全球31个国家、多家公司的3万多名员工进行调研，同时分析了Microsoft 365和领英上数万亿个总生产力和劳动力指标。报告调查结果表明，过去的一年已经从根本上改变了工作的性质：Microsoft Teams和Outlook中的协同趋势表明，人们的工作社交圈缩小了，而混合办公让工作重新焕发生机；**全球范围内，用于会议的时间增加了一倍多，而在2021年2月发出的电子邮件数量较去年同期增加了400多亿封；工作变得更加人性化，近40%的受访者表示，与疫情暴发前相比，现在他们对于全身心投入工作感到更加自在。**

报告还表明，我们正处于颠覆办公场所的转折点：73%的受访者希望继续拥有灵活的远程办公选择；疫情期间，领英上的远程职位招聘增加了5倍以上；超过40%的全球受访员工表示2021年有工作变动的打算，46%的员工计划搬家，因为他们已经可以实现远程办公。简而言之，灵活的工作模式将影响到既有员工的去留，以及新员工的加入。

说到混合办公，就必须要提到Windows 11和Surface系列。2021年10月，微软开始正式推送Windows 11，这是为混合办公和学习而生的操作系统。从全新的"开始"菜单和任务栏，到每一种声音、字体和图标，Windows 11都为用户带来了更加现代化、整洁美观、耳目一新的体验。Windows 11的"开始"菜单采用居中设计，可以让用户快速访问所需的内容和应用程序。

同时，凭借云和Microsoft 365的强大功能，用户可以在"开始"菜单中看到他们最近浏览或编辑过的文档，无论他们此前是在哪个设备上处理过这些文档，即使是在一台安卓或iOS设备上，"开始"菜单也能让用户一览无余。作

为 Windows 历代版本中的最大突破之一，Windows 11 开始支持安卓应用，用户可以在 Microsoft Store 里找到安卓应用程序并下载安装到 Windows 里使用。随着 Windows 11 的发布，微软也将基于 Teams 技术的 Chat 整合到任务栏中，无论是在 Windows、安卓还是 iOS 平台，用户都可以通过打字、聊天、语音或视频等方式与所有的联系人进行实时互联。

Surface 系列设备是微软开创的另一条硬件产品线。Surface 对于微软来说是一个旅程，微软不仅创造了二合一这一全新品类，而且在这个过程中不断学习硬件、软件集成等知识与经验。Surface 是 Windows 服务、智能云、硬件和软件的集成进化，其设计思路就是要让硬件对人们的各种输入很敏感、很灵活，包括墨水、数字笔、触控板、触控屏、键盘、Dial 等；而"软件+智能云"则通过机器学习的方法了解人们输入的意图，帮助人们修正自己的想法，从而创造神奇的用户体验。

例如，随着 Windows 11 的发布，微软推出了 Surface 超薄触控笔 2，借助 Windows 11 的全新功能以及 Surface Pro 8 和 Surface Laptop Studio 内置的定制 Microsoft G6 处理器，Surface 超薄触控笔 2 可在用户书写或绘图的时候提供触觉信号，营造出在纸张上书写更自然的触感。这种很微妙的互动体验无缝衔接了现实中的书写与绘画体验，弥合了数字世界与现实世界的裂痕。

3.3.5 人才转型是根本

疫情激发了企业人才更高的创新能力。除了为人才创造更好的混合办公环境，微软还以 Power Platform 低代码开发平台来提升企业创新力。该平台可以极大降低企业应用开发的难度，让非技术背景的业务人员也可以开发业务流程 App 并提升多达 50% 的生产力，同时企业软件的开发成本可以平均降低 74%。

Power Platform 为不同规模的公司提供了零门槛、易上手的低代码全民开发体验，它可以像 PPT 一样开发业务应用，再通过与微软智能云 Azure、Microsoft 365、Dynamics 365，以及大量第三方应用、数据的无缝衔接，最大限度地确保对新老应用的兼容性、对功能和服务规模的可扩展性，满足企业级安全合规的严苛要求。特别是与 Microsoft 365 的集成，让 Power Platform 用户可以轻松实现对办公和业务流程的自动化和定制化。而 Power Platform 与

Dynamics 365 一脉相承，可以通过无缝衔接定制开发，拓展现有 CRM（客户关系管理）和 ERP（企业资源计划）服务的功能和适用场景。

Power Platform 包括用于数据可视化分析的 Power BI、轻松创建应用的 Power Apps、实现业务流程和应用处理自动化的 Power Automate，以及快速创建人工智能聊天机器人的 Power Virtual Agents。全球《财富》500 强企业中超过 97% 的企业都在使用 Power Platform，例如，丰田汽车就借助 Power Apps 实现了跨业务部门、无须 IT 专家参与开发的快速创新，开发部署了超过 400 个 Power Apps 业务应用，服务于公司内部数万名员工。

值得一提的是，由于微软 Power Platform 以 Azure 为基础，可以满足从个人低代码开发到大企业专业团队开发的全部需求，让软件真正成为企业数字化转型的新生产力，让每一家公司都成为软件公司。

除了通过 Power Platform 和 GitHub 等赋能业务人员和专业开发者外，微软还提供了一系列平台和项目，帮助疫情后的企业释放人才潜力：Microsoft Learn 平台打造了一套成熟的、针对技术在职人才的培训及认证体系；LinkedIn 提供了一系列免费职业培训计划，帮助职场人士发展所需技能；微软在中国启动了全球首个线下互动教学与线上课程相结合的"微软人工智能商学院"（Microsoft AI Business School）项目，帮助企业准确把握人工智能带来的转型机遇；此外，"微软的加速器创业扶植计划"（Microsoft for Startups Program）、"微软加速计划"（Microsoft ScaleUp Program）等项目也为创业人才提供了成长的空间和机遇。

由于微软是潘天佑博士的老东家，潘天佑博士曾经在它转型的路上学习并付出过，所以一谈到这些新产品和它们如何赋能各行各业进行数字化转型就难掩兴奋之情。潘天佑博士从 2012 年回到微软亚洲研究院之后，负责对外学术合作。2013 和 2014 年前后潘天佑博士去学校演讲，学生常会问一个尴尬的问题："微软怎么了？"确实如此！当时个人计算机市场已经饱和，但 Windows Phone 的手机市场份额却低得看不见，甚至潘天佑博士自己也已经换成 iPhone，因为主要的 Apps 都不支持 Windows Phone 平台了。然而，在那种情况下微软还是一家很赚钱的公司，个人计算机与服务器上的软件授权费足够让这家公司继续赚得盆满钵满。这是标准的"温水煮青蛙",也正如《创新者的窘境》所说的:"大多数公司会锁定能够带来更高利润和增长的产品。这让他们没有投资颠覆性技术的理由,直到错失良机,为时已晚。"

萨提亚所领导的产品转型并不是在绝境中不得不转型,而是一种被创新所驱动的成长型思维,是一种知道世界在改变,所以先跑到前面等大家的想法,甚至是一种先建好球场,让大家一起来玩的前瞻性。回顾本章中微软转型前后产品对比图(见图3-1),很难想象一家这么大的跨国企业能在短短几年内完成如此大规模的转变。如今,潘天佑博士在外教学和演讲,又常被问到那个熟悉的问题:"微软怎么了?"但这次不是尴尬,而是骄傲。潘天佑博士会滔滔不绝地谈萨提亚,谈微软的新愿景,然后用很长的时间向大家介绍微软是如何推动产品大转型——说到人才转型,潘天佑博士又何尝不是那个被彻底转型的人才?

为了打开第二曲线,需要转换企业的产品组合。而企业级产品组合的转换是一个过程,包括重新调整供应链、生产基础设施、生产过程、营销与推广等,这个过程需要几年甚至十年的时间。而当企业排除万难,推出全新的产品组合后,市场却不会立即接受,而是需要一个契机。2020年到2022年的全球疫情,对于企业级产品来说就是一个很好的契机,这场全球性的疫情彻底改变了传统的商业和企业习惯,也就是商业和企业运作模式。这样的企业级契机并不经常发生,而伴随全球疫情的全球供应链调整、全球经济下行、全球不确认性加深等,就是百年一遇的企业级契机。面对这些百年一遇的企业级契机,如何打开第二曲线,这是需要开创性思考的问题。

当下,哪些巨变可以被转变为企业级契机?你所在的公司又如何利用这一契机,趁势推出改变传统的商业和企业习惯的新一代产品组合?

本章总结

本章主要讨论了微软优势产品组合的转型问题。萨提亚领导的转型继承了不少微软本来就有的优势，包括丰沛的资金与人才储备、全球销售渠道与客户基础以及企业的名声与可信任度等。3.1 节探讨了企业转型要从现有的优势产品组合中找到线索，而不能凭空转型。3.2 节探讨了产品组合转型的过程，每一家企业的产品组合转型都有自己的特点，但大的逻辑都是共通的，那就是转型并不意味着"另起炉灶"。3.3 节探讨了引爆优势产品组合新市场的契机，企业级产品也需要一个爆发的机会，而全球疫情恰是一个百年一遇的机会。介绍过光鲜亮丽的产品转型之后，接下来让我们看看它背后的基础研究以及基础研究的核心：企业研究院。

第 2 部分

数字化转型的深水区

第 4 章
企业创新能力的进阶

现代管理大师彼得·德鲁克（Peter Drucker）曾说过："新知识是创新机遇来源之一，而从新知识变成可应用的技术，进而开始被市场接受，所需要的间隔时间为 25～35 年。"1991 年，比尔·盖茨在成立微软研究院时确立了三大使命，其中之一就是确保微软有未来。按 25 年来推算，这就来到了 2016 年，也就是萨提亚·纳德拉就任微软第三任首席执行官之后，微软开启了走向"智能边缘，智能云"的光明未来。本章将讨论基础研究能否确保企业的未来，以及企业如何投资基础研究，从而确保组织的未来。

○ 4.1 企业是否要投资基础研究院

4.1.1 一个成功的企业研究院样本

新技术不会凭空出现，尤其在这个时代，不是一个人或几个人拍拍脑袋就能发展出具有规模的创新技术。今天微软的任何一项产品或服务，都是研发人员积年累月的研究成果，其中也少不了微软研究院的功劳。潘天佑博士与微软研究的渊源颇深。

> 说起微软研究院，就必须要谈及潘天佑博士第一次加入微软的故事。2005 年，他已经在台湾参与创业 7 年，负责管理两家公司，一家是智能卡芯

片设计公司,另一家是为金融机构服务的软件公司。当时公司处于不错的发展状态,但离 IPO(首次公开募股)还有一段距离。他的心情也从开始创业的兴奋进入稳定,甚至为日常业务状态感到无聊,他不禁问自己:是不是需要一点改变?这个时候,一位同事跑到办公室送给他一本书,是凌志军写的《追随智慧》。这本书记述了微软亚洲研究院从 1998 年创立以来的故事,送书的同事还对他说:"总经理,我觉得你很像他们中的一员。"

潘天佑博士在 2005 年知道微软亚洲研究院的时候,它在北京才成立 7 年。微软亚洲研究院是微软设立的第三家基础科研机构,也是在亚洲地区开设的第一家基础科研机构。它的第一任院长是李开复,张亚勤和沈向洋在很早期就加入,后来分别担任第二任及第三任院长。当时在美国总部工作的洪小文也协助微软亚洲研究院的创立并于 2004 年加入,2007 年担任第四任院长直到 2021 年。他们几位的年龄相近,求学与就业的经历也类似。他们代表一个时代的精英,他们对社会所做的贡献不愧于"精英"二字。

《追随智慧》让潘天佑博士认识了许多后来的名人,他们当时大多 30 来岁,而且顶尖聪明。他们的学识、创意与梦想让潘天佑博士很佩服,潘天佑博士也对这个由企业所创办的科研机构留下了深刻的印象。说来也是缘分,微软亚洲研究院当时正在找一位有台湾或香港学术背景的人,来拓展微软在这两个地区的高校及科研机构的合作关系。在潘天佑博士读完《追随智慧》不到两个月,猎头就找到了他。经过复杂快速的面试过程,潘天佑博士在 2005 年加入了微软亚洲研究院,汇报给当时的学术合作总监宋罗兰女士,她是一位非常专业并且负责任的领导。由于潘天佑博士长时间经营新创公司,从来没有在大企业工作过,宋罗兰很耐心地指导他去了解制度化管理的重要性。潘天佑博士当时的办公地点在台北,经常去香港和北京出差。

当潘天佑博士第一次到坐落在北京中关村的微软亚洲研究院报到时,就看到对面办公室的铭牌上写着"许峰雄"三个字——这确实吓了潘天佑博士一跳,因为许峰雄是台湾出身的一位计算机科学界的传奇人物。他从台湾大学电机系毕业后,在美国卡内基梅隆大学获得博士学位,然后加入 IBM 并展开了"深蓝"研究计划。1997年,许峰雄领军的"深蓝"计算机打败了国际象棋棋王卡斯帕罗夫,比AlphaGo打败世界围棋棋王早了20年。两者的复杂度和使用的技术虽然不同,但都在当时轰动全球并对计算机科学产生深远的影响。作为"深蓝之父"的许峰雄于2003年加入微软亚洲研究院,潘天佑博士对此早有耳闻,但当这样"神级"人物成为同事并出现在面前时,还是立马觉得自己头顶都有了光环。

本书中的"微软亚洲研究院"是指1998年成立于北京中关村的微软全球第三家研究院,而"微软研究院"则是微软对1991年开始成立的研究机构的统称。截至2022年,微软已在全球设立了8所研究院,有1000余位全职研究人员。在深入讨论企业研究院和基础研究之前,让我们先看一下微软研究院的三个使命。

4.1.2 为什么要投入技术发明创造

1991年,微软成立了微软研究院(Microsoft Research, MSR)。**成立之初,比尔·盖茨为微软研究院设立了三个使命。**

(1)做一流的计算机科学研究。

(2)将最新技术转化到产品与服务中。

(3)确保微软有未来。

为了更好地理解这三个使命,让我们回顾一下促成微软成立研究院的那个历史性文献——"微软基础研究计划"备忘录。这个由计算机科学家内森·梅尔沃德(Nathan Myhrvold)于1990年撰写的备忘录,直接发给了盖茨和鲍尔默,该份长达21页的备忘录详尽阐述了微软必须参与基础的计算机科学研究,以确保公司一直处于让计算机更易使用的技术前沿。

梅尔沃德14岁时进入大学,获得加州大学洛杉矶分校地球物理和空间物理硕士、普林斯顿大学数学经济学硕士,23岁时获得理论与数学物理学博士。他在剑桥大学师从史蒂夫·霍金完成了地球重力的量子理论研究并获得博士后,就创立了自己的公司。两年后该公司被微软收购,梅尔沃德也成为微软的首席技术官。在微软工作的14年时间里,梅尔沃德领导了公司的高级技术与业务拓展团队，创建了微软研究院，管理高达 20 亿美元的研发预算，并担任公司的首席战略顾问和首席技术官。

微软研究院的成立就是在梅尔沃德的建议和努力下实现的，多年后微软公司公开了梅尔沃德在 1990 年写给盖茨和鲍尔默的备忘录，以便让外界更好地了解当时微软成立面向计算机科学的基础研究院的初心。

梅尔沃德在备忘录的开篇强调，在微软早期的主要工作是将大型机上的技术"搬运"到"小型"个人计算机上，到 1990 年左右这个工作已经基本完成或大部分已经完成。与此同时，个人计算机硬件得到了长足发展，已经不再是"小机器"，而是计算能力越来越强大的新机器，处理器速度、内存、能耗等都在飞速进步，而光存储系统、新的图形图像能力、数字视频等一系列新的外设和软件创新都在颠覆整个产业。

因此，微软需要：探索及研究面向未来计算机环境的软件技术，评估这些技术对微软产品的影响，以及投入领导力和资源让这些技术创新转换成为商用产品和服务。微软在后两个方面有着丰富的经验，但在第一个方面则没有太多投入。**因此，梅尔沃德建议微软必须要向基础研究和技术发明创造领域投入更多，这就是微软研究院成立的缘起。**

4.1.3 做一流的基础科学研究

对于想打开第二曲线的高科技企业来说，如果要建立一家属于自己的企业研究院，那么研究院的一个使命就是展开面向企业所在领域的基础科学研究。而之所以要这么选择，就是要保证企业能够一直接触到行业最前沿的基础研究，为企业做好知识和人才储备。我们先来看微软研究院的第一个使命：做一流的计算机科学研究。

前面说到，微软研究院成立的初衷是探索微软所擅长的个人计算机技术，戈登·摩尔在 1965 年就提出了摩尔定律，等到 1993 年，也就是微软研究院成立两年后，英特尔推出了 Pentium（奔腾）处理器，个人计算机已经成为计算能力强大的机器。摩尔定律提出 50 年后，云计算兴起，整体计算力超过了当初所认识的指数型成长。从事后看，微软研究院很好地承接了从个人计算机到云计算的探路和知识与技术储备过程。

而在 1991 年微软研究院成立之初，微软公司领导者以及业界还无法想象"未来 PC"的形态以及技术环境。因此，一流的计算机科学研究就应运而生。梅尔沃德在备忘录中特意给"基础研究"下了一个定义，也就是计算机科学中还没有解决并对微软的未来战略需求又至关重要的问题，而微软眼里的无论是"基础研究"还是应用型基础研究，也就是在 2～5 年内可以转化到微软产品里的技术创新与研究。由于微软在当时的业界地位以及正处于计算机科学的阶段，所以微软研究院的研究方向也就是整个产业和计算机科学的研究方向。

30 年后，即 2021 年 10 月，微软研究院的全球负责人 Peter Lee 博士在微软全球研究峰会上发表了主题为"二十一世纪的产业研究"的演讲，他提到在微软研究院的第一个 10 年中，在操作系统、计算机图形学、数据库、编译器技术、程序分析等方面取得了重大进展。一些早期的工作，如操作系统架构、3D 图形、触摸界面以及证明 SQL 数据库优化的符号定理等，都是最初的 10 年中从微软研究人员的头脑中涌现出来的。其中大多数研究对计算机科学做出了重大贡献，也为微软带来了全新的业务线，引领微软乃至更广泛的科技行业完成了重大转型。

微软研究院的第一个 10 年中，引入了世界级的计算机科学家。第一任院长、微软研究院创始人之一的里克·雷斯特（Rick Rashid）就是一位世界级的计算机科学家。在加入微软之前他是卡内基梅隆大学计算机科学的教授，作为学术委员会成员，他指导了几种重要网络操作系统的设计和实现，发表了大量关于计算机视觉、操作系统、网络协议和通信安全等领域的论文，2003 年他当选了美国国家工程院院士，2008 年获得了 IEEE 的 Emanuel R. Piore 大奖，同时当选了美国人文与科学院院士，在 2014 年当选了英国皇家工程院院士等。在里克·雷斯特的吸引和领导下，1991—2013 年，微软研究院从最初的几个人增加到超过 850 名研究员，从美国微软总部雷德蒙德园区扩展到世界其他地方，微软研究院同时从事基础型研究与应用型研究，包括算法与理论、人机交互、机器学习、多媒体和图形图像、搜索、安全、系统、架构、移动和网络等。

微软研究院既从事基础研究工作，也与高校和学术界紧密合作，推进校企的学术合作。为什么微软研究院要拓展校企的学术合作呢？这与微软研究院的第一个使命"做一流的计算机科学研究"密切相关。"做一流的计算机科学研究"，首先就要追踪最新的科学研究方向、进展以及相关的研究人员。微软研究院并不能、也不会取代高校或学术研究机构，例如，高校有着更广泛的研究方向、研究领域、研究范围以及更多的学科交叉机会，而微软研究院则主要专注于计算机科学这个领域，而即使在计算机科学这个领域，微软研究院也无法覆盖所有的细分研究领域和研究范围。其中的道理很简单，有不少研究员和学者并不愿意进入公司工作，而更愿意在高校这样的学术环境中从事科学研究工作。

因此，微软研究院必须要与全球各地的高水平院校和学术机构保持紧密合作，确保建立一张全面的关系网络，从而可以第一时间获知最新的科研进展，最重要的是知道该科研进展来自哪位研究员以及如何第一时间与该研究员建立合作关系。而前面提到的微软研究院第一任院长里克·雷斯特和现任全球负责人 Peter Lee 都来自学术界，可见企业研究院与学术界的关系是何等密切。

4.1.4　重视科研成果转化

重视科研成果转化是企业研究院与高校研究院的根本区别。对于想打开第二曲线的高科技企业来说，必须要找到基础科研与企业产品之间有效转化的机制，否则建立企业研究院就很可能失败。接下来，我们看一下微软研究院的第二个使命：将最新技术转化到产品与服务中。

科研成果转化是微软研究院最大的特色，1990 年的备忘录中花了大量篇幅探讨了科研成果转化的必要性、重要性以及方式方法。在微软研究院成立之前，世界上已经有一些著名的企业研究机构，如 Xerox PARC 与贝尔实验室等，然而这些企业研究机构虽然研究出了重大的科研创新成果，但其背后的企业却未能从中受益。例如，Xerox PARC 研究中心发明了 GUI（图形用户界面），但这对 Xerox 公司本身并没有产生多大影响。贝尔实验室完成的工作已经产生了 9 位诺贝尔奖得主，这些伟大的发明对人类有极大的贡献，如电晶体，但对背后企业 AT&T 的业务却帮助有限。

总结下来，有三个因素造成企业研究院与企业本身不能彼此成就。

第一个因素是企业的研究院终究还是一个在企业范围内的运营活动，必然要受到企业管理的限制。企业研究院若无法在短时间内展示其成果，就容易被企业管理者所诟病。过去 10 年，我们目睹了许多成功的企业张灯结彩地成立研究院,但没几年就偃旗息鼓。如果一家企业对研究院的投资回报连10年都等不及,很明显,企业领导人并没有体会德鲁克所说的"从新知识变成可应用的技术,进而开始被市场接受,所需要的间隔时间为25~35年"。

第二个因素是企业研究院与企业的产品部门之间严重脱节。这也是一个经常发生的情况,甚至企业的研究部门都不知道如何找到相关产品部门,这在Xerox PARC研究中心和AT&T的贝尔实验室可能都发生过。

第三个因素是企业的研究院与企业的产品策略无法保持一致。虽然产品或销售部门不应该指导或限制基础研究,使研究院变成另一个产品开发团队,但是研究院的研究项目也不能过于阳春白雪。研究院的研究方向应该与公司的长期策略保持一致,而且研究院有义务让企业领导人与其他部门了解他们的研究对企业未来有何益处。

企业想要组建自己的研究院,就需要考虑到最终的产物到底是什么。推动最前沿的技术知识,帮助企业更好地承担社会责任,还要转化到产品中而创造真正的商业价值,有的时候这三者可以兼顾,有的时候则必须要清晰地界定到底是哪个方向。

当然,"将研究成果转化到产品中"的这个使命至关重要——需要建立一个有效的机制,特别是要使各部门和各团队之间沟通顺畅,并且避免斗争。微软研究院设置了"研究项目经理"与"研究开发工程师"等职务,目的都在于确保基础研究的成果可以更顺利地转移给产品部门。另外,微软研究院经常举办各种公司内部的技术沙龙,让所有的员工,尤其是产品部门员工,一起讨论研究院的新技术可以如何创新产品,让微软在未来继续居于市场领导地位。

4.1.5　确保企业有未来

高科技企业建立自己的企业研究院还有一个目的,就是确保企业有未来,也就是能够比其他企业更早发现颠覆性技术,并且最早占据颠覆性技术所打开的新市场。我们来看一下微软研究院的第三个使命:确保微软有未来。

第1章曾谈到《创新者的窘境》一书,该书有一个观点:在延续性技术中处于领先地位并不会给领先的企业带来什么优势,与之形成鲜明对比的是,有大量证据表明引领颠覆性技术非常重要。

第 4 章 企业创新能力的进阶

以硬盘为例，对于那些在新一代硬盘（指具有市场破坏性的硬盘）出现后的两年内进入由它生成的新价值网络的企业来说，获得成功的概率是那些两年后进入该领域的企业的 6 倍。《创新者的窘境》一书采用了硬盘这一硬件设备作为全书的主要论据，而微软研究院所从事的软件创新在 1997 年该书出版的时候，其效应还没有那么明显。

1990 年梅尔沃德的备忘录特别指出，在微软研究院成立之前的所有企业研究院都是硬件主导，包括 HP、DEC、IBM、Xerox 等。而在微软研究院成立之后，基于 PC 及 PC 服务器环境的软件创新开始脱离硬件而独立发展，而软件的创新更容易具备颠覆性，这是因为硬件设备的生产仍有一定的周期性，而软件的生产时间更短，进入市场的速度更快，更容易形成新价值网络。

这就是微软研究院在确保微软有未来方面的重要意义，对于今天很多进行数字化转型的企业来说，数字化转型的主要成果是软件创新，也就是将软件和云服务附加到硬件产品之上，那么就更需要把握软件领域的基础研究，从而确保企业的未来。

点评

今天，越来越多的高科技企业开始重视基础科研，企业家深深认识到掌握基础科研对于企业命脉的重要性，特别是在新的全球科技竞争的环境中，从基础科研这样的科技源头展开竞争，才是一种更有效的长期竞争机制。当然，基础科研还有助于企业打开第二曲线，因为这一过程中需要大量的新知识和新人才储备，同时也需要源源不断地把前沿基础创新转化到新的产品和服务组合中。所以，仅仅创设以增量创新为目的的"小打小闹"式企业研究院，对于企业来说并没有太大的意义。建立企业研究院不是面子工程，而是真金白银的投入。当然，如果像微软这样一下子铺开很多基础研究领域，也需要雄厚的财务实力和长期主义精神支持。企业可以根据自己的实际情况，建立一个或几个基础研究领域的实验室，再逐渐扩大到企业研究院的规模。

小练习

你所在的企业如果想要建立自己的实验室或基础研究院,它应该具有哪些使命?

○ 4.2 如何打造成功的企业基础研究院

4.2.1 以人才为本

分享了微软研究院的三个使命后,下面进一步分享微软研究院的成功秘方,那就是微软研究院的文化精髓:以人才为本。

关于微软研究院的成功之道,很难用硬件产品的思维进行硬性的总结,微软研究院的成功在很大程度上要归功于其软环境,就是那些看不到、摸不到,又无时无刻不存在的微软研究院文化。这个文化由其创造者和第一代研究员所创造,被很好地继承和发扬光大,时至今日仍然被各个地方的微软研究院所奉行。

潘天佑博士在 2005 年加入了位于北京的微软亚洲研究院。当时他感到非常惊讶,这个百人左右的实验室为什么能在短时间内产生那么多创新的想法?后来有一位媒体朋友和潘天佑博士谈到一本书——弗朗斯·约翰松(Frans Johansson)所撰写的《美第奇效应》(The Medici Effect)。

500 年前,富裕的美第奇家族邀请了数百名才华横溢的人来到佛罗伦萨,他们自由地交流知识、碰撞想法,掀起文艺复兴的巨浪,彻底地改变了世界。潘天佑博士于是找到了答案——就像美第奇家族在佛罗伦萨接纳各地英才,给了他们自由的空间进行百花齐放的艺术创作一样,20 多年前微软亚洲研究院也是广纳贤才,为他们提供了自由开放的科研环境和如大学一般浓厚的学术氛围,加之多元与包容、自我驱动、鼓励创新、做世界级科研的文化,这些因素共同带动了创新和灵感的迸发。

微软亚洲研究院成立几年后,便成为世界上第一个在计算机视觉、机器翻

> 译、机器阅读理解甚至麻将 AI 等领域达到与人类相媲美的水平的实验室，并将关键技术转化到微软核心产品和服务中，为数十亿用户所使用。同时，研究院培养了 6000 多名优秀的实习生，在世界各地延续着计算机领域的"文艺复兴"。

"以人才为本"的研究院文化如何具体落实呢？除了合理的薪酬，究竟是什么原因让人才更愿意加入研究院并静下心来数十年如一日地进行研究？下面提出四点建议：第一是找对人；第二是建立深厚的情谊；第三是看影响力而不看指标；第四是多元与合作。接下来我们分别对其展开并举例说明。

4.2.2　找对人，放到对的环境

洪小文院长经常被媒体或访客询问一个问题，他如何领导并激励研究员做出世界级的科学成果？**洪院长总会回答：找对人，然后放进对的环境。这其实就是研究院成功的第一个要素。**

1. 什么是对的环境

什么是对的人？什么是对的环境？为了回答这两个问题，本书特别采访了谢幸博士。

谢幸在 2001 年获得中国科学技术大学（以下简称中科大）的博士学位后，加入微软研究院。20 年后，谢幸已经是微软首席研究员，中科大兼职博士生导师。他在空间数据挖掘、位置服务、社交网络和普适计算等领域展开创新性的研究，在国际会议和学术期刊上发表了 300 余篇学术论文，共被引用 3 万余次。他也是中国计算机学会会士与美国电气与电子工程师协会（IEEE）院士。谢幸有着卓越的学术成就与产业贡献，而且这些成绩都是在微软研究院工作期间取得的。

谢幸为什么会加入微软研究院。他第一次与微软研究院结缘是因为在读博士的时候获得了 1999 年的微软学者奖学金，他也是第一批获奖者。那时候，微软亚洲研究院刚成立不久，但已经与中科大建立了密切的合作关系。谢幸在 2001 年从中科大博士毕业时，微软亚洲研究院已经稍有名气，人才汇聚的"美第奇效应"让他决定放弃留校任教的机会，加入了微软亚洲研究院。

刚加入的时候，谢幸有些困惑，因为他在学校的研究方向是高性能计算，但那个时候微软的业务与高性能计算没有太直接的关联，微软亚洲研究院在那时也没有高性能计算的研究方向，那么在加入微软亚洲研究院之后要从事什么研究呢？当时，他的主管是马维英博士。马维英也是在2001年加入微软亚洲研究院的，几年后升任副院长。由于马维英加入微软亚洲研究院的时间比较晚，其他单一领域的研究小组已经基本组建完成，所以马维英的团队由很多不同研究方向的研究员组成，其中就包括从事高性能计算的谢幸。

这个他们自己戏称为"杂牌军"的研究组，由于各成员研究背景不同，一开始团队协作并不顺畅。于是他们换了一个方式：既然组里有信息检索、数据库、数据挖掘、人工智能、图像分析、高性能计算等多领域的多元人才，那不如干脆开拓一个新方向，从多元领域上体现优势，这个新领域就是互联网搜索。2001年微软并没有这个产品方向，但几年之后，这个团队的研究成果为微软的必应（Bing）搜索服务提供了关键性的技术支持。这就是"美第奇效应"。

2. 高水平人才的密集效应

微软研究院人才济济，大家相互之间的讨论就非常深入，而且每一个人在各自的领域都是顶尖高手，在讨论的时候可以互相启发，特别是研究院经常组织交叉研讨会，非常有利于创造新的思路。

谢幸认为微软研究院能吸引人才的一个重要原因是国际化与多元化。微软亚洲研究院与微软在美国、英国、印度等国的研究院的交流非常容易，与国际上的知名高校与学术界的交流也很密切。例如，谢幸团队展开的"负责任的AI"研究方向就与韩国的高校进行了深入合作。微软研究院有着开放的环境，让学习、研究、管理、对外合作、与产品团队合作等都很容易开展。

微软研究院没有KPI，也不会量化要求研究员发表论文的数量、影响因子或引用次数等；研究院很务实，不必靠数字说服别人。这就是为什么当媒体或访客询问洪小文院长如何"考核"研究员的时候，他常说，其实并没有固定的考核方法，但谁做出了好的研究，大家都看得懂。

3. 创造自己的影响力

谈到吸引人才的环境，谢幸认为企业研究院所具有的一个优势就是数据与场景。微软研究院是微软的内部机构，更容易接触到大规模数据和大规模场景。谢幸和他的团队近几年所从事的推荐系统研究就需要大规模的数据和场景驱动，他们就与微软的产品团队合作，推出了一个世界上最大的英文新闻推荐数据集，也帮助了其他不同研究机构进行研究。

微软研究院与产品部门的合作非常紧密。谢幸在过去与学术界的合作多一些，但在其主管副院长周明博士的鼓励下，最近几年加强了与产品组的合作。谢幸认为周明在与微软产品组合作方面非常有经验。周明认为与产品组的合作必须是在公司层面内有影响力的合作，不能是"小打小闹"的合作。后来，谢幸在与广告搜索及新闻团队合作时，就设定了较高的目标：必须有公司层面的影响力或至少是产品线的影响力。

谢幸建议企业的研究员应该经常去思考自己的研究是否真的帮助了公司，这样主动思考后就能与产品部门进行比较深入的对话，带来不一样的影响力，例如，个性化新闻就进入到了 Windows 11 中。这些与产品部门深入合作的经验很难从纯学术的环境中获得。

4. 自我驱动力和学习能力更重要

让我们再回头谈谈什么是"好的人"、什么是"找对人"，是不是一定要招聘符合现有研究方向的人才。

谢幸经过所谓的"杂牌军"经验，发现团队研究方向完全一致并非那么重要，重要的是要有自我驱动力和学习能力，必须要对自己所从事的研究方向感兴趣、有理想，否则后续难以成长。这与在学校中进行研究一样，如果学生对自己的研究方向不感兴趣或自我要求不高，就很容易懈怠。

微软的研究需要不同领域的人才，所以也招聘社会学、生物学、环境科学等不同领域的人才进来，合力对研究工作做贡献。以谢幸展开的"负责任的AI"研究方向为例，该领域就需要不同方向的人才合作，除了人工智能，还需要将隐私保护、系统、数据库、自然语言等不同方向结合起来，这个时候就体现了强学习能力和强自我驱动力的重要性，尤其是新的研究方向更需要这些无差别的基本能力。

知识不断地迭代并进步，没有人能够从头懂到尾，更不用说对层出不穷的交叉学科和交叉研究方向了如指掌，因此学习能力和自我驱动力更为重要，这些都是基础研究在新时代的特性。

4.2.3 创新管理之道的精髓

找对人才肯定是研究院成功的第一要素，但把人才招进来并不代表人才就会长期待下去。因此，**研究院成功的第二个要素就是建立深厚的情谊**。

学术界非常重视师门与传承，所以研究员通常会介绍自己是"某某教授的学生"，老师也会为培养出旷世奇才而感到非常骄傲。潘天佑博士曾经陪同图灵奖得主 Raj Reddy 教授接受采访，教授非常骄傲地谈论他的三位中国学生——李开复、洪小文、沈向洋，这三人都担任过微软亚洲研究院院长，并在中国乃至全球计算机领域做出了重大贡献。当然，这三位杰出的计算机科学家也经常提到他们的恩师。

学术圈的这种紧密关系不只存在于师徒或同门之间，每个领域的顶尖科学家也都彼此认识。他们可能每年都在学术会议上多次见面，互相评审对方的研究论文，或接待彼此实验室成员互访。因此，企业若想建立一所顶尖的研究院，就要用学者之间培养情谊的方法，耐心地呵护一个有人情味的学术环境。这对多数的企业领导人来说也许难以理解，这其实也解释了许多企业张灯结彩地成立研究院，却没坚持几年就偃旗息鼓的原因。

潘天佑博士在 2005 年加入微软亚洲研究院，当时的院长是沈向洋，副院长是洪小文。他们都是潘天佑博士极为景仰的领导，对潘天佑博士的眼界甚至人生观有着深远的影响。这里讲述他们的两个小故事来说明为什么潘天佑博士会把"建立深厚的情谊"列为研究院成功的第二个要素。

在潘天佑博士加入微软后没有多久，有一次沈向洋到台湾拜访高校。在到访之前，他特意与潘天佑博士联系，告知潘天佑博士在拜访行程结束

第 4 章 企业创新能力的进阶

后仍有两天的时间,他打算在台湾休假,而且想去花莲看看,问潘天佑博士是否愿意同行。潘天佑博士当时负责微软亚洲研究院在台湾的学术合作,当然要安排好领导的行程。但有趣的是,沈向洋在发给潘天佑博士的邮件最后写了一句话。他说,如果潘太太有时间可以休假的话,就热情邀请她一同前往花莲旅游。于是,潘天佑博士夫妻就与当时的"大老板"沈向洋以及另一名研究员林钦佑博士四个人一起愉快地完成了两天的花莲之行。说来凑巧,几个月后洪小文也到台湾拜访高校。他在邮件里问能不能安排一天在潘家附近的餐厅与潘天佑博士和潘太太共进晚餐。于是,潘天佑博士夫妻又很愉快地与洪小文以及另一位研究员张铮博士一起吃了一顿日式料理。晚餐结束后,大家步行到潘天佑博士家喝高山茶,一起聊天到深夜。

当时潘天佑博士仅是一位负责学术合作的经理,而沈向洋与洪小文都已经是知名的科学家与微软的高阶领导,但他们与部属,甚至低了几级的部属,相处得就像朋友一样。更难得的是这两位领导不约而同地邀请了潘太太,这对潘天佑博士第二次加入微软亚洲研究院有着决定性的影响。

2007 年,潘天佑博士因为之前创业公司遇到了一些棘手的业务问题而不得不离开微软,回去一段时间。经过 5 年的努力,终于扭转了之前创业公司的局面。差不多就在创业公司被收购时,洪小文突然联系潘天佑博士。当时洪小文已经升任院长,他表示学术合作部门缺人手,问潘天佑博士是否愿意到北京帮他。潘天佑博士有点为难,因为太太的工作关系和岳父母家的需要,她无法离开台湾,所以到北京工作就意味着长期两地分居甚至直到退休,潘天佑博士以为她不会同意。但让潘天佑博士意外的是,当太太听说是洪小文,居然爽快地答应了。她还说:"洪小文和沈向洋找你可以,其他人免谈。"

从 2012 年到 2022 年,整整 10 年的时间,潘天佑博士一个人在北京工作,尤其在疫情期间有两年多无法回台湾探亲,但家人依然支持潘天佑博士在北京工作直到退休。这就是微软研究院以人为本、建立同事间深厚情谊的结果。

4.2.4 看影响力，不看 KPI

除找对人并建立深厚情谊之外，研究院的考评方式也很特殊。**研究院成功的第三个要素就是"看影响力，不看 KPI"。**

前面谢幸就已经提到微软研究院没有 KPI，而更看重影响力。那么到底什么是影响力？或者从哪几个方面看影响力？为了回答这个问题，本书采访了霍强博士。

霍强在 2007 年加入微软亚洲研究院，担任语音组主任研究员。大家称呼他"霍老师"，因为来微软之前他在香港大学任教 10 年。在那之前，他服务于日本京都国际先端通信技术研究所（ATR），从事语音识别研究工作并参与了世界上第一个口语机器自动翻译项目。过去 30 多年，霍强一直坚持在计算机科学研究领域，并为语音识别、手写识别、光学字符识别、基于生物特征的用户识别、语音图像处理和计算机视觉的硬件设计等领域做出重要贡献，而他服务过的研究单位包括财团法人、顶尖大学与企业研究院。

1. 长短期相结合的影响力

在微软研究院成立 30 周年之际，萨提亚提到了牛津大学经济学家柯林·梅耶（Colin Mayer）教授所著《繁荣》（*Prosperity*）一书，作者在书中写道："一家公司存在的社会目的，是为人类乃至地球所面临的挑战，创造有利润的解决方案。"既然"有利润"是一家企业存在的重要目的，自然也就是一家企业研究院需要实现的目标。

微软研究院要帮助微软公司在短期和长期实现利润，特别是在长期。霍强非常同意萨提亚的观点，他认为微软研究院的影响力首先注重对微软公司的贡献，这包括短期与长期两种。

（1）从短期来看，就是要能将研究成果转移到微软的产品与服务中。

（2）从长期来看，在微软研究院有这样一些人，他们负责预测产业和科技的未来，甚至是地球与人类的未来，敏锐地抓住任何可能出现的颠覆性技术趋势，再反过来告知微软是否要进行相关的投资，以确保微软有未来。

同时，微软研究院还为微软储备了战略性技术人才，一旦出现颠覆性技术，微软研究院与微软产品组就能马上组成"快速响应部队",让微软在短期内迎头赶上。

比尔·盖茨曾经说过:微软离破产永远只有18个月。因此,预测未来并确保微软有未来,也是微软研究院的重要影响力。

2. 创造新的知识

作为一家研究机构,微软研究院还是全球研究生态体系的一部分,是全球学术共同体的一部分。因此,霍强认为研究院要对全球学术共同体有所贡献,那就是要创造新的知识。

新的知识主要有三种。

(1)第一种知识能成功帮助公司的产品与服务,也就是进行技术转移,这是短期影响力,也是影响力最小的。

(2)第二种知识不仅对当前公司的产品与服务有用,还能广泛地被业界其他公司所采用,这是中期影响力,也是中等程度的影响力。

(3)第三种知识就是能成为人类知识的一部分,也就是那种可以写进教科书中,通过学校教育在一代又一代人中传承的知识,这是长期影响力,也最大程度的影响力。

这三种程度的影响力可以分别对应研究院的三大使命:做一流的计算机科学研究;将最新技术转化到产品与服务中;确保微软有未来。

影响力中最大的是创造人类共同的新知识。在这一方面,微软研究院与高校和学术科研机构相比,又有什么不同呢?

霍强认为,大学存在的目的与微软公司存在的目的是不同的。大学存在的目的主要是为全社会培养人才,其次是为了知识传承。大学是创造人类共同新知识的主体,它在进行科学研究时有着充分的学术自由,可以完全基于好奇心驱动研究方向,创造的新知识可以是当下有用的,也可以是当下无用的。相比较之下,作为一家企业研究院,其主要任务是创造有用的新知识。当然,微软也能支持研究员创造当下无用的新知识,这是因为企业有足够的资金可以支持学术自由,却不是一种义务。

3. 没有 KPI，如何争取经费

在微软研究院工作，预算是一门学问。

霍强加入微软研究院时已经是一位资深研究员，对自己的研究方向有清晰的了解与把握，但当时他所从事的研究方向并不能立即与微软产品相配合，所以研究院让他先独立展开研究工作，却没有为他配备太多的资源。于是霍强就开始在一家企业研究院做起了类似高校的学术研究。

当然，像霍强这样的资深研究员，除了对研究课题非常了解，在与产品部门合作方面也比较有经验。通过与产品组不断沟通，他一步步把研究方向做大——经过十多年的努力取得了不错的成绩，为公司做了很大的贡献。

总结来说，微软研究院有三个使命，但落实到个人身上还需要自己志向远大，有毅力与勇气推进研究方向，更要有足够的智慧在公司内部进行沟通，并从多渠道争取更多的研究经费，最终就会"修得正果"。

4.2.5 多元与合作是创新之源

英国哲学家罗素（Bertrand Russell）在《西方哲学史》（*The History of Western Philosophy*）一书中说："参差多态乃是幸福之本源。"研究院成功的第四个要素就是"多元与合作"。多元对于创新的重要性不言而喻，微软研究院也因为其包容的环境吸引了不同国家、地区、语言、性别及专业的多元人才，他们共同给微软以及产业带来巨大的创新能量。

前面霍强博士说企业研究院要对全球学术共同体做出贡献，谢幸博士更提到他的团队与韩国的高校在"负责任的 AI"这个研究方向进行了长期且深入的合作。因此，下面就以微软亚洲研究院与韩国学术界的合作为例，帮助读者感受多元与合作如何帮助研究院成功，同时也对全球学术共同体做出贡献。

1. 与韩国人才合作

微软亚洲研究院与韩国的高校、政府机构及研究中心有着长期稳定的学术合作关系——这种方式不仅有利于企业，还有利于科学和工程人才的培养，并极大强化了计算机科学生态系统。从 2005 年到 2021 年，微软亚洲研究院与韩国高校已开展超过 250 项的合作研究，投入总经费将近 1000 万美元，其中大

多数研究资金来自韩国政府支持。

微软亚洲研究院在韩国的学术合作项目自成体系，具有鲜明特色，大致分为四个部分。

（1）通过建立学术合作关系，进行联合研究和交流。

（2）通过实习生项目和奖学金项目，发现和培养科学与工程人才。

（3）扶持高校、研究中心的研究，搞基础设施建设。

（4）鼓励大学开发创新课程。

李美兰女士（Miran Lee）是微软亚洲研究院首席学术合作经理，负责研究院与韩国学术界的合作已有17年之久。她认为，韩国对于科学与技术领域的高水平人才培养的需求十分强劲，这包括韩国教育部、韩国科技和信息技术通信部、韩国研究型高校等。他们相信微软亚洲研究院是培养科学与技术研究人才的最佳选择，于是李美兰一方面申请政府补助，另一方面让研究院投入一些初始资金，两边就开始了合作研究，已经长达10年之久。

2. 培养韩国的下一代人才

韩国教授与微软研究员一起从事研究项目，共同发表了很多高质量学术论文，每年还有许多韩国研究生来微软亚洲研究院实习，得到学校与企业的共同培养。

有人问李美兰：韩国其实也有一些优秀的企业组建了研究院，为什么韩国学生愿意漂洋过海到微软研究院实习呢？李美兰认为，韩国研究生来微软实习有五大收益。

（1）最大的收益就是国际化。韩国有很多优秀的跨国企业，如三星和现代集团等，但微软研究院所提供的全球化科研平台能与全球学术界直接接轨，这是非常不同的全球化体验。

（2）人脉关系网络。在微软研究院，韩国实习生可以与很多学术界和工业界的顶级科学家结交，当实习期结束回到韩国后，依然可以继续与自己在微软的导师进行科研协作，甚至将半年的实习拓展成终生的友谊。

（3）身为企业研究院，微软研究院拥有更多的数据与更大的算力，所以他们在微软从事的科研规模与范围和在高校里是完全不同的。

（4）通过在微软的实习，可以学习到如何与导师、其他研究员和实习生进行学术沟通，这些经验对韩国研究生来说十分重要。

（5）韩国实习生到微软研究院实习的这半年只专注于研究，而不需要负责高校里其他的事情，这样就可能产出不小的研究成果，并在学术期刊上发表论文。

3. 为什么参与全球人才的循环

对于微软研究院来说，韩国实习生项目首先可以构建一个可持续的人才库，从而确保持续不断地为社会创新以及未来发展提供人才。其次，就是建立院友网络，在李美兰负责运营的17年里，韩国"院友"已有数百人。他们在学术上影响力非常大，都渐渐成长为高水平的科学家，不仅活跃在学术界，也活跃在工业界和政界。他们中的一些人走向了全球，进入微软、谷歌、亚马逊等公司的研究机构工作，为韩国带来了全球化的创新网络。而微软研究院也通过韩国实习生项目与韩国顶级学术研究机构建立了直接和持续的关系。

李美兰分享了韩国教授黄升嫄（Seung-won Hwang）的故事。黄升嫄最早与微软研究院结缘是在2003年，当时她是美国伊利诺大学厄巴纳-香槟分校的一名研究生，获得了到微软美国雷德蒙德研究院的实习机会，在数据管理、探索和挖掘组的Dr. Surajit Chaudhuri和Dr. Kaushik Chakrabarti的指导下，探索了多个研究课题。当时，她并不知道这个实习的影响会延续到她整个的职业生涯。当黄升嫄回到韩国开始担任助理教授时，她希望自己的学生也获得同样的机会。幸运的是，李美兰开始在韩国建立微软亚洲研究院的实习生项目，该项目最大的特色是将基础研究与实习相结合，同时获得了韩国政府的支持。

从黄升嫄实验室走出去的14名博士生中有一半参与了微软亚洲研究院或微软雷德蒙德研究院的实习，她的实验室还与微软研究院的研究员们合作发表了60余篇高质量学术文章。黄升嫄的另一个关键的学术合作经历是她以访问学者的身份再度到微软研究院访问，当时她继续从事数据库、自然语言处理和信息检索方面的交叉研究，通过基于真实的搜索引擎数据和系统的研究，她与微软研究员一起让合作研究成果在真实世界被广泛使用，她发表的文章也得到许多荣誉。

黄升嫄教授的故事说明，一家企业研究院可以和学术界建立多元、长期甚至师徒相承的合作关系。这里以韩国为例，但微软研究院在中国、美国、日本、

第4章 企业创新能力的进阶

欧洲、印度和其他地方，正与更多的与黄升嫄教授和她的学生们类似的全球人才合作，共同创造如霍强博士所说的"人类共同的新知识"。

想要打造一家像微软研究院这样成功的企业基础研究院，离不开文化与人才，甚至可以说二者是基础研究院的精髓与灵魂。成功的企业研究院必须有高密度的多元人才，假以时日就能产生"美第奇效应"，并激发出文艺复兴般的创造力。当然，要做到"以人才为本"，对于不少出身于制造业的中国高科技企业来说，仍有很长一段距离要走。

不少高科技制造企业试图通过建立以云和人工智能等为代表的软件能力，开辟第二曲线，而这些企业偏向硬件的企业文化与微软所代表的软件文化还有很大的区别。在软件高科技文化中，面向软件开发的多样化知识工作者是核心；在硬件高科技文化中，面向执行的硬件工程师是核心。这种区别从根本上决定了企业管理的方式，包括KPI考核等。

现代企业制度是以KPI为导向的管理方式，为企业建立了确定性的未来；而以微软研究院为代表的非KPI导向的管理方式，可帮助企业建立应对不确定性未来的能力。如何打造成功的企业基础科学研究院，这是值得很多中国高科技企业关注的课题。

你认为是否应在你所在的企业中建立"以人才为本"的文化？为什么？

○ 4.3 突破创新瓶颈，升级创新能力

4.3.1 研发者创造未来

陆奇博士曾任微软全球执行副总裁，萨提亚非常推崇他对技术发展的洞察

力。2021年年底,他在微软亚洲研究院演讲时谈到"人类创造价值获取财富机会的历史",并列举了每个时代最有价值的职业:20世纪初是油田开发者,20世纪中是企业高管,20世纪80年代以后是投资者,而**21世纪最有价值的是创业者,未来最有价值的职业是研发者**。

人类历史就是认识世界、改造世界,继而追求知识和财富的过程。农业时代,核心产能是土地,产出与产能是基本的线性关系;工业时代,核心产能是人的技能 + 工厂与设备,工业1.0是机械设备,工业2.0是电气设备,工业3.0是电子设备,产出与产能的关系转换为非线性大规模扩张。在工业4.0时代,也就是信息化与数字化时代,核心产能是人才 + 技术,产出与产能的关系是多重超线性增长,或者说是指数级增长。因此,陆奇认为研发者在未来的价值甚至超越创业者,这也是本书强调的——基础研究可以确保企业有未来。

我们可以从另一个角度来理解这个概念,就是:**当经济动力从以生产为主转变为以创新为主的时候,谁掌握最大的创新能量,谁就最有价值**。20世纪80年代后,大家开始认识到创新的重要性,投资者的投资方向决定哪些创新能够得到落地所需要的资源,而哪些则会"胎死腹中"。从21世纪开始,随着政府鼓励创新创业和私人资本的大量投入,创业者不再受制于投资者,而成为掌握创新能量的主要价值创造者。

然而,为什么未来最有价值的是研发者呢?这主要是因为"创新"的本质也改变了。它不再只是一个与众不同的创意或解决一个大家都知道的问题,现在与未来最有价值的创新是"基于知识的创新"。管理学大师彼得·德鲁克(Peter F. Drucker)在《创新与企业家精神》(*Innovation and Entrepreneurship*)中专门谈到创新与企业和企业家的关系,其中提到创新机遇有七大来源,而"新知识"是其中最重要的一个来源。德鲁克指出,基于知识的创新是难以预测的创新,也是时间跨度最大的创新,其失败率极高,对企业的挑战也非常大。

基于知识的创新就是本章强调的基础研究。为了加强企业的长期竞争力,知识与技术储备是必要的,但何时能用上、能用到什么程度、能产生多大的价值、能产生多久的价值等,这一切都是未知数。微软研究院将创新分为四类——关键任务型创新、持续型创新、颠覆型创新及未来蓝天型创新,分别对应于处理当前紧急问题、改进现有技术、颠覆性技术以及面向未来的实验型技术四大类任务。对于微软来说，必须在这四个领域都有所投入，特别是未来蓝天型创新，对于一个企业来说极为重要。

历史经验证明，只有那些不断对未来技术和知识进行投入，发展出一个又一个关键技术和知识的企业，才能在突然出现的技术巨变中生存下来，并成功建立一代又一代核心竞争力。

4.3.2 在企业从事科研的价值

1. 科研阵地向企业转移

研究机构对企业的关键贡献之一是"技术储备"。大家也许会发现一个情况，那就是在几十年前大企业与学术机构所关心的问题并不一致——学校里的科研常被视为阳春白雪，解决不了真实世界里的问题，更无法变现或盈利。

然而近几年，互联网创造了海量数据，进而基于大数据与云计算的人工智能等颠覆性技术兴起，所谓"学校里的科研"成为企业竞争的关键技术。许多名校的博士生刚一毕业就直接创业，更有许多名校教授参与创业或加入大企业。

2019年因为"深度神经网络的概念和工程上的突破"获得2018年度图灵奖的三位教授就是典型的例子：纽约大学的Yann LeCun教授加入脸书（Meta），担任首席人工智能科学家；多伦多大学的Geoffrey Hinton教授协助谷歌大脑；蒙特利尔大学的Yoshua Bengio教授则为微软提供战略咨询。国内也有一些知名教授成立公司，并发展成独角兽公司，或加入大企业，或提供战略或技术咨询。

这个现象再次证明：高深的新知识，能够带来最有价值的创新。

2. 海量数据时代的科研

2012年，微软研究院出版了《第四范式：数据密集型科学发现》（*The Fourth Paradigm: Data-Intensive Scientific Discovery*）论文集，该书发展了开创性计算机科学家、图灵奖获得者、微软研究院技术院士吉姆·格雷（Jim Gray）的思想。科学研究的第四范式认为，随着大数据时代的到来，科学发展正在迈入一个新阶段，科研的方法也从之前的实验型科研、理论型科研、计算型科研，推进到数据密集型科研（data-intensive science）。

什么是数据密集型科研？简单理解，即从海量的数据中寻找和发展科学规律。由于数据来自真实世界、来自各行各业，所以 21 世纪的科学研究不可能阳春白雪；相对的，企业的竞争力也就离不开科研能力与技术储备。以大数据为基础的数据密集型科学研究以及学术交流被认为是科研的第四范式：实验型科研（experimental science）、理论型科研（theoretical science）、计算型科研（computational science）、数据密集型科研（data-intensive science）。

一个常被使用的数据密集型科研例子就是雾霾天气的形成过程。雾霾天气不仅与污染源头、大气化学成分等相关，还与地形、风向、温度、湿度等气象因素有关，甚至与城市人口密度等也有关系。这些参数及研究者收集的相关数据，与时间和空间数据交织在一起，已经庞大到超出了常规计算科研分析能力的范畴。为了利用真实而全面的大数据，就必须要利用云计算等海量计算能力以及大数据等超大规模数据处理技术。机器学习是数据密集型科研中的主要研究方法，即运用机器学习进行数据建模，从而从海量数据中发现新的规律。

一些企业拥有云计算与大数据等海量计算与数据分析的能力，同时还拥有真实有效的数据，如互联网大数据等。因此，企业内部能进行数据密集型科研，反而比高校或第三方科研机构更有优势。2022 年，微软研究院更是提出科学研究的第五范式，也就是用机器学习的方法去探索海量的搜索空间。例如，小分子候选药物的数量估计多达 10^{60} 种，稳定材料的总数约为 10^{180} 种（约是已知宇宙中原子数量的平方），利用机器学习对这些海量空间进行搜索，将有效增强人们发现新物质的概率。AlphaGo 之所以能够战胜人类顶尖棋手，就是因为利用机器学习的方式探索了围棋的海量可能性。要知道，围棋的可能性也相当于宇宙中原子总数的平方，如果用机器学习探索围棋的所有可能性，那么反过来就可以轻松战胜任何人类棋手。

3. 企业基础研究的正例和反例

基础研究也许不能为企业带来短期的回报，却能确保一家企业的未来。企业研究院要对数年后企业所需要的技术提早进行储备。即使研究者所从事的研究项目可能不会成功，或在未来用不上，但就像国家必须投资基础科研一样，

第 4 章 企业创新能力的进阶

企业也应该积极储备未来技术，以免在下一次颠覆性技术出现时彻底失败。回顾历史，这样的例子数不胜数，下面就让我们来看看搜索领域的两个故事。

谢幸博士曾提到他们在 2001 年"歪打正着"地投入互联网搜索这个研究领域，当时微软并没有相关的产品或服务。如果后来他们没有推出必应（Bing）搜索，也许他们的研究就成了用不上的技术储备。潘天佑博士在 2005 年加入微软亚洲研究院后，发现搜索研究小组每年都能在国际信息检索年会（SIGIR）发表许多论文，沈向洋、洪小文、马维英都非常投入。正因为微软亚洲研究院在互联网搜索领域取得了研究成果，2007 年微软成立了微软亚洲研究院互联网搜索技术中心，以进一步加快微软在互联网搜索领域的创新及技术产品化速度，让微软亚洲研究院的创新成果更快地向 MSN 搜索产品转移。2009 年中旬，鲍尔默推出了微软必应搜索服务计划，由陆奇、萨提亚、沈向洋领导该计划。必应搜索服务虽然起步晚，但发展迅速，至今成为全球前三大搜索引擎之一，在 2021 财年，微软的搜索广告收入为 85 亿美元。由此可见，研究院在 2001 年开始的技术储备是多么重要。

下面，我们再来看一个很可惜的失败案例。AltaVista 搜索引擎由 DEC 网络系统实验室创建于 1995 年，比 1997 年成立的谷歌更早，该引擎成为早期最常用的互联网搜索引擎之一。DEC 公司创建 AltaVista 搜索引擎并不是为了把它作为一个业务，而是为了证明当时堪称"最强处理器"的 Alpha 的能力。1995 年，AltaVista 搜索引擎的用户数量达到了 30 万，一年后达到了 1900 万访问用户/每天，到 1997 年达到了 8000 万访问用户/每天，到 1998 年 AltaVista 需要 20 多台多核服务器以处理收到的搜索需求。AltaVista 的快速发展不仅仅是因为 DEC Alpha Server 的强大能力，更是因为它提供了很多竞争引擎所无法提供的功能。然而好景不长，DEC 在 1998 年被 Compaq 收购，Compaq 也收购了 AltaVista.com。1999 年 AltaVista 又被 Lycos 搜索引擎的所有者 CMGI 公司收购。与此同时，Google 搜索引擎的受欢迎程度超过了 AltaVista。2003 年 2 月，AltaVista 被 Overture 收购；4 个月后，Yahoo 又收购了 Overture。2013 年，Yahoo 悄悄关闭了 AltaVista。

AltaVista 比谷歌起步早，而且成名更早；AltaVista 在 1995 年发布时，微软亚洲研究院还没有成立,谢幸还没有进博士班呢!那是什么原因造成一个有明显"先驱优势"的技术与产品失败了呢?《创新者的窘境》(*The Innovator's Dilemma*)一书说过,颠覆性创新经常发生在大企业中,却从未受到重视,AltaVista 就是一个典型的例子。DEC 作为一家硬件公司,将所有的资源都投入到硬件设备的开发与研究上,该公司对搜索引擎这样一个互联网业务的理解远没有对硬件业务的理解深刻,更看不到搜索引擎作为一个商业模式的未来。另外一个原因就是 AltaVista 没有一个稳定的成长环境。它诞生在 DEC 网络系统实验室,但随着 DEC 被 Compaq 收购之后又几经转手,终于导致 AltaVista 黯然退场。相较之下,微软研究院由于相当稳定,所以能让互联网搜索研究持续储备技术;当公司看清楚互联网搜索的商业价值后,就能立刻投入大量精英部队快速发展搜索业务。因此,必应和 AltaVista 的结果就大为不同。

4.3.3　顶尖人才为什么要加入企业

研究院对企业的关键贡献除了技术储备,还有人才储备。关于人才的问题,1990 年微软备忘录有过明确探讨:最佳的研究人才都绝顶聪明,他们专注于某个研究领域,对解决某个研究问题非常感兴趣。这些人会选择在高校或当时的贝尔实验室等地方工作,但他们不会加入一个企业的产品部门,所以要为这些人单独成立一个研究部门。

这些人才中有许多是学霸,他们在离开校园后大多希望先去一个能发挥自己所学的地方,而不是立刻投入生产、销售或每天担心柴米油盐酱醋茶的工作中。企业研究院能让学霸们成长、磨合,经过一段时间,他们可以自己决定是继续从事研究工作还是投身实战领域。

在这些学霸中,微软亚洲研究院周礼栋博士就是一位典型代表。周礼栋毕业于复旦大学计算机科学专业,之后在康奈尔大学深造,获得计算机科学博士学位。博士毕业后,也就是 2002 年,他就加入了微软,一路成长,从微软硅谷研究院研究员、微软雷德蒙德研究院首席研究员、微软亚洲研究院副院长,做到后来的微软亚洲研究院院长。周礼栋主要从事大规模分布式系统、存储系统、无线通信和网络以及系统安全和可靠性方面的研究,是系统研究领域首屈

第4章 企业创新能力的进阶

一指的专家，多年来他一直专注于推动可靠、可信及可扩展的分布式系统的理论研究和实践探索。作为微软在设计和开发大规模分布式系统方面的重要技术带头人，他主持设计和开发的系统支持着微软从搜索引擎、大数据基础设施、云可靠性和可用性到AI基础设施的主要服务。周礼栋同时也是电气电子工程师协会（IEEE）会士与国际计算机学会（ACM）会士。

身为研究院的掌舵者，周礼栋在一次专访中谈到了他对研究文化及人才管理的看法。他认为做研究是对"真、善、美"的长期追求，不要为了追求一些短期目标而牺牲研究本来的意义。他认为：

（1）创新型组织将全面引领并加速社会进步和经济发展，以往激发劳动密集型组织生产力的方法论不再适用于智力创新型组织，必须将以往考验动员和管理能力的"旧模板"转型为考验环境和文化优越性的"新机制"。

（2）对于创新型研究来说，由愿景和梦想驱动，胜过由结果和利益驱动，要明确创新的动力来自内生的兴趣与追求，这样才更具可持续性，更有利于科学前沿探索，也更能经受挫折、反复以及科研的寂寞，最终取得有影响力的突破性成果。

（3）与众不同的想法是创新的"火种"，点燃"火种"需要开放积极、透明无碍、多元包容的环境和文化，需要鼓励跨界协作、鼓励个性表达、鼓励机构内部构建出"信任体系"，而不是靠"监督体系"。

（4）对于创新型组织而言，每一位同事的可持续成长要比短期KPI的实现更重要。创新是一场经年累月的长跑，可持续的员工才能带来可持续的创新。微软亚洲研究院尤其强调工作和生活的平衡，拒绝急功近利，提倡持之以恒，不断突破自我舒适区，追求长期目标。

（5）即便是一流的环境，也要通过不断的探索和试错来改进和优化，即环境本身也需持续成长，今天的微软亚洲研究院与1998年刚成立时相比，已经有了脱胎换骨般的变化。

在创建"开放积极、透明无碍、多元包容的环境和文化"方面，周礼栋也有一些体会：在开放积极方面，不以研究者的年龄、资历作为判断某项课题是否重要、是否值得鼓励的依据，而是秉承开放、积极的心态，全力支持年轻学者去探寻他们感兴趣的领域；在透明无碍方面，应将真正的协作心态贯穿至工作全程，在此基础上着手营造可有效消弭群体虚拟界限、提高日常互动透明度的文化，让各种创造性想法的星星之火形成燎原之势；在多元包容方面，每个人都有发言权，管理者应当倾听和重视所有不同的声音，让思想在辩论和建设性批评中演进，让最好的想法获胜。

4.3.4 企业研究院与社会人才的"双循环"

企业研究院能够吸引顶尖人才，并长期培养他们。他们在研究院的时候，可以为公司钻研未来性的技术；等到时机更成熟了，他们也许可以为公司做更大的贡献。

例如，沈向洋在1996年博士毕业后加入微软研究院；2007年升任微软全球资深副总裁，负责微软必应产品开发；2013年又升任微软全球执行副总裁，负责全公司的研发与技术蓝图，直接向首席执行官汇报工作。沈向洋就是前面所说的学霸，从学校进入企业研究院，经过成长与磨合之后，为公司负更多责任、做更大贡献。这就是人才储备的第一层意义。

人才储备的另一层意义是，身为学术界的一份子，企业研究院也有义务协助高校培育社会与产业所需要的人才。例如，在前面介绍过的实习生项目——微软亚洲研究院在成立后的20余年间，接待了来自中国、美国、日本、韩国、新加坡、瑞士、澳大利亚等20多个国家，300多所高校和科研机构的6000多名实习生。联合培养博士生计划是更深度的实习生项目，微软亚洲研究院已经与大学一起合作，共同培养具有国际学术视野的优秀博士生200余名。本书提到的沈向洋、洪小文、谢幸、霍强都是联合培养博士生项目的导师，他们所带的学生有些已经回到学校成为教授，有些学生则留在了微软亚洲研究院成为研究员。

谢幸博士是首批"微软学者"奖学金获得者，那是微软亚洲研究院自1999年启动的一项面向亚太地区计算机科学以及相关专业和交叉学科的优秀博士生项目。该奖学金项目旨在发掘优秀、有潜力的低年级博士生，支持、鼓励其更好地开展研究工作。除了有机会获得奖学金，微软学者还会被邀请至微软亚洲研究院，与全球顶尖的研究员一起进行学术研究，有机会与图灵奖获得者面对面交流，并得到参加微软"二十一世纪的计算"国际学术研讨会、微软学术峰会等大型学术活动的机会。截至2021年，400多名优秀的博士生先后获得"微软学者"称号。其中，多位微软学者已经成为学术界的中流砥柱或耀眼新星，也有多位微软学者成为工业界翘楚。

最后，本书还要特别提到微软亚洲研究院的Ada项目。Ada Lovelace（1815—1852）是英国诗人拜伦之女，她是一位数学家，并被认为是世界上第一位程序员。为了激励、启发和帮助心怀科技梦想的女生们走得更快、更远，微软亚洲研究院从2016年起开始与各地高校启动Ada研讨会，通过此项活动帮助更多女生在信息技术行业收获成功。除了每年举办Ada研讨会，2021年微软亚洲研究院还组织了Ada夏令营，邀请有志于计算机科研的本科低年级女生参加为期一周的学习营，帮助她们成功开启科研之路。此外，微软亚洲研究院还定期为内部的实习生举办Ada对话，帮助她们在微软亚洲研究院实习过程中快速成长。

研发者创造未来。企业研发的更多空间在数据与软件，而非硬件。面向数据与软件的研发与面向硬件的研发有着极大的不同。当前，很多想要打开第二曲线的高科技企业发现，创新的主要空间也是数据与软件，而这些企业往往具备硬件和制造的基因。因此，建立企业研究院，特别是面向数据和软件的企业研究院，是一个极大的挑战。现在，企业是数据的主要拥有者和协作者，再加上顶尖的研发能力，必然能开创一个美好的未来。但能否建立一个正确的研究文化与人才机制，是企业必须要思考的战略性问题。

你所在的企业是否需要建立企业基础研究院？能否吸引顶尖人才加盟？能否为企业打开第二曲线？或者需要多长时间才能打开第二曲线？

本章总结

企业基础研究院能为企业储备大量的科研创新人才，也能为学术界和高校培养优秀的领军人物。4.1 节探讨了企业为什么要投资基础研究院，并以微软研究院为例探讨了企业基础研究院的使命、价值以及成功的机制。4.2 节以微软研究院为例探讨了企业基础研究院的管理精髓，特别强调了"以人才为本"的创新管理之道。4.3 节探讨了企业进行基础科研的意义，强调了研发者创造未来的大趋势，以及企业与社会的创新人才循环。如何建立企业基础研究院？这对于绝大多数中国高科技企业来说既是一个非常前沿的课题，也是打开第二曲线的关键——只有厚积，才能薄发。

第 5 章
企业创新文化的刷新

中国古代思想家老子曾说过:"治大国,若烹小鲜。"企业文化就是企业的"文火",尤其是对于大型企业来说,建立正确价值观导向的企业文化,能让企业治理事半功倍。在数字化转型阶段以及未来的数字经济中,"共创"将是企业创新文化的关键词,特别是要将人工智能及相关的颠覆性数字技术扩散到企业运营的方方面面,这是一个十分具有创新和创意的过程,需要企业重新思考业务、产品、服务以及员工的管理和运作方式,"刷新"一词就非常适合人工智能时代的企业文化重构。我们将在本章简析面向人工智能创新的企业文化,讨论在企业中如何逐步导入共创精神,从而刷新企业文化。

5.1 为什么要刷新企业文化

5.1.1 遥遥领先对手多年后

2017年年底,微软首席执行官萨提亚·纳德拉出版了一本名为《刷新》的书,忠实记录了他从2014年2月接任微软首席执行官一职以来的心路历程以及重大决策背后的思考。《刷新》一书在微软内部和整个业界引起了极大的反响,它是如此的振聋发聩,以致在微软内部掀起了一场关于企业文化的大反思。随着《刷新》被翻译成各国文字出版发行,该书在微软美国雷德蒙德总部之外开启了微软企业文化刷新的第二波浪潮。

在《刷新》的第一页，萨提亚开诚布公地这样描写当时的微软："在遥遥领先所有对手多年之后，情况发生了变化，然而并不是朝着更好的方向发展——创新被官僚主义所取代，团队协作被内部政治所取代，我们落后了。在这一混乱的时期，一名漫画家将微软的组织系统描绘成敌对帮派结构，大家相互用枪指着对方。"

萨提亚对于微软当时的状况非常困扰，而更令他苦恼的是微软内部却接受了这种现实。正是基于这样一种现实情况，在遴选微软首席执行官时，很多人认为应该从外部找一位老练的管理者而不是从微软内部提升高管，就像当年IBM找来了美国最大的食品烟草公司老板路易斯·郭士纳（Louis Gerstner），从外部人的视角给IBM带来了全新的经营思路和管理方式，两年的时间就扭转了郭士纳上任当年亏损81亿美元的危局，将IBM从破产的边缘拉回来。此后他带领IBM发展了软件和服务业务，成功将IBM带回了产业的巅峰。郭士纳的《谁说大象不能跳舞》（Who Says Elephants Can't Dance?）享誉世界，他本人也成为信息技术产业甚至全球企业界的神话人物。

2014年2月，微软没有采取IBM从外部引进CEO的做法，而是从内部提升了萨提亚·纳德拉这位不折不扣的微软"老兵"，那时他已经在微软工作了22年之久，可以说深知微软企业文化的精髓，也深知微软在成功很久之后所形成的官僚文化和内部政治斗争，以至于他在《刷新》的第一页就直言不讳地点出了这个所有微软人都知道却不说破的"文化"。

5.1.2 在最成功时转型

2014年2月，萨提亚被任命为微软第三任首席执行官，当时萨提亚对公司员工表示，重塑企业文化将是他的首要任务。他告诉微软员工，他将不遗余力地清除创新的障碍，让公司重回先前的轨道上：继续以改变世界为己任。

在萨提亚上任当年的微软2014年财报中，微软实现了860亿美元的营收，毛利达到了近600亿美元，运营性收入达到了278亿美元。截至2014年6月，微软在全球有12.8万名员工，其中6.2万名员工在美国，6.6万名员工分布在全球其他国家和地区。

第 5 章 企业创新文化的刷新

从这几个简单的数字可以看出，萨提亚所面临的企业文化重塑与郭士纳在接任 IBM 首席执行官时截然不同。

（1）郭士纳接任 IBM 时，当年 IBM 亏损达 81 亿美元，公司正考虑将 IBM 拆分为 13 个独立部分，这是整个公司都处于极度危机的时刻。郭士纳有着明确的内外部支持，可以大刀阔斧、暴风骤雨甚至破釜沉舟式推动 IBM 公司的改革，郭士纳也的确是这么做的。

（2）萨提亚接手的微软是一个在营收上表现优异、具有非常好的财务指标的公司。微软账目上一直有着大笔现金流可支持公司的下一步发展。整个公司也没有"明天就要破产"的危机感，所有的业务都保持着很好的发展态势，只是当时微软在互联网和移动手机两个市场落败了，甚至可以说是完全错过了移动互联市场，而在接下来的云计算市场，其实业界对其前景也无法看得非常清楚。

从整体来说，萨提亚接手的 2014 年的微软并不是一个在内部急迫地想要自内向外推动变革的状态，所有的压力都来自内外部舆论以及微软在股票市场的表现，这也是萨提亚上任伊始就选择重塑企业文化作为"新官上任三把火"的重要原因。

5.1.3 再造企业文化

如何在商业表现十分成功但又承受着巨大内外部要求改革的压力，完成企业文化的重塑与再造？**萨提亚选择了新的文化：同理心与成长型思维。**

1. 同理心：技术创意之源

我们先来看同理心。萨提亚这样看同理心："我想把创意和对他人的同理心连在一起。创意令人兴奋，同理心则是我做事的核心准则。"

所谓同理心，英文叫 empathy，这是一个心理学名词，翻译成中文也叫"共情"，就是能深入他人的主观世界，了解他人的感受。而萨提亚眼中的创意，就是在建立同理心的基础上，从他人的感受出发进行技术或技术方案的创新，比帮助他人从自身的角度出发，成就更多。

怎么理解呢？《刷新》一书提到了一个例子，这是萨提亚在加入微软之前进行的一场面试。当时的面试过程由好几位微软工程师负责人轮流对萨提亚进行提问,其中一位叫理查德·泰特(Richard Tait)的负责人没有提太多技术性的问题,却问了他一个简单的问题:如果看到一个婴儿躺在马路上哭,你会怎么做?当时萨提亚不假思索地说:拨打911电话。当理查德送萨提亚走出办公室时,他对萨提亚说:"小伙子,你需要更有同理心。如果一个婴儿躺在马路上哭,你应该把这个婴儿抱起来。"这就是一个非常浅显又很明确的同理心场景:"拨打911电话"是正确的做法,但马上把哭泣的婴儿抱起来则是更有人情味,也是从婴儿角度出发的最佳选择。

我们在工作中经常会遇到同理心问题。作为公司高管,究竟是该像官僚一样选择正确但无情的解决方案,例如,当员工出了问题,立刻不问青红皂白地按照公司的规章制度处理,还是在了解具体的情况和问题后,根据不同的场景选择先消除员工的负担,然后进行下一步的处理呢?

而从员工的角度来说,是该根据客户的紧急情况,先找到解决客户问题的办法并在一定程度上减轻客户的压力后,再寻求公司的常规渠道逐级解决问题,还是该坚持按着公司的规章制度,一级一级上报,直到解决客户问题为止?其实,后者的做法完全不顾客户的焦急情绪和面临的业务压力,甚至完全不顾公司利益是否因此受损,只是维护"规章制度"的崇高地位,甚至打着维护公司规章制度的名义,实则是维护自己的利益罢了。

特别是在 2020 年疫情期间,我们经常处于这样的选择之中。当突如其来的疫情一下子打乱了所有的规章制度,正常的客户问题无法在第一时间得到处理,当时很多物流突然间中断,很多线下会议无法正常进行,很多需要到客户现场进行的维护也无法实现,那么在这个期间究竟是该逐级上报问题然后慢慢等待公司高层的回复,还是该马上采取行动甚至牺牲掉个人的时间、利益,包括冒着疫情的风险,在第一时间就处理问题呢?

2020 年是 2014 年萨提亚上任首席执行官后推行同理心文化的第 6 个年头。当时,许多微软同事选择第一时间、身体力行地支持抗疫的一线,特别是用技术帮助一线抗疫人员。而且在当时各种沟通、流程和运营都中断的情况下,微软同事们也自发组织起来,打开不同团队、不同组织的边界,齐心协力共同渡过难关。

也是在这个阶段,技术创意都涌现了出来。微软医疗健康机器人(Healthcare

Bot）服务的设计初衷是为常见的虚拟医疗助手场景提供支持。随着新冠疫情的暴发，全球卫生保健系统的正常运行受到极大的挑战，美国、欧洲和中东地区的医疗机构都开始借助该服务，帮助筛查潜在的新冠病毒感染者。

微软Healthcare Bot服务由微软智能云Azure提供支持，利用人工智能和自然语言处理技术，帮助医疗机构创建其自有机器人——机器人的所有数据仅归其所属医疗机构所有，而且只有该机构能够访问。这些机器人被用于接听热线、回答问询，将医生、护士和其他专业医护人员从繁重的热线接听工作中解放出来。例如，借助微软Healthcare Bot服务，哥本哈根紧急医疗服务机构仅用不到两天的时间，就创建并发布了机器人COVID-19 Bot，该机器人在上线第一天就接听了3万个电话，既减少了丹麦急救电话的问询数量，也降低了对医护人员的需求。

2. 同理心：新合作伙伴之道

同理心还体现在微软的合作伙伴关系转型上。

萨提亚坦陈，在20世纪90年代，微软被认为是一位非常难对付的合作伙伴，而这还只是委婉的说法。新闻媒体就不用说了，那个时候常有大篇的报道控诉微软的霸道行径。与Windows绑定是微软一直以来的成功之道，也是微软打击竞争对手的强有力方式，但也因此招致美国司法部针对微软的反垄断案。

对于那时候的微软来说，甚至对与微软同时期的很多公司来说，合作伙伴都意味着零和博弈。所谓零和博弈，就是合作的双方，一方所得即为另一方所失。零和博弈也充斥在当时的微软公司内部，正如前面所提到的官僚主义、公司政治、内部斗争等。要打破零和博弈思维，要建立同理心思维，就要拿出"开天辟地"的决心和行动。

在萨提亚就任微软首席执行官的第二个月，也就是2014年3月，微软就宣布将Office套件带入iOS平台，这在当时给微软内部以及整个业界带来巨大的震动。Office套件与Windows操作系统的绑定给这两大软件产品带来的效益十分明显，对微软来说这也是成功的商业策略。微软的视窗绑定策略也一度成为MBA（工商管理硕士）和商学院研究和学习的对象，但是微软竟然打破了自己的"铁律",尤其在当时,微软与苹果被视为"宿敌"。在 iPad Pro 发布会上,出现了令全球特别是让微软同事都非常惊讶的一幕:微软 Office 市场营销负责人现身在苹果发布会的舞台上。

消费者当然乐于见到两家对手公司的合作。这个行动让微软全球十几万员工意识到变化真正发生了,竞争不再是零和博弈。萨提亚的承诺不是随便说说,合作伙伴真的可以向微软寻求前所未有的新的合作机会了。随后,微软与谷歌合作把 Office 带入了安卓平台,与 Facebook 合作将其所有应用与视窗产品对接,与开源软件公司红帽(Red Hat)合作让企业客户可以更好地利用两家公司的技术——也就是在那个场合下,萨提亚在为双方合作站台的时候,在台上打出了"微软爱 Linux"的幻灯片。"微软爱 Linux",这在整个企业市场的影响是颠覆性的,因为开源历来被视为微软的敌人。

萨提亚为这一切加上了他的注释:"建立伙伴关系经常被视为零和博弈,即一方所得为另一方之所失。但我不这么看。如果做得好,伙伴关系会把蛋糕做大,人人都会受益。"

5.1.4 回到初心,建立非零和博弈思维

"成功会让人们忘掉那些早期帮他们取得成功的习惯。"

萨提亚提醒微软同事们,微软在最开始的时候就是一家开放的公司,微软在最初的日子里也是与苹果公司合作的,微软让最初的 Office 软件,也就是 DOS 时代的 Office 软件,跑在了苹果的 Macintosh 个人计算机上,甚至到了 Word 6.0 版本都是同时支持 DOS、Windows 和 Macintosh 三种操作系统。重视合作伙伴,与合作伙伴一起把市场做大,这才是微软的本源,微软最初的商业模式就是建立在合作伙伴的生态系统之上的。

那么,非零和博弈的合作伙伴关系到底是什么样的?这是一个令所有人都困惑的问题,因为零和博弈思维本身非常简单,每个人都能理解,但说到非零和博弈,那可能性就太多了,这对于内部业务执行和外界合作协同来说,都是一个没有明确答案的问题。

那么萨提亚是怎么解释的呢?我们来看看他对外解读微软与戴尔易安信

（Dell EMC）的合作伙伴关系。2012 年，微软决定自行设计和生产硬件 Surface，这对于许多个人计算机生产厂商来说，传达了一个令人疑惑的信号：微软是要与所有的 PC 厂商展开竞争么？这其中也包括戴尔（Dell）。戴尔长期拥有全球个人计算机市场较高的份额。随着微软推出 Surface 设备，微软与戴尔的关系从之前的紧密合作伙伴关系开始变得微妙了，而当戴尔收购了易安信（EMC）开始进军企业级市场时，双方的关系更加微妙了；因为彼此都进入了对方的"领地"。当然，在实际的业务领域，戴尔仍然在销售预装了微软视窗的个人计算机，同时也在分销 Surface，而看到了 Surface 的成功之后也推出了自己的二合一产品。

那么，微软与戴尔易安信之间到底是朋友还是敌人？萨提亚是这样回答的："我们是长期的朋友，我们相互竞争并服务众多共同客户。"后来，同样的问题也发生在谷歌云身上，当微软与谷歌云展开竞争的时候，双方期望采用不同于以往诉诸法律的方式。于是，双方的法律事务高管经过了一系列协商之后，发布了一份令人大跌眼镜的申明："我们两家公司竞争激烈，但我们希望这种竞争聚焦于产品品质，而不是法律诉讼。"

从以上的讨论我们可以看到，同理心思维对于微软这样一家成熟且成功的公司来说有着巨大的价值，它让微软回到了最开始出发的地方，找到了微软的初心，找到了微软的灵魂。

（1）同理心就是站在对方的角度去思考问题及找到解决方案，而不是站在规章制度、法律或公理的角度而无视对方的感受。同理心思维在推动成熟企业的文化变革方面有着巨大的价值，它让那些深深陷入公司官僚体系、公司政治斗争或以维护公司规章制度名义而自保的员工重新开始审视公司存在的价值，它打开部门或者公司之间的隔阂或界限，使彼此开始互相合作，共同创造新的企业行为。

（2）同理心所带来的创新和创意，有的时候并不仅仅体现在产品与技术的发明和创造上，甚至体现在让自己的技术出现在竞争对手的平台上。这样一个简单的改变背后是巨大的人心和人性博弈，是巨大的商业利益博弈，是一个要推翻现有格局而重新建立新格局的创举，甚至有的时候是"壮举"。

（3）零和博弈的对立面也不是完全的不竞争，而是在长期战略合作伙伴关系的大思维下，在产品与服务层面展开竞争，为客户提供不同的优质选择，从而全面满足客户的需求，这就是对客户的同理心。同时，通过市场的优胜劣汰改进产品与服务的品质，推动产品与服务的进化。

（4）非零和博弈是一种既竞争又合作，通常在局部竞争而在整体合作，最终达到客户整体满意的方式。这个整体也可以是整个市场、整个产业，甚至整个社会。

5.1.5 与固步自封做斗争

1. 固定式思维与成长型思维

接下来，我们讨论萨提亚领导下微软文化刷新的另一个"武器"：成长型思维。

成长型思维并不是萨提亚的首创，它来自美国心理学家卡罗尔·德韦克（Carol S. Dweck）博士于2007年出版的《终身成长：重新定义成功的思维模式》（*Mindset：The New Psychology of Success*）一书。德韦克是人格心理学、社会心理学以及发展心理学领域的世界级专家，她曾在哥伦比亚大学任心理学教授，后在斯坦福大学任心理学教授，她也是美国人文与科学学院院士。

在《终身成长：重新定义成功的思维模式》的介绍中，德韦克这样写道：在该书中所写的研究是传统心理学中的一个重要分支，即人的信念的力量，这些信念可能是显性的，也可能是隐性的，而当人们改变自己信念时，哪怕是一丁点儿的改变，都会产生深刻的影响。

传统心理学一直在探讨人与人之间为什么会存在差异。有一派的观点认为这是先天造成的，包括基因、人脑的构成以及其他身体因素；另一派的观点则认为后天可以改变，通过教育与不断的实践。据此，德韦克讨论了两大思维方式：固定式思维和成长型思维。

固定式思维即先天性认定人在出生的时候就已经注定了某些能力，后天只是不断地重复证明这个观点的正确性；成长型思维则基于这样的一个观点，即人的能力可以通过后天的努力加以培养。当然，成长型思维并不认为每个人通过后天的努力都可以成为爱因斯坦，但每个人的潜能都是未知的而非先天固定的，因而也无法预测在年复一年的努力、训练和保持热忱之后的最终结果。

所以，德韦克在她的书里发问：为什么不断创建那些一再证明你已经获得成功的场景，而不是花时间去尝试让你自己可以做到更好？为什么要隐藏问题而不是想办法克服它们？为什么要在你周围找一群不断加强你的自尊的朋友，而不是找那些可以挑战你、让你成长的伙伴？不断磨炼你自己且坚持下去，即便处于困境之中，这样的热忱就是成长型思维的标志。

2. 固定式思维无处不在

固定式思维可以说在微软文化变革之前，普遍存在于科技界、技术界、学术界。下面是潘天佑博士的亲身经历。

> 潘天佑在1995年获得了博士学位后回到了台湾，在工业技术研究院负责带领一个芯片设计团队。当时潘天佑才30岁出头，而在团队中有一位资深工程师，比潘天佑大十几岁，潘天佑非常敬重这位工程师。但这位资深工程师就是典型的固定式思维，在讨论新技术、新想法时，他常会说："如果这个想法有这么好，别人早就想到了。"在潘天佑带领这个团队期间，听到他这么说不下几十次。他经常提醒大家还是要按照老方法做，这样比较安全。如果谁提出的创新想法真有效果的话，别人早就想到了，又怎会这么凑巧让人想到呢？每当他说完这句话，大多数年轻同事就立刻安静下来了。

我们常想走安全的老路，但在科技界，特别是在信息通信技术领域，恰恰经常发生新技术推翻老技术、新想法战胜传统思维、新模式颠覆整个市场的事，这就是萨提亚在就任微软首席执行官时所说的："我们这个行业不尊重传统，只尊重创新。"而要创新，就必须打破老路子，就必须相信成长型思维。

3. 正视失败

建立成长型思维，首先要对失败有一个正确的态度。在固定式思维中是不允许失败的，因为固定式思维就是寻找一系列可重复验证曾经正确做法的场景，从而不断验证已经正确的再次正确，或不断验证聪明的人就是很聪明。

这样的场景在2014年之前的微软公司内部可以说比比皆是。那个时候，微软内部开会，所有的与会人员都会事先做好充分的准备，准备了详细的数据以及支持论据，开会的主要任务就是为了证明自己是正确的或者别人是错误的。

萨提亚在《刷新》中记录了一件事：他就任微软首席执行官后决定在他所主持的重要会议上进行一个试验。每个星期，萨提亚的高级管理团队（SLT）都会聚在一起，就重大机遇或困难决策进行评估、讨论和辩论，所以，如果要刷新微软的文化，就必须从这个高级管理团队的刷新开始。

于是萨提亚准备为这个团队进行一个思维训练，并聘请了一位思维训练教练。这位思维训练教练在第一次训练课上提出，需要一个志愿者进行一次特别的个人体验尝试。当时萨提亚的SLT没有一个人站出来当志愿者，因为大家都害怕失败，都害怕自己显得不够聪明或不愿意让别人看到自己也有错误的时候，同时也担心被嘲笑，担心被别人认为不是"屋子里最聪明的人"。一时间会议室里非常安静，气氛也相当尴尬，这让那位思维训练教练非常诧异。

从那以后，微软就更加坚定在内部推广成长型思维，首先就是要对失败有一个正确的态度：不仅要容忍失败，而且要鼓励失败。

4. 固定式思维将长期存在

当然，本书写作的时候，已经距离2014年过去了8年左右的时间，这8年里，微软内部会议上已经无数次地讲述成长型思维。特别是自《刷新》问世之后，成长型思维的概念在微软内部引起了极大的反响，微软总部和其他地区都掀起了学习和实践成长型思维的热潮。下面是潘天佑博士的亲身感受。

> 在微软的外部环境中，许多企业和组织在讨论成长型思维。潘天佑博士作为微软与外部合作的主要负责人之一，也经常受邀请到各企业分享微软的文化转型。有一次，潘天佑博士受邀到一家国内的超大型企业集团的高管培训课上演讲。当时，集团董事长说一定要讲微软本身的转型，于是潘天佑博士就讲述了成长型思维与微软的文化转型。当时潘天佑博士特别讲了要对失败有正确的态度，不仅要容忍失败，甚至在某些情况下要鼓励失败。在演讲

第 5 章 企业创新文化的刷新

> 结束后,这次高管培训的负责人——同时也是一位集团高管,走到台上,对所有参训高管说道:"企业属性不同,微软可以接受失败,但是我们集团绝对要确保每个任务都是胜利的、都是成功的",而当时集团董事长就坐在旁边……

举这个例子,仅仅是想说明要与企业和组织内部的固定式思维做斗争,这是一个长期的过程。那些被业绩推着走的企业和组织高层,确实需要确保项目的成功,为企业和组织交上一份合格的业绩,而在这个过程中如何发展成长型思维,这是一个需要所有已经成功的企业和组织仔细思考的课题。

5. 对思维模式的生理解读

一个可以说是常识的发现,就是孩子的学习速度比成年人要快,有的时候要快很多,孩子的进步速度也是显而易见的。相比之下,成年人的学习速度在下降,而学习速度的下降也导致进步的速度越来越慢,甚至十几年如一日毫无进步也并不鲜见。

另一位世界级发展心理学家艾莉森·高普妮克(Alison Gopnik)专注于儿童心理学,在她的著作中排除了关于婴儿和儿童学习能力的旧观点,她强调,实际上婴儿和儿童具有令成年人难以置信的学习能力。

关于婴儿和儿童具有比成年人更强的学习能力的问题,有不少研究和解释。虽然从成长发育来看,婴儿和儿童的脑体积与脑容量比成年人要小,但实际上从脑神经元和神经突触的研究来看,一旦进入成年人阶段,脑神经元和神经突触的发展就停滞了。而从成长型思维的角度来看,婴儿和儿童对世界是没有一个固定认知和固定思维的,他们能够从一张白纸的角度看这个世界,因此也给予这个世界充分的认知,这也对应着同样数量的神经元却有着无数的神经突触连接,这样就能形成极强大的学习与进步能力。而随着婴儿走向儿童再走向成年,神经突触的大幅降低让一个人的思维开始固化下来,形成固定思维模式,进而也降低了成年人的学习和进步能力。

那么,成年人该如何提高自己的学习和进步能力?利用成长型思维对冲固定式思维就是一个很好的方式，也就是要保持"一张白纸"的心态和思考问题的方式。

6. 成长型思维：一切皆有可能

那么，可以从固定型思维改变为成长型思维吗？

在很多地方，人们还秉持依循祖制的观念，认为祖先定下的规矩大过一切。在很多企业，后来者遵守着企业创始人定下的制度，认为最开始的设计，尤其是让企业能够成功的那个设计，就是最好的设计。

纵观人类历史，帝国的兴起往往来自成长型思维。比如，马其顿国王亚历山大大帝一直打到了印度，建立起了西起马其顿、东到印度、南到尼罗河第一瀑布、北到锡尔河的大帝国，让马其顿成为当时世界上领土面积最大的国家。

为什么要打到印度？在亚历山大的眼中，没有为什么，就是想去；他不认为有什么是不可能的，一切都有可能。在亚历山大大帝思想的影响下，其下属的军队也形成了组织的成长型思维，摒弃了固定式思维而拥抱亚历山大大帝的开放心态，与亚历山大大帝一起征战四方，这才有了帝国的传奇。

当然，帝国的消失在很大程度上也是因为整个组织形成了固定式思维，所谓固守江山而不思进取而导致灭亡的经典桥段已经写进很多历史书中，比如晚清时期以长枪对战西洋大炮、拒绝接受西方先进科学与思潮的做法，就是将清帝国推进历史的故纸堆的原因之一。

历史告诉我们，成长型思维是成年人学习与进步的重要思维方式，而且从固定式思维改变为成长型思维也并非不可能，这样的例子在历史上不胜枚举。

7. 建立组织的成长型思维

一个人需要成长型思维，一个组织也需要成长型思维，并成为组织文化。建立一个组织的成长型思维，要远比建立一个人的成长型思维更为困难。

有大企业工作经验的人，经常会遇到创新者在大企业中难以生存的现象，这就是组织已经形成的规模化固定式思维对刚萌芽的创新者成长型思维的扼杀现象。

第 5 章 企业创新文化的刷新

一方面,创新会撬动既得者的利益,通常创新业务首先会吃掉现有业务的蛋糕,这就在事实上造成现有业务利益既得者对于创新业务的反对。例如,在微软服务器与工具事业部如日中天的时候要发展云计算业务,就遭到了当时服务器与工具事业部的反对,而最简单的反对方式就是不向云计算业务投入资源,这就是萨提亚接手服务器与工具事业部时的情况。

另一方面,创新业务是无法预知和预测的业务,特别是在云计算刚起步的阶段,很多人虽看好云计算的未来发展,但就当下而言,究竟能否马上为公司带来收益还不明确,甚至可能在未来几年内都无法为公司直接带来收益,这也让很多人有了反对创新业务的理由。

因此,想要在一个类似微软这样有着十几万员工的大型公司推广成长型思维,就必须规模化推广。《刷新》就是一次对微软员工的思想洗礼,而在微软内部会议上成长型思维也被反复提及,甚至可以说成为所有会议的关键词。通过成年累月的反复灌输,成长型思维终于在微软内部得到了集体认可。当然,建立一个组织的成长型思维并非那么容易,后文还会讲到微软的其他举措。

8. 文化变革的精髓

至此,我们讨论了同理心和成长型思维。对于微软来说,同理心是新的企业行为准则,成长型思维是新的企业发展方式。二者中前一个是内核,后一个是外延,它们共同推动了微软的新一轮创新,也就是在云计算与人工智能时代的大规模创新,并在这个过程中完成了微软由内向外的刷新。

究竟什么是成长型思维?这个问题即使让萨提亚本人讲也不太好回答,正如他在《刷新》一书中所提到的观点:文化变革的关键是个人赋能,我们有时会低估自己的能力、高估他人的能力,我们要跳出这一思维模式,不要预设他人的能力高于我们自己的能力。

萨提亚举了这样一个例子。在一次员工会议上,有人问萨提亚:"为什么我不能从手机上打印文件呢?"萨提亚很客气地回答了这位提问的员工:"去实现它,你有充分的权限。"萨提亚举这个例子,就是要告诉所有人,不要预设萨提亚比任何员工更懂某个领域,如果你觉得哪里有问题,就自己动手解决问题,这就是成长型思维。

那些准备打开第二曲线的高科技企业通常处于原有事业的顶峰,也就是企业在上一个商业模式中已经高度成熟,业务非常成功,员工达数万甚至数十万人,获得了市场的广泛认可,取得了行业龙头的地位。这些都将成为企业打开第二曲线的无形阻力,特别是当第二曲线的商业模式与现有商业模式之间发生冲突,或者需要企业全员突破现有成功所带来的固定思维时,一场全员的企业文化变革与洗礼就不可避免了。

打开第二曲线相当于企业的再造、再生,是对企业每一名员工的重新定位、重新调整,更重要的是对思维方式的调整。一家大型企业是由成千上万的员工构成的,一项业务的达成是由众多部门的员工一起协调协作完成的,每个部门都有自己的思维方式和工作方式,而第二曲线所代表的不仅仅是新产品或新服务的研发,更是企业所有部门协作协调方式重组后对外成功交付新产品或新服务,这其中只要有一个部门甚至一名员工"掉链子",就很有可能导致业务转型全盘失败。

你所在的企业是否存在固定式思维的现象?同事们是如何面对失败的?企业领导是如何面对失败的?企业与合作伙伴之间是零和博弈关系吗?

○ 5.2 打开创新的无限可能

5.2.1 创新不等于发明

在这里,让我们先厘清"创新"(innovation)与"发明"(invention)的差异。

《终身成长：重新定义成功的思维模式》（*Mindset: The New Psychology of Success*）一书中曾讨论爱迪生对电灯泡的"发明"过程。在很多人的脑海中，可能会想象爱迪生一个人在实验室中进行了多次艰苦卓绝的试验而终于成功"发明"了电灯泡，但事实并非如此。

爱迪生有 30 多名助手，其中很多是优秀的科学家，包括化学家、数学家、物理学家、工程师和吹玻璃工人等，而电灯泡是这些人没日没夜工作的集体创新成果。从这个例子中我们可以看到，电灯泡是一个创新，电灯泡没有发明电，却把电以电灯泡的形式落地，让大家都用上了电。虽然后世推崇爱迪生为发明家，但其实不如说他是一位创新者，因为他深知将一个发明落地的过程是非常烦琐的，且需要很多科学家、工程师和熟练工人共同合作。

作为一个集体合作的结果，创新需要一个组织，这个组织就需要以创新的文化作为支撑。**想要在一个十几万员工的组织内建立创新的文化，这可不是一件容易的事情，除了高管领导层不断宣讲创新文化、身体力行实践创新文化，还需要一个全员都可以参与、体验创新文化的渠道，对于萨提亚领导下的微软来说，这就是黑客马拉松（简称黑客松）。**

萨提亚自 2014 年 2 月上任后，就开始鼓励员工拥抱成长型思维模式、同理心、多元与包容的文化、勇于将想法付诸实践、自下而上创新等，而黑客松则是萨提亚推广的一种用于集体创新的方式。黑客松是微软公司 OneWeek 系列活动的一部分，该活动旨在鼓励员工建立连接关系、相互学习、寻找灵感以及协同工作。

黑客松活动其实在计算机程序员界历史悠久，很多 IT 公司都有黑客松活动，这相当于计算机程序员的亚文化。但大多数公司的黑客松活动通常是 24 小时的接力编程，即针对某几个主题通过持续的协力编程方式进行攻关；而微软的黑客松活动则是以成长型思维为基础，将活动拉长到了一周的时间，而在黑客松活动开始之前则鼓励所有的微软员工都积极参与，非计算机程序员或无编程背景的员工也可以参加。微软黑客松活动着眼于成长而并非在 24 小时内给出解决方案或问题解答。

于是，从 2014 年到 2021 年的 7 年期间，很多非程序员的微软员工也积极参与了微软公司的黑客松,他们来自人力资源部门、楼宇房产管理部门、后勤部门和公共事务部门等。有人提出问题,然后在微软全球范围内招募对解决该问题有兴趣的微软同事,约定在一周的时间里共同解决问题。当然,并不是所有的问题都能在一周时间内得到解决,有时仅仅是提出一个很好的问题,就足以得到产品部门的高度重视,而还有不少虽然暂时不能进入产品阶段的项目,只要项目团队有兴趣继续完成该项目,就可以在黑客松结束后自行组织活动,继续完成该项目。

近年来,微软黑客松活动大获成功,微软后来也邀请客户和合作伙伴参与到了黑客松活动中。客户和合作伙伴将具有不确定性的项目拿到黑客松活动上进行概念验证,这样微软与客户或合作伙伴都不用为了不确定项目是否能立项而苦恼,因为黑客松就给这样的项目提供了尝试和试错的机会。

5.2.2　数字化时代的企业车库

微软黑客松活动有两个活动"地点":一个是实实在在的微软"车库"(The Garage),另一个是虚拟的"黑盒"(Hackbox)。

1. 车库:创新的虚拟空间

微软车库最初专指一个位于微软总部雷德蒙德园区的跨团队黑客空间和创客空间,现在也是微软黑客文化的官方门户,是合作和分享创新灵感的渠道。车库如今已经成为微软全球创意文化的一个重要驱动力,现在微软在世界各地有十几个车库,包括爱尔兰、以色列、印度、中国的北京和美国的纽约和亚特兰大等地区。车库之所以分布在这些地方,是因为这些地方人才济济,拥有充满活力的市场和多样化的商业生态系统。

微软各地的车库空间,为微软员工提供了各种所需要的硬件设计,如3D打印机、物联网设备等,可以让员工实际动手组装自己的解决方案。例如,微软印度车库配备了从3D打印机和激光切割机到微控制器和数字产品的全套工具,提供了一个试验新想法的理想场所。微软印度员工们来到印度车库,进行无边界合作,同时也吸引了学术界、客户、非营利组织等个人或团体到这个地方参观合作,将整个印度和世界各地的创新者和创造性思维者联系在一起。例如，微软印度车库提供了为期 10 周的实习项目，它与微软印度开发中心合作，让印度学生亲身了解和体验微软的工作文化。

微软车库官方网站是一个分享车库文化及鼓励车库创新的虚拟空间，也是一个对外展示微软车库及黑客松文化的在线空间，很多微软车库项目在这里对外展示。

2. 车库成长框架

微软车库成长框架（garage growth framework，GGF）是在微软车库中应用的一套方法，供微软黑客们设计出色的想法，然后将其变为现实。微软车库成长框架是一种快速发现、测试和培养优秀想法的方法论，它源于微软车库的员工和多年的团队合作。

微软车库现在通过一系列在线课程分享 GGF，让世界各地的黑客都可以使用它。GGF 总结了微软孵化创新四部曲。

（1）ideate（设想）：从点燃热情开始，逐渐形成概念和想法。

（2）hack（尝试）：针对概念和想法在不断试错中建立原型，得出 POC（概念验证）。

（3）validate（验证）：进一步验证 POC。

（4）sponsor（寻求支持）：在公司内部寻求支持和商业转化。

下面具体讲一下 GGF 是如何帮助黑客们开始形成创新概念的。GGF 认为，一个伟大的想法始于识别"波浪"，也就是能提供创新机会的趋势，而趋势能够推动创意向前发展。

这个过程可以用冲浪打比方。冲浪者拿着冲浪板站在岸边，观察海浪的波峰和波谷，考虑从哪里冲进去，而创新者就可以按照冲浪者的心态采取以下行动：首先是识别"波浪"，也就是特定时间点的事件或趋势；其次是确定所识别出来的"波浪"鲜有人注意，这样才可以找到构建最佳项目的机会；最后是找到一起乘风破浪的人，团队需要多样化的技能，才能充分利用这一波浪潮的机会。

"波浪"的例子还有：欧洲发布的《通用数据保护条例》（GDPR）在掌握消费者数据的企业中创造了许多"波浪"，导致需要新的问责工具以保护用户数据；社交媒体平台崛起的"波浪"，创造了对内容聚合器、调度器等的需求；COVID-19大流行引发了几个"波浪"，如接触者追踪、公共可读数据图表、新的口罩技术、远程医疗、远程工作环境等。

找到"波浪"之后，还需要找到一个可以共同"乘风破浪"的团队。车库对一个优秀的项目团队没有固定的规则，多元化的团队将产生更好的结果。项目团队在建立时要考虑到以下方面。

（1）成员要有创新的激情，这样即使在面临困难时也能攻克问题。

（2）成员要多元化，需要一系列的背景、观点和经验。

（3）成员要开放，包括愿意终身学习、尝试不同的事情、尊重挑战并为挑战而感到兴奋。

（4）团队要能胜任任务，需要正确的技能和能力来完成项目的概念验证。

（5）团队要具备成功的特质，这类成员包括实干家、找到并获取资源者以及激发用户渴望并使用的营销专家等。

（6）在招募成员时，重要的是通过鼓励开放的心态、明晰成员的角色、确定决策规则并创造合作的途径等，完成团队的构建。

3. 黑盒：广泛连接员工

除了微软车库，另一个微软黑客松的活动"聚集地"就是"黑盒"。"黑盒"是一个面向微软内部的网站，主要是为参加微软黑客松活动的员工提供一个展示自己创意、招募有兴趣的项目成员以及上传项目视频和进行项目沟通的全球在线平台，也就是黑客松活动的运营平台。

在每年微软黑客松开始前，有兴趣报名参加活动的微软员工就可以在"黑盒"上开始寻找项目灵感、立项和宣传，包括进行项目的介绍、发布需要的项目技能以及招募合适的项目成员，当项目成员招满后还可以有候补成员，因此微软员工可以报名多个黑客松项目，同时参与多个黑客松项目。

"黑盒"是一个供微软内部员工相互连接、相互了解的在线场所。许多员工平时只专注于自己的一亩三分地，而到了黑客松期间就可以在全球范围内找到具备合适技能的同事一起"开脑洞"，而"黑盒"就提供了这样一个广泛连接的机会，特别是跨团队、跨职能、跨技术领域的连接机会。

"黑盒"用户可以根据挑战、角色、专业知识、产品、客户和地点等进行过滤搜索,找到自己想要连接的其他微软同事,甚至是跨国度的微软同事。

5.2.3 打开无限可能的数字化创新文化

2014 年,微软黑客松原计划有 1500～2000 名参与者,但最终有 11 000 名员工参加。2020 年,微软黑客松因 COVID-19 疫情而以虚拟方式举办,参加者超过 7 万人,这可能是地球上最大的私营公司黑客松。2021 年在微软大中华区,有北京、上海、苏州、深圳等 7 个赛区近 5000 人次参与,带来近 500 个项目。

微软同事从可持续发展、技术向善、促进行业数字化发展、提高办公协作流程、提高员工体验等多角度出发创造新的解决方案,有些项目团队还邀请客户和公益组织参与,共同对相关的场景痛点等建立深层次理解。

下面来看几个黑客松的例子。

(1)2014 年微软黑客松大会冠军项目——Eye Gaze。2014 年,前 NFL(美国职业橄榄球联盟)球员史蒂夫·格里森(Steve Gleason)通过邮件向微软员工发出了一个挑战,希望能够有一项技术可以让患有渐冻症的他用眼睛驾驶轮椅。随后,在 2014 年微软黑客松之前,一个由软件工程师、项目经理、市场和法务人员组成的项目团队成立,这就是后来的 Eye Gaze 项目的最初团队。经过努力,团队克服了重重困难找到了解决方案,让史蒂夫可以用眼睛控制轮椅。尽管方案当时很粗糙,甚至还需要用胶带暂时固定,但是这一创新成果获得了关注。最终,微软研究院为渐冻症患者及其他残障人士专门设立了相关技术课题,2017 年 Windows 10 发布的眼睛控制功能就源于这个项目,用户仅用眼睛就可以完成一系列操作,控制屏幕上的键盘与鼠标,进行文本输入、语音输出等。

(2)2015 年微软黑客松大会冠军项目——Learning Tools。它与 Eye Gaze 一样,有机会帮助更多人。Learning Tools 能帮助有阅读障碍的学生学习阅读,并帮助教师、学生、管理人员与家长一同转变教育方式。Learning Tools 的团队也是多元化的,既有开发者,也有阅读小组,还有语言心理学家。这个黑客松项目的初衷是帮助阅读障碍者,后来发现除了阅读障碍者,书写障碍者、注意力缺陷多动障碍者以及英语语言学习者和越来越多的读者也能从这个产品中受益。如今，Learning Tools 功能已融入 Office 以及 Microsoft Edge 中。Learning Tools 同 Eye Gaze 一样，从黑客松项目逐渐演变到了产品中。

（3）2021 年微软大中华区黑客松项目。该项目与海尔合作用 AI 技术将经典动画版《海尔兄弟》中的卡通人物声音重现到海尔家电设备和智能音箱中。2021 年 9 月海尔兄弟 AI 音箱上市，它基于微软的语音合成技术，还原了海尔兄弟的声音，唤醒了许多用户的珍贵记忆，该款产品具备智能家居、音乐音频、儿童娱教和生活服务等多项功能，发布时已支持覆盖海尔集团 70 多种品类、4400 多种型号的智能家电设备。

（4）2021 年微软大中华区黑客松项目。微软与上海有人公益基金合作了两个项目，帮助盲人"看到"周围的文字和画像以及让盲人更好地使用没有设置无障碍设施的电梯。

在第一个合作项目中，项目团队利用手机上的功能开发了一个 AI 应用，盲人及弱视人群使用该应用扫描周围的图像就可以用 OCR 技术识别其中的文字，再使用文本转语音技术将文本读出来，这样盲人就可以听到周围图像或文字了，甚至可以用该应用读取火车票上的信息。

在第二个合作项目中，项目团队与北京联合大学特殊教育学院合作，走访了盲人的日常生活环境，发现很多居民楼的电梯都没有语音播报系统。项目团队为此亲身体验了盲人的日常生活感受，据此设计了电梯自动播放系统——当盲人手机与传感器靠近的时候，手机会自动播放当前所在的楼层以及相关导航信息。

5.2.4 打破界限，突破创新

历史学家吉安·纳格帕尔（Jill Lepore）说："突破性的创新发生在我们打破界限并鼓励学科相互学习的时候。"

前面提到的为渐冻症患者设计用眼睛控制系统，就是多个学科领域的交叉结果，当时的 Eye Gaze 黑客松项目就有超过 20 多位来自微软全球各个领域的技术专家加入，包括 Windows、Kinect、XBOX、微软研究院等，例如，在涉及电路板焊接时就由 XBOX 团队提供了关键性的技术支持等。

当时的 Eye Gaze 项目结果就实现了可以用眼睛的转动控制 Surface 的开启、"驾驶"轮椅，实现了更自然的眼动文字输入及朗读、眼动输入具有文字预测功能等。而从 Eye Gaze 黑客松项目孵化出的不仅仅是让 Windows 10 具备眼球控制功能，还让这项技术通过视窗平台可以普惠更多的人。

说到这里，读者可以回顾在第 1 章中提到的"基于 Kinect 的手语翻译系统"。2014 年潘天佑博士从北京飞到微软总部领取萨提亚颁发的 Ability Award，这是对潘天佑博士代表了微软同事、中科院计算机研究所教授与北京联合大学特殊教育学院教授和学生共同研究的成果的奖励。在 2016 年的黑客松，该团队想进一步完善手语翻译系统，所以在手语识别之外加入了面部表情识别。这样可以帮助判断手语表达中偶尔出现的模棱两可状况，提高手语翻译的准确度。这个项目获得当年大中华区的"最具影响力奖"。

在历年的微软黑客松活动中，公益项目是一大类别，很多微软同事利用公司提供的这个机会将自己的时间投入到对社会有益的技术方案研发中，特别是通过亲身体会残障人群的生活体验建立起同理心，从而打破自己日常工作的界限，更好地在自己的工作中关心更广泛人群的需求。

由于微软黑客松活动在业界引起了巨大的反响，微软将黑客松推向了客户和合作伙伴，与客户和合作伙伴联合举办定制的黑客松活动。微软面向企业客户定制化场景需求而联合推出黑客松活动。例如，万科未来城市黑客松（Vanke Future City Hackathon）是万科集团与微软联合举办的公开黑客松活动，该活动鼓励国内外致力于通过 AI 和 IoT 技术赋能未来城市生活场景的科技生态合作伙伴广泛参与，很多合作伙伴参与到万科未来城市黑客松，协助解决万科集团的实际业务需求。

5.2.5　实践跨界共创的三条经验

通过跨界常能发现单一领域没有看到的问题，并激发单一领域无法激发的创新。前面提到的"基于 Kinect 的手语翻译系统"项目以及人工智能应用在医疗、保险等行业的例子，都是跨界之后才产生的创新。潘天佑博士对创新深有体会。

2018年潘天佑博士在微软成立"创新汇"，目的就是与各行各业探讨颠覆性数字技术落地的场景与过程。这几年期间，边江博士一直是潘天佑博士的亲密伙伴，协力完成了许多跨界共创的成功案例。边江是机器学习领域的专家，在加入微软之前，他曾在美国雅虎工作，也曾加入国内领先的内容分发平台负责推荐模型的研发。边江博士在国际顶级学术会议和期刊上发表过数十篇学术论文并获得多项美国专利，还担任多个国际顶级学术会议程序委员会成员与多个国际顶级期刊审稿人。边江不只学问做得好，更愿意将机器学习算法积极地应用在金融、物流等领域，并创造实际的影响力。

为了帮助读者更深入地了解如何将人工智能与机器学习技术应用于产业和行业的过程，本书把实践中的跨界共创经验整理成以下三条，供大家在自己的实践中参考。

1. 对于业务数据的共创解读

首先，让我们从计算机科学角度来看这个问题。算法的研究通常要对问题进行抽象，从而简化问题。如果所有数据中存在异常数据，就要将异常数据去除掉，对于问题场景也会进行简化处理。但在企业的实际场景中，数据种类非常多，数据质量也不一致，特别容易出现小数据场景，这就需要与企业一起讨论每个数据所代表的含义、数据能否用于算法建模的过程等。

其次，企业实际的场景往往是动态变化的，而不是静态不变的。例如，航运网络就很容易受外界影响，在疫情期间全球远洋航运网络受到很大的冲击。静态情况下建立的算法模型在遇到动态的情况时就无法适用，因此就需要考虑如何应对现实的动态不确定性。

这样的例子其实有很多。例如，在快递中发生索赔的概率很低，只有1/3000，也就是说，300万笔包裹邮寄业务中发生丢失赔偿的只有1000笔。如果要为快递索赔建立预测模型，就需要解决数据高度不平衡的情况下大数据变成小数据的问题。

在银行反欺诈或反洗钱的场景中则有可能更为极端，甚至在几千万笔交易中只出现几百笔恶意交易，那么如何预测恶意交易呢？**当然，有了问题自然就有解决的办法，但首先必须由实际的企业业务部门提出真实的问题，同时提供真实的数据并帮助算法研究员理解数据。微软的计算机技术能力虽强，若没有行业伙伴的跨界合作，恐怕只能解决被抽象过的问题，却不能创造实际的影响力。**

2. 业务团体与算法团队要和衷共济

将计算机科学与各行各业进行交叉研究，不但能解决行业的真实问题，也能给计算机科学的发展带来好处。然而，擅长人工智能算法的研究团队与企业业务团队拥有两种文化：一种是面向未知问题的研究文化，另一种是应对当下业绩要求拥有绩效文化。两种文化碰撞到一起的时候，就需要找到一个共同的创新文化基础。

特别是当合作的双方都是各自领域的顶尖团队时，彼此都有非常强烈的自我意识，如果没有同理心和成长型思维，就很容易造成误会或者使合作搁置。很多企业在数字化转型的过程中，出现了这样的现象：企业领导非常热心于数字化技术，实际的业务团队却并没将数字化放在工作重点，或者认为外部算法研究团队属于"外来的和尚"不会念自己的"经"，更重要的是企业的考核机制并没有为创新而改变。

因此，跨界共创的双方都要有成长型思维：业务部门不要觉得为算法研究员讲解数据是浪费时间或者干扰自己的日常业务，而算法研究单位也要有向业务部门学习和求教的心态。基于同理心和成长型思维的沟通是跨界共创的关键。和衷共济就能做出好的人工智能算法模型，一旦做出了效果，就会给业务部门带来"WOW"效应："这是真的吗？效果真有这么好吗？"潘天佑博士和边江参与过微软与其他行业的多次合作，都能大幅地提升效能，这就是跨界共创的效果。

3. 从业务角度引导算法落地

一些在数字技术方面已经走在前沿的企业，其本身也有自己的算法团队，但一家非信息产业的企业终究难以维持一个由顶尖算法科学家所组成的研究团队，因此在与外部算法研究团队合作的时候，更要注重聚焦实际业务场景或痛点方面，通过具体问题引导内部算法团队与外部算法专家团队的合作更便于落地。

而企业一旦研发出了基于人工智能的新解决方案，还会面临如何向一线业务人员解释算法以及算法决策的逻辑问题，因为一线业务人员往往没有任何技术背景，他们更倾向于相信自己的经验而不是难以理解的人工智能算法，这就需要为一线业务人员提供可解释的算法信息，使一线业务人员对人工智能决策建立信心和信任。

那些对数字化创新特别关注的企业，可以在企业内部建立一个专门从事创新的部门，从内部机制上给予创新的空间和灵活性，专门探索未来三到五年的技术，以免业务线的现有人员在已经忙得脚朝天的情况下无法兼顾数字化创新。

点评

微软车库、微软黑客松活动、微软创新精神是"三位一体"的方法论，其核心是成长型思维，所以也可以称为成长黑客松。

（1）微软黑客松的目的是推动参与人员的成长，而不仅仅是为了解决某个具体的问题，有的时候提出问题比解决问题更重要。非技术背景的微软员工也被鼓励参加微软黑客松活动，他们能带来实际的客户需求，推动微软的程序员和工程师更加聚焦于客户需求。

（2）微软黑客松活动时间可长达一周，主要由微软员工参加，帮助微软员工打开自己的"小格间"，在低头走路的时候也抬头看路，将自己的目光投向日常工作之外的领域，鼓励跨团队、跨职能、跨部门、跨地域等各种交叉创新、共同创新。

（3）近年来微软黑客松也部分地向客户与合作伙伴开放，为客户与合作伙伴提供了一个外部创新的机制，在不影响日常运营的前提下，让客户与合作伙伴到微软车库工作一周的时间，与微软共同探讨不确定的项目，甚至共创不确定的未来。

第 5 章 企业创新文化的刷新

（4）微软黑客松体现了微软新文化精神：成长型思维、多元与包容、以客户为中心和创造影响力等。当然，黑客松更体现了勇于将想法付诸实践和自下而上的创新。微软黑客松给予了微软员工一个内部试错的机会，一个不惧失败而勇于尝试的机会，一个让一线员工可以发挥主观能动性和创造性的机会，一个大家联合起来共创未来的机会。

对于想要打开第二曲线的高科技企业来说，为期一周或数周的黑客松活动是一个比较好的试水机制。企业可以将黑客松设置为无须 KPI 考核、无须交付成果、无须为失败担责、在日常任务之外的一种工作机制，在企业现有规章制度的允许范围内，让员工自由创新、试错、试水。企业应将黑客松视为一种投资，一种在企业现有空间内的"沙箱"。企业还可以用全员黑客松的形式进行全员的数字化创新普及，将黑客松视为一种全员"团建"、全员培训、全员技术体验。企业可以设计多层次的黑客松活动，逐步引导自下而上的全员创新文化。

你了解黑客松吗？你所在的企业是否已经尝试过一两种黑客松活动？如果没有的话，你是否愿意引入黑客松、引入何种形式的黑客松？

○ 5.3 多元文化是持续创新的根本

5.3.1 多元文化团队更有创造力

对于想要进行数字化创新的组织来说，建立一个多元团队会使组织更有创造力。为什么？简单说，就是**多元团队成员能带来对同一事物的不同理解角度，也能带来不同的解决方案，而这正是成长型思维所需要的**。

在一家跨国运营的公司中，创新团队的多元化还有利于创新成果的全球化，尤其是要注意吸引不同国家的员工参与到同一创新项目中，就如同微软黑客松向微软全球员工开放一样，在一个黑客松项目团队中往往有来自全球各地的成员，通过保持团队多元化而确保项目创新从一开始就是走向全球化的成果。

另外，在整个信息技术领域的从业人员中，男性仍然占了大多数，因此团队中的女性成员比例至关重要。一方面，产品设计者如果与最终使用者的性别比例差异太大，就不容易完全站在客户的角度考虑问题；另一方面，性别差异可以增加多元的思考角度，更有益于创新。

下面，我们来看一下麦肯锡在 2015 年对 366 家公开上市公司的一份调查。该调查发现，在高管团队中更加注重种族多元化的公司能获得比行业平均水平高约 35% 的财务回报，更加注重性别多元化的公司能获得比行业平均水平高约 15% 的财务回报。而另一项由 Credit Suisse Research Institute 对全球 2400 家公司进行的调查分析显示，在高市值的公司中，那些在董事会中至少有一名女性成员的公司，要比没有任何女性董事会成员的公司，在 2006—2012 年报告分析期间取得了更好的成绩，整体高出 26% 的水平。特别是在 2008 年全球经济危机之前，也就是在全球经济都非常强劲的时期，董事会中是否有女性成员的效应并不十分明显；而在 2008 年全球经济危机发生后，有女性董事会成员的公司要远远比其他公司表现得更好。

美国《哈佛商业评论》（*Harvard Business Review*）认为：和那些与你不同的人一起工作，能够挑战你的大脑去克服陈旧的思维方式，同时让大脑更加敏锐。2016 年 11 月《哈佛商业评论》刊登了一篇文章，对"为什么多元化的团队更加聪明"这一主题进行了讨论。通过引用多个调查结果，该文章认为多元化的团队更注重事实、更仔细地处理事实，也更有创新性。在创新性方面，该文章点出一个普遍的现象，也就是如果在团队中有更多不同性别、不同文化的团队成员，那么将提升企业的创新能力。

美国《创新组织与管理》（*Innovation-organization & Management*）杂志于 2013 年发表了一份调查。该调查分析了西班牙地区 4277 家公司的研发团队，结果显示，研发团队中有更多女性的公司在一个两年期的调查时间里推出了更多的完全创新的产品和服务。

另一份由 Economic Geography 发布的研究也认为，增加团队的文化多元性将非常有助于公司的创新能力。该调查从伦敦年度商业调查中抽取数据进行分析，7615 家公司参加了该年度商业调查，数据分析显示由文化多元的高管团队所管理的企业更倾向于开发新的产品。所以，虽然你可能觉得跟与具有相同背景的人一起工作更令你舒服，但这样的一致性存在着巨大的陷阱，而雇用与你看起来不一样、说话不一样或想法不一样的人一起工作，才更容易激发团队的创造和创新能力。

所以，在公司的员工团队里增加不同性别、种族或专业的成员，是提升公司整体创意水平的关键。而创建一个多元化的工作场所，能够帮助团队成员不断审视和检查各种可能的偏见，挑战这些偏见的根源。此外，还要在公司里引入包容性实践，确保每个人的声音都能被听见。

5.3.2　包容性：数字化时代的持续创新

1. 持续数字化创新之源

在 2014 年萨提亚·纳德拉出任新一任微软首席执行官，此后微软更加注重团队的多元化与包容性。萨提亚提出的微软新使命是"予力全球每一个人、每一家组织成就不凡"，那么"每一个人"指的就是所有的人，"每一家组织"指的就是所有的企业和组织，因为微软新使命的极大多元化和包容性，所以微软公司在自身运营的时候也必须要注重极大多元化和包容性。

数据显示，2016—2020 年，微软的全球员工数量增长了 42.8%，任职时间不足 5 年的员工比重也超过了一半，而在这段时间里，微软焕发了极大的创新力，不仅在云计算、人工智能等数字创新业务方面取得了长足发展，公司的股价和市值也一路狂飙，特别是在 2019 年到 2021 年用了不到三年时间就从 1 万亿美元市值突飞猛进到 2 万亿美元市值，而从当初微软公司上市到 2019 年第一次市值突破 1 万亿美元用时 33 年。

让我们来看一下"微软公司 2021 多元化与包容性年度报告"，微软使用两种数据来考察公司的多元化与包容性：一个是"代表性数据"（representation data），即特殊群体占公司员工总数的百分比；一个是"人口性数据"（population data），即某特殊群体总数量的年同比增长百分比。综合运用这两个数据指标，可以得到更为客观的结果。之所以采用这两个数据指标，是因为很有可能在某特殊群体员工数量增长的同时，公司整体员工数量也会有所增长，因此仅用特殊群体占公司员工总数的百分比可能无法体现出真实的情况。而"人口性数据"更加客观，因为它直接体现了公司内某特殊群体员工的总数是否有所增加。

"微软公司2021多元化与包容性年度报告"是该报告连续第3年发布，也是微软连续第8年公开发布员工统计数据，在这期间，多元化和包容性已经从公司的法规遵从层面上升为关键性的公司组织优先级战略。

我们来看一下微软公司2021年的女性员工统计数据，如图5-1所示。

（1）女性员工代表性数据达到了29.7%，也就是说，女性员工占据微软公司全球核心业务员工总数量的近3成，比2020年同期增加了1.1%，而微软公司全球核心业务员工占总员工数量的88%；在微软公司全球18万总员工中，女性员工占比在2021年为30.9%。

（2）在2021年，微软高管中女性占比为25%，总监中女性占比为22%，经理中女性占比为27.1%，技术岗位中女性占比为24.4%，个人贡献者中女性占比达30.2%。

（3）2017—2021年，微软全球总员工数量增长了46.5%，而女性员工数量增长了67.5%，

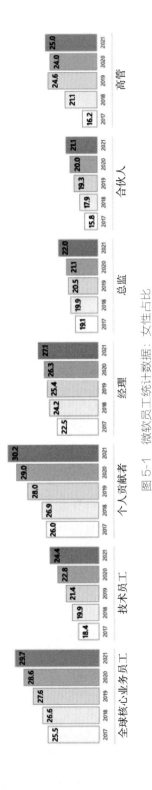

图5-1 微软员工统计数据：女性占比

高管女性占比和技术岗位女性占比都有较大提升。

（4）在关于女性员工的所有数据中，还有一个数据引人注意，那就是截至 2021 年 9 月，微软美国男性员工每挣 1 美元工资，同等岗位女性员工则挣 1.002 美元工资。

（5）除了女性员工数据，残障员工数据也值得关注。由于各国对于确认残障人士的标准不一，"微软公司 2021 多元化与包容性年度报告"列出了微软美国残障员工的数据，即残障员工占微软美国员工数量的 7.1%。

（6）为了帮助微软员工更好地理解多元化和包容性，微软也在员工培训中推行相关的课程，2021 年有约 96% 的微软员工完成了多元化和包容性相关培训，包括无意识偏见、联盟、优先权、覆盖等系列课程。

2. 包容性设计

在这里我们还要特别提一下微软的包容性设计。包容性设计是数字时代的设计方法论，在赋能人类多元化的同时又从多元化中汲取设计思路。更重要的是，包容性设计意味着向广泛的人群学习，同时将广泛人群的需求包容在产品与服务的设计中。

说到包容性设计，就必须要提到那些被排除在日常产品与服务之外的人群。特别是由"正常人"设计的产品和服务，在很大程度上就带有天然的偏见。例如，惯用右手的设计师可能不会考虑左撇子人群的方便性和舒适性，高个子设计师可能忘了短小身材人群的适用性，男性设计师可能忘了女性人群对色彩的需求，青年设计师可能忘了老年人需要看大一号的字体，等等，更不用说那些残障人群往往很难使用服务于正常人群的产品和服务。

而微软的新使命是要包容"每一个人"，那么就必须采用包容性设计，特别是在设计时专门考虑为少数人群服务。有的时候，专门为少数人群的设计反而能够让更多的人群受益，因为即使是正常人群，也可能出现短暂的不便利。例如，Windows 11 中带有的眼睛控制功能在正常人双手拿着其他东西的时候也很有用。当然，更重要的是无偏见的 AI 设计。AI 模型设计必须在一开始的时候就将无偏见考虑在内，否则等模型设计成功之后再想消除偏见就几乎不可能了。

5.3.3 创新的来源：站在他人角度看问题

同理心是多元与包容的基础。我们在前面提到，同理心是新微软做事情的准则，而实际上进入数字经济时代，同理心也是创新型企业文化的基本准则。

为什么呢？我们在前面讨论到，多元是提升企业组织创新力的一个重要途径，而当企业组织中的高管和员工变得更加多元的时候，就需要在组织中注入包容性，同理心则是包容性思维的基础。试想一下，当团队中出现了更多的女性、更多其他国家的同事、更多不同文化背景的同事，如果不运用同理心去理解他们，不站在他们的角度看待问题、解决问题，那么相信用不了多久就会导致团队分崩离析。

下面是微软内部培训时分享过的一个例子。有一位比利时人，名叫 Monique Van den Abbeel。她在出生时患有先天青光眼，导致她的视神经损伤，她在 4 岁时右眼失去了视力，7 年后左眼也失去了视力。尽管在她人生早期存有这个世界的视觉信息，但到 2019 年的时候她已经 43 岁了，那些残存于她脑海里的视觉信息开始消失。Monique 期望用智能手机拍下周围世界，以代替眼睛来保存对这个世界的视觉记忆。不过，显而易见，Monique 无法自行使用智能手机拍摄。

另一位女士叫 Katrien De Graeve，她于 2008 年加入微软比利时，之后经历了多种工作岗位：从最初的开发技术布道师到后来成为物联网技术专家，与 Azure 全球技术黑带云架构师团队一起，为客户提供服务。2018 年，Katrien 受邀请参加了一档当地的电视节目，由技术专家为有特殊需求的人群提供技术解决方案。该节目从数百份申请中挑选了 16 位嘉宾，每两位配备一位技术专家，而 Katrien 就与 Monique 配对在一组里。由于让盲人自行使用智能手机拍照这个题目的难度较大，这一组在节目的开始并不被看好。

Monique 是一位非常乐观的母亲，她有一个 17 岁的儿子。从儿子出生开始，Monique 就用手机记录儿子的成长历程，当然是在儿子的帮助下完成拍摄。Monique 在社交媒体上非常活跃，在 Instagram、Facebook 和 YouTube 上都有自己的主页，她甚至创建了一个自己的网站。她还写书、做公开演讲，鼓舞着所有的盲人女性，特别是盲人母亲。那时，Monique 获得了一匹名为 Dinky

的迷你导盲马，这匹马只有 2 英尺（约 0.6 米）高，Monique 非常想为 Dinky 拍照。

Katrien 受到了 Monique 的感染，她找到了微软 Seeing AI 应用背后的团队。Seeing AI 是微软在 2017 年发布的一款应用，旨在帮助盲人或低视力人群"看到"周围的人、事物或文字，简单说，就是使用手机拍下周围环境的照片，再用 AI 对照片里的内容进行分析后转换为语音播放出来。Katrien 与 Seeing AI 团队成员一起开发了"For Monique"技术原型。在 2018 年的微软黑客松活动中，Katrien 又得到了其他微软同事的帮助，在相机应用中加入了实时和离线自动识别功能——可识别超过 1500 种物体，然后将被识别的物体用语音播放出来，供 Monique 拍摄选择。

在 Monique 拍摄照片时，如果位置不正确，手机会通过振动的方式告诉 Monique，而当被拍摄人物在照片里眨眼时也会提醒 Monique 重新拍摄。微软为 Monique 的相机应用增加了很多功能，包括用声音提醒 Monique 光线是否充足，用声音告诉 Monique 被拍摄对象处于相框的哪个位置，将拍好的照片直接上传到社交媒体等。

通过运用同理心，Katrien 理解了 Monique 想要达成的事情以及相应的挑战。她组建了一支强大的微软团队，有来自 Seeing AI 团队的成员，也有来自微软 AI 和认知服务的专家，以及来自微软研究院的研究员等。从 Monique 的例子中，我们看到了一个富有同理心的技术团队，他们并不是想当然地从"正常人"的角度去帮助 Monique 设计 AI 应用，而是站在 Monique 的立场看到底需要哪些具体的功能。

5.3.4 找到隐藏的偏见

两千多年前孔子曾说到同理心。他说"己所不欲，勿施于人"，就是说，自己都不想要的事物，也就不要强加于别人。朱熹也说"推己及人"，就是从自己的心意推想别人的心意，用现代话讲，叫作设身处地替别人着想。这两句话构成了中国历史悠久的"夫子之道"，也就是"忠恕之道"，按朱熹的解释就是"尽己之谓忠，推己之谓恕"。而"己所不欲，勿施于人"的另一面，就是"己欲立而立人,己欲达而达人"。

其他民族也有类似的智慧,这一般被称作道德黄金律,普遍出现在古老文明中。我们除了敬仰并实践老祖宗的智慧外,也可以把道德黄金律向前再推进一步,那就是不以自己的"欲"来判断别人的"欲";我们不能将自己认为的"好"强加于人,而应耐心地了解对方的好恶,体会别人的难处。要做到这一点,就必须先消除自身的偏见。有些偏见自己知道,但有更多偏见是隐藏的,尤其是隐藏在整个组织中,以至于组织的成员根本没有认知到那是偏见。

潘天佑博士曾经帮助培训部门为微软同事解说偏见的种类与形成。以下是他们讨论的四种偏见,提供给读者在实践的过程中进行自查。

1. 主观偏见

首当其冲的是"主观偏见"。什么叫主观偏见呢?就是通过自己的经历、信仰和价值观来理解他人的目标和挑战。

主观偏见可以说在生活和工作中无处不在,最典型的主观偏见莫过于语言。不同的语言是不同文化的沉淀,在某种语言中直接体现了某种文化的观点,而这种由学习母语而带来的直接主观偏见,却有可能是最隐性的主观偏见。比如"同理心",其英文为"empathy",其实这个英文单词在中文中没有直接对应的词。"empathy"的中文释义是"移情、同情、共鸣、同感",在没有更好选择的情况下,倾向于将它翻译为"同理心",但"同理心"这一中文词难以令人望文生义,它不像"左、右、上、下"这种指向性非常明确的词。因此,仅仅是"同理心"一词的中文解释就带有很多主观偏见,不同的讲师在讲解这个概念时都带入了自己的理解,甚至可能将对"同理心"的理解带偏。

主观偏见也可能用自己的价值观对他人进行衡量,这种主观偏见比较容易被观察到。例如,父母把自己的观点强加给孩子,企业主管把自己的观点强加给员工,老师把自己的观点强加给学生等,但这样的主观偏见在很多时候也很容易被无视,因为在"夫子之道"的文化中,大家更尊重权威。这种角色地位的主观偏见在企业中广泛存在。

当然还有期待性偏见，也就是由于期待过高而导致对正常的行为失去了判断的公平性，特别是当实际的行为结果与期待的行为结果相差较大时，由于巨大的心理落差而导致激进的批评，很容易在企业和组织内大规模出现。

2. 组织偏见

在微软对员工的偏见培训中，有一种偏见类型叫作"微软偏见"，这非常有趣。什么是微软偏见呢？简单说，就是"微软都是对的"。伴随着微软越来越成功，这种偏见也在微软内部以及整个业界扩散开来。

微软的员工浸淫在微软的环境中，每天讲的、看的、听的都是微软的产品有多完美或微软的价值观有多正确。久而久之，以为那就是普世价值，所有人都应该那么想。微软的员工甚至对客户也不停地宣讲微软那一套，却忽视了彼此的环境差异与对方的需求和痛点。

即使是微软的文化转型，也是建立在微软是一家软件与云服务公司的基础之上的；对于制造业、运输业甚至互联网产业，微软的经验也未必能直接套用。所谓的微软偏见，当然也可以替换成为任何一家公司的偏见。简单说，就是一个人长期处在一个组织中，就会将整体的偏见误认为是真理。

3. 客观偏见

除了主观偏见和微软偏见，还有一种偏见类型是"客观偏见"。所谓客观偏见，一方面是我们更关注和重视收集的数据、事实和信息，却忽视了情感和主观因素；另一方面是收集的数据、事实和信息本身并不能代表全部的情况。

大家都知道《理智与情感》（*Sense and Sensibility*）一书，里面的故事就集中表现了理智与情感的矛盾冲突。理智就是客观，当把所有客观的数据、事实和信息都摆在沟通对象的面前，沟通对象却可能并不买账，因为沟通对象是有情绪和情感的，很多时候还是主观的。

所以，当我们试图以客观事实影响沟通对象时，要注意提醒自己是否存在客观偏见。特别是在大数据时代，当大数据精准推送给消费者相关的消费建议时，消费者反而不选择大数据所推送的商品，因为消费者有可能是非理性消费。

同样的，企业客户和团队成员都有可能存在非理性的时候，如果我们在沟通中觉得对方不讲"理"，我们可能就会陷入客观偏见，忽略了情感因素。

4. 系统偏见

除了这些隐藏在个人或组织中的偏见，还有许多偏见隐藏在系统里。由于大家经常认为系统是公正的、数据是客观的，所以这种系统偏见更有可能造成伤害。

身为系统与人工智能算法的设计者，微软指出了五大AI偏见：数据集偏见、组织性偏见、自动化偏见、交互性偏见和确认性偏见。

（1）数据集偏见，即数据的丰富性和多样性不够，有的时候在处理数据集的过程中还会泛化数据，从而降低数据集中某种特殊数据的代表性，如某类特殊的用户。

（2）组织性偏见，即在AI模型训练中引入了人类文化的偏见，而模型将固化这些已有的人类文化偏见，如天然将医生角色定义为男性，而将护士角色定义为女性。

（3）自动化偏见，即直接采用AI模型自动得出的决策，而忽略了对社会与文化的考虑，甚至AI模型得出的预测结果可能与人类社会的多元化和多样化完全相反，但AI模型并不对人类负责。

（4）交互性偏见，即人类与AI的交互可能在无意中造成AI算法模型的偏见，例如，一些人对聊天机器人讲脏话，这让聊天机器人也学会了这些语言。

（5）确认性偏见，也就是AI算法总是重复确认已经被确认的内容，例如，一个人喜欢某类书籍就会被推荐系统反复推荐同类型的书籍。微软针对AI偏见做了许多研究，并在产品与服务中为克服AI偏见提供了方法论。

5.3.5 修正创新文化的三个法宝

除了成长型思维和多元与包容，微软还以"尊重、正直、负责任"作为公司的文化价值，这些都是修正创新文化的法宝。在一次公司培训中，潘天佑博士对微软同事讲了一个自己的故事，在这里与读者分享。

第 5 章 企业创新文化的刷新

潘天佑博士在 2005 年第一次加入微软前曾经参与创立过两家公司，一家是智能卡芯片设计公司，另一家是为金融机构服务的软件公司。两家公司的专业跨度颇大，投资股东是几位尊敬的科技产业前辈。这两家公司有许多成功的地方，例如，开发出全亚洲第一张 GSM SIM 卡的芯片，并销售了 4000 多万张；设计了全球第一张 Java SIM 卡，获奖无数；在金融软件上，开发的财富管理系统和符合新巴塞尔协议的风险管理系统都被银行广为使用。然而，经过 7 年的创业时间，这些成绩渐渐不能为潘天佑博士带来满足感，加上公司 IPO（首次公开发行的股票）遥遥无期，潘天佑博士觉得自己被困在两家不大不小的公司里，既无味又无法脱身。潘天佑博士变得暴躁、逃避、怨天尤人，尤其讨厌面对股东，觉得他们不懂却又唠叨。这样折腾了一两年，董事会终于受不了，决定将潘天佑博士解职。潘天佑博士当时很庆幸终于解脱了，并且自诩为乔布斯，竟被自己创立的公司开除。2 个月之后潘天佑博士就加入了微软亚洲研究院。

潘天佑在博士毕业后没有多久就开始创业了，当时对企业文化的建立、人与人之间的尊重或领导者该有的责任心都没有足够的认识。企业顺风顺水的时候当然没有问题，可是一旦遇到挫折，领导者就很容易产生所谓的"冲突或逃避"（fight or flight）的反应。加入微软后，潘天佑慢慢地沉淀、反省，并学习制度化管理，更重要的是在沈向洋与洪小文等人的身上看到成功的领导者不必张牙舞爪、冲突对立，而是以诚心建立互信、以耐心沟通理念。潘天佑开始对过去发生的事感到惭愧，潘天佑当时对股东们不够尊重，没有保持正直的初心，更没有对信任的员工与客户负起责任。潘天佑告诉自己：如果能再来一次，一定要做得更好。

两年之后，大股东们来找潘天佑，希望他回去挽救当时受伤惨重的公司。于是潘天佑离开微软，开始了人生中最艰苦的几年。为了募集资金弥补亏损，潘天佑自己也投入了几百万元；潘天佑每个月都召开董事会，向前辈们汇报进度、讨论问题。在资源匮乏的情况下重组团队，潘天佑学着更关心员工，并感谢他们在艰苦的环境下愿意继续付出。潘天佑经常去客户那里为延误交

> 付或品质问题道歉，并顶着跳票的压力，保持微笑，从而给客户和员工充足的信心。直到2012年公司的情况完全好转，潘天佑才在董事会的祝福下离开并重新加入微软亚洲研究院。这是潘天佑花了几年青春并损失几百万资金所学到的功课，也是对"尊重、正直、负责任"这些价值观的背书。

尊重、正直与负责任也有助于创新文化的建立。"尊重"才能群策群力，让创新出现；"正直"可以消除偏见，不以人废言；"负责任"可以避免没有意义的创新或无谓的风险。

这一节讨论的是支撑创新精神的组织文化，因此我们讨论的文化价值都是支撑整个企业和组织的实践。文学理论家特里·伊格尔顿（Terry Eagleton）在他的《文化》（Culture）一书中写道：文化的概念是多面向的，是一种"社会无意识"。对于一个组织来说，文化就是所有成员在日常工作和生活中所坚持的价值、风俗、信仰和有象征意义的实践。

通常来说，文化是由行为所组成，进而形成习惯，累积起来成为所有人约定俗成的集体行为。正如《论语》记载的都不是什么艰深道理，而是孔子日常的一言一行，例如，"有朋自远方来，不亦乐乎"这句话已经深入到每一个人的内心，并养成了中国人好客的习惯，虽然很多人并不知道这句话来源于《论语》。

这就是文化，是一个组织的思考和行为方式，但塑造文化的却是个人。"尊重、正直、负责任"，这些都是个人能够在日常遵循和实践的准则。当组织中的每个人都尊重别人的时候，整个组织就能形成一个更加包容和宽容的氛围，才更有空间和时间从对方角度思考问题，再通过集体的思考和努力找到解决问题的方案；当组织中的每个人都以正直为价值观，整个组织才能充满正能量，才能正确对待失败以及可能出现的各种偏见；当组织中的每个人都是负责任的人，整个组织才能更加高效，大家彼此相信对方的判断，省去了为建立他人信任而非必要的努力和工作，也避免了无谓的风险。

第 5 章 企业创新文化的刷新

　　建立组织的多元化和包容性可以让组织更具创新精神、产生更多的创新成果、带来更好的创新效果,对于想要打开第二曲线的高科技企业来说,深入研究企业文化以及文化的"细枝末节"非常必要。文化不是一个可以看得见、摸得着的事物,也不是几场轰轰烈烈的培训或员工活动就可以建立新的文化。"随风潜入夜,润物细无声",文化是各种细微的员工行为,经过日积月累而形成的自然结果。企业需要从多个角度,深刻理解多元、包容和创新。尊重、正直、负责任,这些传统文化看似与数字技术创新没有直接的关系,但它们是任何时代、任何科技、任何商业模式的根基。"CEO"不仅是首席执行官,也是首席文化官,这对于数字经济时代的企业来说,是振聋发聩的理念。

　　你所在的企业都有哪些隐形的偏见?请将这些偏见一一记录下来,然后分析这些偏见背后的原因,以及能够采取哪些行动进行纠正。

○ 5.4　打破阻力,推行创新

　　在本章的最后,由上海仪电(集团)有限公司副总裁李鑫分享传统产业在数字化时代的创新与转型。微软所处的是信息技术产业,为了扩大视角,本书特别邀请李鑫从更多元的国有企业角度谈谈数字化时代的创新。

　　微软公司与上海仪电在 2019 年合作成立了"微软—仪电创新院",目的是结合两家企业的长处,发挥跨界共创精神,为彼此以及其他合作伙伴在数字化转型的大潮中创造价值。这几年,李鑫和潘天佑分别代表仪电和微软负责推动这项合作。二者的专业背景不同,所代表的企业属性也不同,但二者对于合作创新、技术落地、企业转型与文化变革都怀抱热情。潘天佑和李鑫为创新院争取资源、组织团队、设计课程,成为一起创业的好伙伴。

李鑫在上海仪电负责过战略、投资、研发,也担任过企业的负责人,所以他对数字化转型的看法值得重视。李鑫认为从中国国内的情况来看,尽管已经提出了工业4.0以及一些先进业态模式,但大部分企业相较于创新的互联网企业或已经取得初步数字化转型成果的企业来说,仍停留在传统产业范畴之内。传统产业与数字化创新业态之间有一条明确的分界线,那就是企业经营究竟是以自我为中心,还是以用户为中心、以需求为导向。这是传统业态和创新业态最本质的一条分界线,也决定了企业的经营理念和经营行为。

5.4.1 高处着眼,小处着手

对于传统产业来说,如今已经不是要不要数字化转型的问题,而是怎么做、如何落地或者找到落地场景的问题。李鑫认为,数字化转型应该"高处着眼,小处着手"。

所谓的"高处着眼"就是在看待传统产业数字化转型的时候,首先是核心管理团队从理念到文化转变,而这种转变将影响数字化转型目标的制定,以及对企业经营理念的重新定位。

传统产业数字化转型,如果要落地到最终实施,有两个主要的考量因素。

(1)利用数字化转型从理念上调整和实现商业模式的创新。之前,传统产业理念更多是以生产为中心、以企业经营为中心,而在创新的数字化转型理念之下,更多是围绕着以用户为中心的商业模式创新。数字化让企业更多地感知到客户需求、行业趋势变动,由于有更多来自数据的积累、治理和分析,才为企业实现以用户为中心的经营理念转变提供了可能,而企业主要经营者和核心管理团队的转变才是实现以用户为中心的主要手段。

(2)数字化转型带来的数字技术和企业经营能力的巨大变化,为企业进一步降本增效提供了可能。当然,这种变化在降本增效的同时,也带来了用户体验的优化。企业在经营过程中更好地借助数字化手段降低成本、提高效率,特别是对制造型企业来说,一定会带来质的飞跃。

5.4.2 转型的三大阻力

既然每家企业都需要数字化转型,那么**企业在转型过程中最大的阻力有哪些?**李鑫认为,数字化转型虽然看上去是传统业态借助信息化能力构建起数字化场景,但其实数字化只是一个手段、渠道和路径,而转型才是企业最大的诉求,是实现变革的力量。从这个角度来看,最大的阻力之一来自企业文化和理念上的阻力。

(1)企业文化和理念的转变,**最大阻力来自企业内部盛行的本位主义**。本位主义在本质上是与创新精神对抗的,它对于任何一种企业改变都有较大的阻碍作用。一家企业的数字化转型需要基层的参与,但更主要来自高层的决策和决心。管理的本质是什么?李鑫认为管理的本质是为了激发善意和潜能,企业转型的本质是要完成理念和文化的调整。除决心之外,企业文化的宣贯和管理制度的重新设计,能够让更多员工尤其是基层员工自觉自愿地参与到数字化转型。只有理念转变了,组织才能转型,才能更好地完成自我革新和进化。这是所有转型都会面对的第一个阻力。

(2)**第二个阻力在于流程**。流程是企业经营管理的核心,所有战略都要通过流程制度得到保障。企业数字化转型最大的阻力之一是惯性,所谓的惯性就是每个人自己的舒适区,一个庞大的企业组织也有管理惯性。中国有句俗话叫"船小好调头",比喻的就是经营管理的惯性。如果要克服在流程和制度执行落地过程中所形成的管理惯性,更多要依靠来自制度的设计和组织与管理的变革。在这个过程中,建立同理心的企业文化、协同精神、多元化团队等,适时加以调整和引导,就能够克服流程和管理惯性,让员工走出舒适区。

(3)**第三个阻力来自分配**。分配的阻力来自利益。任何一家经营性企业都追求利益的最大化,追求股东利益最大化,对于参与其中的员工则从管理架构设计上建立了利益与责任和义务的平衡关系。如果要克服由于利益再平衡导致的阻力,主要在于考核指标的设计,要更有利于激发善意和潜能、更好地适配企业数字化转型的最终目的。

5.4.3 KPI 文化的变革

这一章中提到创新必然伴随失败的风险,所以,**如何改变传统的奖惩制度,**

鼓励创新？ 李鑫认为，企业创新需要建立一套引导机制，这是所有超大型企业都面临的一个共同难点。

其实中小企业相比于大中型企业，在鼓励创新、容忍创新方面有更好的状态。这并非是说超大型企业没有创新意愿，更主要是中小企业有更好的容忍创新的氛围和环境。在某种程度上，中小企业能够给更多的员工，尤其是有创新精神的员工，提供一个很好的平台和塑造愿景的机会。

（1）如果要建立一种有利于创新的奖惩制度，**就不应该着眼于制度本身，而需要企业有一个共同的创新愿景**，这是企业真正实现鼓励创新和容忍创新的前提条件。

首先，所谓创新，不能为了创新而创新，创新的目的是为企业创造财富、为股东创造价值。企业要在这个理念上构建创新愿景，进而进行文化塑造、引导创新方向。

其次，在一家企业中，制度不是解决问题的最好方式，只有文化先行才能真正解决问题。而构建共同的创新愿景，还要让所有员工都真正认同企业的发展目标。

最后，要让企业员工尤其是基层员工有危机感，如"企业离倒闭只有一天"，这样有助于鼓励创新。只有从经营角度建立一种同甘共苦的"命运共同体"，培养主体意识和主观能动性，才更有利于促进员工的创新精神。

（2）究竟如何改变传统的奖惩制度？李鑫认为，他们还在路上——在积极探索和不断尝试的过程中。他提出几个观点。

首先，制度本身的主张应该是强调价值的创造，而非为了创新而创新。毕竟企业是一个经营主体而不是慈善机构，价值创造是企业经营的最终目标，那么创新的目标一定要与企业经营目标相一致。

其次，奖惩制度的本质是考核，大家耳熟能详的考核指标叫 KPI，也就是关键绩效指标。但 KPI 有一个最大的弊端在于滞后性，它是基于前一段时间所取得的业绩成果进行奖惩，因此 KPI 是一种滞后评价指标。对于创新业态来说，用滞后评价指标对创新进行评价，或者在尚未进行创新的情况下，选择或设定相对定性和定量的指标，难度是非常大的。李鑫认为**可以采用另外一种方式，**

叫 KDI 指标。所谓 KDI 指标，即关键发展指标。KPI 指标更多是财务指标，而 KDI 指标则是节点指标。企业经营有中长期战略目标，为支撑中长期战略目标的实现，其间一定有战略性举措，将这些战略性举措分解成多个关键发展节点进行评价，这就是 KDI。

最后，KDI 的设计在企业可承受范围内可以弱化投资成本测算，因而要鼓励员工以非常规或完全创新的手段，更好地实现关键节点。而在评价方面，也不应该是期后，而更多应该是期中甚至期前激励制度的设计。李鑫认为激励制度可以更好地取代原有的奖惩制度，更好地发挥员工的主动性，进而带来主动创新与被动创新的明显差异。

（3）所有的创新都有可能失败。例如，私募基金有面向种子轮、天使轮、A 轮、B 轮、C 轮等投资，而越是早期的投资就越有可能失败，十个早期项目中可能只有一两个成功而其他则全部失败，但是往往成功的那一两个项目能带来巨大的投资收益，这也非常符合"风险越大收益越大"的观点。所以，在创新时**要对创新的沉没成本有认知和预设**。如果要求创新 100% 成功甚至是 70%～80% 的成功率，这不是合理的预估。相反，如果预设创新的成功率是 10%～30%，然后容忍 70%～90% 的创新成本，这才有可能更好地塑造创新文化，以及**建立更好的创新容错机制和心态**，而容错机制和心态将最终决定能否孵化和激励出那 10% 的成功团队和项目。

概括而言，共同的创新愿景是前提，之后是价值主张、KDI 指标考核体系，最后是预设沉没成本和容错机制。综合考虑以上方式，才能更好地改变传统 KPI 评价体系，真正达到鼓励创新的效果。

5.4.4 经理人培训的转型

在数字化转型的过程中，**一般企业中的多数主管对新科技并不熟悉，应该如何进行经理人培训？**李鑫特别提到在创新院合作设计的课程"AI Manager"，那就是聚焦在信息技术落地的经理人培训。

李鑫认为数字化转型阶段的经理人培训注重四个字："降维、升维"。对于信息技术或者新科技来说是"降维"，对于传统企业里的职业经理人或者行业专家来说则是"升维"。传统产业数字化转型需要信息技术产业和传统产业分别成立自己的团队，进行深度融合。对于传统产业中的人才来说，需要学习当前最先进的计算机和信息技术。虽然"元宇宙"概念很火，但传统产业数字化转型更讲究实效。因此，要以跨界创新的精神对待培训。

（1）**首先是"降维"**。计算机科学专家要摆脱"高高在上"的心态，要把计算机科学领域艰深晦涩的名词或理念变得更加普及，让传统产业的人更容易理解和接受。数字化转型要做的是融入业态，而不是教育业态。我们其实不赞成一些互联网企业经常说的要培训用户或者教育用户，这类说法并不利于业态融合，也不利于数字技术触角真正深入到传统业态当中，应改变传统经理人的思维方式。

（2）**其次是"升维"**。传统产业的职业经理人和行业专家，需要通过新的应用场景、新的商业模式，真真切切地感受数字化改变生产力、促进生产力的作用。只有把业务问题转化成可定义、可拆解、可衡量的方式，才更便于理解数字技术真正带来的作用。只有这样，传统企业里的职业经理人和行业专家才能真正地认可数字技术的巨大变革作用，然后在现有的行业知识结构上，以"空杯"心态来应对数字技术知识的渗透。而这种渗透一旦形成良性循环，最终一定会实现跨界融合的结果。

（3）**最后是模拟演练**。在跨界融合后，一定要有一个"演练场"，进行实战之前的模拟，以实训方式帮助他们在传统赛道中走出创新之路，这样才能真正帮助企业转型落地。

5.4.5 来自一线的转型经验

在谈到上海仪电的数字化转型经验时，李鑫表示，上海仪电是一家有近百年历史的老牌国有企业。第一家成员企业成立于1923年，从第一家成员企业诞生到2022年的近100年时间，有90多年是在从事硬件产品的研发、设计与生产制造。上海仪电在历史上一直以硬件产品为中心，在过去的20年，伴随着中国创新文化的发展以及参与数字化转型而获得了一些经验，主要有三方面经验可以分享。

（1）**特别要强调试点的意义和价值**。有不少上市公司在 2021 年到 2022 年年初频频出现"爆雷"现象，这些企业并不是缺乏创新精神，而是没有意识到创新本身存在一定的风险性，因为创新的确会失败，而且失败的可能性非常高，此外还有沉没成本存在。对于上海仪电这样一家超大型集团企业来说，创新的成本和代价可能更高。

因此，从最早鼓励创新开始，上海仪电就特别强调创新一定是渐进式的，同时要求所有的商业模式创新和技术创新一定要有试点示范的过程，这样一方面鼓励了创新，另一方面也创造了一个良好的试错环境。企业肯定不能完全无限制地创新，必须从试点再到推广，构建起一个示范体系。企业创新主体的很大部分来自基层员工，创新环境营造更多来自高层，而试点并不意味着小范围试点，相反，可能有很多基层员工参与，而对试点环境的保护和容错则来自高层的决策和共识。

（2）**企业创新需要好的合作伙伴**。对于一家传统制造型企业来说，要由原先以生产为中心转向以客户为中心，当然可以按照传统方式找一家咨询机构，做一份漂亮的管理咨询报告，然后由咨询机构告诉企业应如何创新，帮助企业决定先做哪些后做哪些。但从上海仪电的视角来看，与其找咨询顾问，不如通过教练的伴随完成创新，可能对转型更有帮助。

上海仪电与很多在数字化转型领域有建树的互联网企业和 IT 企业合作，尤其与微软有着 22 年的合作历史，近 3 年又建立了创新生态圈，围绕计算机科学领域共同进行商业创新和拓展，这在上海仪电的数字化转型过程中发挥了巨大作用。首先，微软自身的转型很有说服力，与其用一份咨询报告去说服已经身经百战的业务高管，还不如让一家成功转型企业发挥示范作用，这样可以让传统企业领导团队和经营层更好地感受到数字化转型和创新为企业带来的真正腾飞和发展。其次，通过与微软的伴随式合作成长，上海仪电看到了更多的工具、技术和可能性。通过与微软互动，上海仪电能切实看到技术本身带给企业和客户的力量，进而在转型过程中让中层看到技术和工具的价值。

（3）**通过与微软的合作，实现了模式创新的可能性**。上海仪电是一家老牌制造型企业，微软是一家平台型生态型企业，两家合作恰恰属于传统业态与

IT 技术之间跨界融合的一次碰撞，而这次碰撞因为有 22 年的合作基础，所以双方能够处理得非常好，也就是能够更好地消化分歧和不同的诉求，同时更好地展现彼此的长板和短板。这种合作过程更有利于让传统企业负责人更好地看到数字化转型的跨界融合和业态融合所带来的生产力和生产水平的飞跃，而这种飞跃必然会加强上海仪电对于数字化转型和创新的认可度。

5.4.6 把握创新的第二曲线

李鑫非常了解微软，并阅读过萨提亚的《刷新》一书。他说，**萨提亚作为微软公司首席执行官，在微软内部推行理念和文化先行，这是非常成功的。**

首先，《刷新》这本书让大家印象最深刻的是"同理心"这个词，而对同理心的理解就是换位思考，当然更多是站在企业角度看待换位思考。萨提亚在微软内部强调多元化和包容性，在内部鼓励合作与协作，对外强调以客户为中心，真正地理解和倾听客户需求，还强调要预测客户喜好及行业趋势，以初学者的心态真真正正地了解和学习客户、供应商、合作伙伴及竞争对手等。这一系列构建基于"同理心"的多元文化、包容文化或倾听文化，是微软经营业绩取得成功的文化先决条件，也是萨提亚带给微软最大的改变之一。在 Windows 和 Office 时代，微软给外界的感受是强势文化，而在萨提亚领导下，微软文化发生了很大的改变。

其次，如果说以前微软是一家专注于操作系统和通用软件的企业，而现在萨提亚为微软带来云业务的改变和调整，看上去只是一条业务线的调整，但实际上**把握了数字时代的创新第二曲线。**大家不要忘记，与微软曾经同样辉煌的很多企业恰恰倒在了创新的第二曲线上。而微软在数字化转型赛道的选择、技术力量的储备、容错创新机制的建立等方面，都为构建创新的第二曲线带来了可能性，而且这是在操作系统业务并没有放松的情况下进行的第二曲线创新。对于微软这样一家已经处于行业巅峰的企业来说，实现第二创新曲线的成果是非常可观的。

最后，李鑫表示，他在与微软的沟通与合作中，**发现微软内部的融合超乎想象，其实有着非常多的非计算机领域的专家，**也可以称为"空降兵"或者"外来和尚"。结合前面讲到的跨界融合，创新文化的打造恰恰需要更多业态的融合。对于微软来说,在企业组织内部建立更多元的文化、更包容的心态并更好地鼓励试错,再加上"空降兵"或"外来和尚"在内部也产生了微妙的化学反应,能够让 IT 人员与非 IT 人员在内部形成更好的创新合作可能性,来自不同知识结构、不同知识领域的碰撞,也为微软的数字化转型带来了更多可能。

点评

数字化转型是一个系统工程,更是对企业再造的"创作"。很多想要打开第二曲线的企业都倒在了转型起点上。"船小好调头",而大船甚至是超级巨轮的调头则需要非常小心和细心,否则即使一个小浪打过来也会翻船。

找到好的合作伙伴、重新设计 KPI 等企业关键管理系统、对中层进行集体的能力再造和提升、找到好的创新机制……这些都完成后,还要克服现有团队的本位主义,也就是需要再造企业文化,当然,必要情况下也包括对关键管理人员的裁减。这些操作只要有一个不到位,就会引发连锁反应,甚至引起滔天巨浪。

所以,企业数字化转型既是工程,也是艺术;操盘手既是工程师,也是创作者。如何让数字化转型这一部协奏曲协调奏响,这考验着企业的最高层,也考验着企业的每一个中层管理者——最高层是指挥家,中层是各个乐器的首席演奏家,不同乐器各有各的音色,所有乐器一起协调发声,才是和谐的交响曲。

小练习

你所在企业的现有 KPI 体系是什么?你觉得如果对现有 KPI 体系需要进行适应数字化创新的改造,改造的阻力是什么?能否克服?如何克服?

本章总结

企业文化刷新是数字化转型的深水区,也是企业打开第二曲线的根基。任何企业转型，都是一场企业的全员洗礼，需要全员协调一致进行调整，这就需要企业文化的支持。5.1 节探讨了为什么要刷新企业的文化，特别是在最成功的时候转型，尤其需要对企业文化进行全面刷新。本节重点讨论了同理心、成长型思维等突破固定化思维的文化转型工具。5.2 节探讨了如何以黑客松模式进行企业文化刷新，建立企业车库、实践跨界创新等都是数字化时代的创新方式。5.3 节探讨了多元文化是企业持续创新的根本，只有建立多元文化，才能为企业引入源源不断的创新力。5.4 节讲述了一家大型制造企业的转型实践，其中有很多成功经验值得分享。

第 6 章 企业员工管理的升华

微软首席执行官萨提亚·纳德拉在他的《刷新》一书中说:"微软的文化变革并不依赖于我个人,甚至也不依赖于和我最密切共事的那几位高层管理者。它依赖于公司中的每一个人,包括我们广大的中层经理。他们必须致力于让每一个人每一天都能取得进步。"**人员的转型,特别是中层经理的转型,是任何企业文化变革的攻坚战,也是数字化转型的深水区。**我们将在这一章讨论面向数字化创新业务和商业模式,企业员工和管理层该如何改变,以及如何通过员工培训和考核的改革深层次刷新企业。

○ 6.1 企业战略转型深水区

6.1.1 销售模式的根本性转变

公有云是一种新的计算模式,它的出现改变了整个信息产业,甚至将改变整个企业级市场,因为公有云将企业传统的"拥有资产"模式改变为"租赁服务"模式,这对于企业级市场来说是一个商业模式和管理模式的结构性变革。

"as a service"(即服务)从字面意思来看,即将服务商的产品和服务甚至自身的能力都转换为一种服务,而使用者只需要为使用量即用即付。从服务使用方来看,无须采购昂贵的硬件设备或基础设施,转而租用第三方服务即可。这样,服务使用方就不用进行大规模的重资产投资,而将大量的资本投向更有意义的领域，比如业务创新。而对于服务提供方来说，在公有云模式兴起的过程中，最重要的工作就是提高市场对于公有云模式的认知，以及企业客户对于租赁服务模式的接受度和使用度。

在公有云推广初期，最困难的就是将第三方公有云服务商的服务嵌入到企业客户的运营中，使之成为企业客户运营的一部分，嵌入的程度越是深入，公有云就越能扎住根。而一旦公有云在企业内部被采用的规模超过了一定的临界点，那么企业客户就会主动使用更多的公有云服务，而无须公有云服务商的推动和教育。

在公有云之前，微软的销售模式是传统的盒装软件销售模式。很多人对Windows或Office软件的包装盒有着深刻的印象，毕竟无论是消费者还是企业，花费了一大笔资金购置了软件产品，总希望有一个物理存在感。特别是很多企业和组织仍持有传统工业时代的思维方式，传统工业时代的产品在出厂和送到用户手里的时候，基本上都有一个包装。软件其实是一种特殊的商品，它本身主要销售的是知识产权，其构成是无形的代码，甚至用户使用的".exe"安装文件其实只是含有大量"0"和"1"的二进制文件，也就是只有机器能够懂的机器语言。而这与传统工业时代的大机器和重资产是完全不同的用户体验。

因此，可以想象在软件工业之初，人们在接受软件作为一种"产品"时的复杂心理。

> 业界有过这样一个故事：一所高校购买了该前辈所在公司的软件，而且花费了很多经费才采购到听起来很高端的软件产品，这宗采购的金额在该校历史上也是可以排进前列的重大事件。校方因此特别举办了一个规模盛大的采购仪式活动，邀请了各方记者与会，仿佛这是整个教育界的一大盛事。但到了活动彩排的时候，校方突然发现软件产品供货方只能提供一张知识产权的授权合同，于是这所高校的总务部长就慌了。他大声斥责说：这么大笔的采购案和这么盛大的采购仪式，怎么可能让校长手上只拿一张纸，这会被外界质疑这笔采购是否物有所值。最后，这位前辈所在的软件公司也没有别的办法，于是就制作了几张金色的光盘，然后在签约仪式上向外界展示了金灿灿的光盘而不是一张普普通通的纸，由此就流传下来了"黄金光盘"的笑谈。

第 6 章 企业员工管理的升华

"黄金光盘"代表了传统工业时代的典型思维方式，它不仅深刻影响着用户，也深刻影响着软件公司。对于软件公司的销售员来说，在财季或财年结束的时候找客户帮个忙、"塞点货"可以说不仅是家常便饭，而且很容易实现。软件不像硬件，如果为了业绩而找客户帮忙多采购些硬件，还需要协调物流、仓库甚至厂房等一系列硬件流通的渠道。例如，要在数据中心为采购的服务器找到可以放置的空间，还需要接入电源、冷却设备等一大堆的额外配置以及增加系统管理员的工作量等。而软件是看不见、摸不到的，只需要在合同上多勾几个功能选项，就非常简单地实现了软件采购的升级，至于客户是否最终能用到所有的功能，这并不重要。

实际上，在传统盒装软件时代，很多面向个人计算机和服务器的软件代码规模十分庞大，特别是在每年或每几年就要升级软件版本的思维影响下，软件工程师倾向于向软件代码中增加很多客户不需要或在很长时间里都用不到的功能，但软件产品的用户必须全盘接受软件中的所有功能，并为此支付昂贵的软件使用许可费用。传统软件公司，也像传统硬件制造商一样不大关心用户的需求或反馈，而是直接把软件开发工程师认为重要的功能加入到软件产品中，当然，由于软件用户也用不到很多高级功能而导致软件公司很容易听不到用户的反馈。在传统软件时代，所谓"以客户为中心"更着重在销售活动或客户关系上，而未必是客户使用产品的满意度上。

传统的软件公司还有一个重要的工作，就是打击盗版。"猫捉老鼠"的游戏几乎在每个国家和地区都普遍存在，导致当时像微软这样的软件公司与客户之间的关系十分紧张。Windows 和 Office 的市场份额极高，因此不难从一家企业的员工数量计算出应该销售的软件使用许可数量。如果不能取得预想的销量，走法律途径追查盗版就可能是一个选择。然而，打击盗版所带来的市场抵触，无疑与微软在云计算与人工智能时代的"予力"原则相违背。

所谓"予力"，就是要让使用者在放松的前提下发挥自己的聪明才智，创造出当下缺乏甚至没有的创新，而紧张的技术供应商关系显然会让使用者的聪明才智和创造力大打折扣。当微软从以个人计算机和服务器等企业级软件为主的产品业务，走向以 Azure 公有云为代表的云计算业务时，微软的销售业绩也就从"卖掉多少"转型为"用掉多少",这个转型的过程不仅更符合云服务的商业性质,也推动了微软从以自我为中心的旧思维转变为以客户为中心的新思维。

6.1.2 以客户为中心,不是以企业为中心

公有云是一种信息技术服务,使用云服务的个人、组织、企业等都通过互联网订阅和使用不同的软件功能。

企业和组织若需要构建一个项目时,只需要围绕这个项目所需要的功能,向公有云服务商订阅相应的技术服务,再集成到自己的项目里即可;如果项目下线也可以马上释放所订阅的云资源,就不必再为不使用的云资源而付费。这样的使用和付费模式彻底颠覆了微软的销售和业绩模式,相应也彻底颠覆了商业运营与管理模式。

过去,软件厂商将盒装软件交付给客户后,软件厂商与客户的关系基本上就结束了,双方不再有更多的接触或打交道,反而是系统集成商或咨询实施公司要一直保持与客户接触,以确保软件在企业的场景中落地并有效运转。但随着云服务改变了软件厂商与企业客户的关系,云服务商在很大程度上也要负责以往由系统集成商或咨询实施公司完成的系统实施工作,这样就直接拉近了软件厂商与企业客户的关系——从过去的供应商身份变成了真正的伙伴关系。

云服务改变了以往软件厂商与企业客户打交道的方式,也改变了云服务商的业绩计入和计算方式,云服务商必须要强化"以客户为中心"或"以客户为尊"(customer-obsessed)的企业文化。

一个非常直观的例子,就是云服务 7×24 小时的时时在线特性。这与传统软件公司按点上下班的文化截然不同,不仅云服务商的技术支持人员要保持 7×24 小时在线,相关上下游技术堆栈的技术人员也是如此,而服务客户的销售和商务人员也要随时响应客户的需求,特别是在客户项目上线或出现问题的时候。可以说,云服务作为一种在线服务,以类似互联网服务的特点,给传统软件厂商带来了巨大的改变。

同样,企业客户在采用云服务时,很少会采用某一种或某几种云服务,而

是会根据企业自身的数字化大战略统一审视所需要的云服务资源池，只有能够为企业客户提供数字化整体战略咨询与实施的云服务商才能获得更大的话语权，这也相应要求云服务商的销售人员必须具备数字技术能力甚至数字化战略咨询能力，从而获得与企业客户高层对话的资格与能力。

当然，更为重要的是云合作伙伴。在 IaaS 和 PaaS 云平台上还需要云合作伙伴开发出各类面向企业场景的 SaaS 应用，例如像 Microsoft 365 这样的 SaaS 软件。SaaS 合作伙伴越多就越能拉起底层公有云平台的生态，进而增强企业客户的黏性。因此，云服务也在本质上改变了云服务商与合作伙伴的关系，双方一定是共赢关系，也是共同"做大蛋糕"的共同体关系，而不是零和博弈的竞争关系。

6.1.3 销售组织大变革

2018 年 7 月，美国消费者新闻与商业频道（CNBC）发表了一篇记述过去一年间微软对自有销售组织大变革的文章。通过一年的销售和销售组织变革，微软在 2018 财年（2017 年 7 月到 2018 年 6 月）迎来业绩的大幅增长。

2017 年 7 月，微软宣布了对销售组织大规模重组，以更好地赋能企业客户的数字化转型，显著增加销售团队的技术能力，以及可以跨国家和地区市场建立所需要的销售资源池。微软在 2017 财年报告中称，这是微软公司历史上最大的一次销售组织重组，涉及销售人员的角色转换、增加新的销售人才、重新协调销售团队以及引入新的合作伙伴。微软称这次销售组织重组的成功实施，对微软公司未来的成长将产生显著的效益。

当然，微软在实施销售组织重组的过程中，将对现金流产生较为负面的影响，但这是值得的。我们先来看截至 2018 年 6 月 30 日的微软 2018 财年业绩。在 2018 财年，微软智能云 Azure 的收入增加了 91%，Office 365 commercial、Azure、Dynamics 365 和其他微软云服务所组成的商业云收入达到了 230 亿美元。2017 年，微软就已经成功跻身全球公有云 IaaS 市场第二位，仅次于 AWS。在整个 2017 年，微软股票都在创新高，2018 年 1 月微软市值进一步达到了 7000 亿美元，远超萨提亚接任微软首席执行官前的微软股价最高峰，也就是 1999

年水平。

2017年7月——微软新财年的第一个月，微软全球商业业务执行副总裁Judson Althoff、全球销售及营销运营执行副总裁Jean-Philippe Courtois以及首席市场营销官和市场营销及消费业务执行副总裁Chris Capossela联合发布了一份对微软员工的备忘录，该备忘录披露了微软对销售组织的重组计划。

在该计划中，微软把企业客户模型统一简化为企业客户和中小工商企业（SMC）客户两大类，在企业客户市场将专注于制造、金融服务、零售、健康医疗、教育和政府六大核心行业，重点提供针对这些行业的解决方案；相应的微软解决方案也简化为现代工作场所、业务应用、应用及基础设施、数据和人工智能、安全等。同时，微软为上万名销售人员进行了技术方案再培训，从而使其能够更好地销售这些解决方案，让每名销售人员都成为数字化和数字化转型的高手，而每一名销售人员都要销售多个解决方案，因此必须具备完整的数字化解决方案能力以及丰富的数字化转型实践。

根据CNBC的报道，有超过400人参与了新销售组织的设计，其中包括萨提亚·纳德拉、首席财务官Amy Hood以及80多位微软的副总裁。这次销售组织变革的设计目标是组建面向未来的销售组织。

作为一家传统软件公司，微软在此前没有专门面向行业的解决方案以及面向行业的销售组织，而2017年的这次销售组织重组明确了微软要建立面向行业的销售能力，那就必须要培养对行业的认知和理解，这基本上是IBM咨询和系统集成的路线。当然，要建立行业销售能力并非一朝一夕之功，微软首先就在业界招募了很多资深的行业销售人才。

行业销售最重要的工作就是增加企业对微软云服务的使用量，特别是对销售的业绩认定也要基于对微软云服务的使用量。CNBC记者在2018年7月对Judson Althoff进行了采访，他表示：此前一年的时间，微软首次大规模推行了新的销售激励措施，那就是80%的微软销售提成是基于客户对云服务用量的考核。也就是说，只有客户真正使用了微软云服务之后，微软销售才能获得相应的提成，这对于微软销售来说无异于一个新的指挥棒。

而早在2016年7月，微软就已经对销售和营销组织进行了整合，面向企业级市场的全球销售与营销组织都统一整合到了 Judson Althoff 的领导下，统一负责微软全球的商业业务板块，其中包括大型企业及合作伙伴、公共事业、中小企业与合作伙伴、开发者及服务等，所有的这些努力都是为了强化"One Microsoft"（一个微软）的大策略。

在 2017 年 7 月的销售组织调整中，微软还成立了"One Commercial Partner"业务组织，将公司内部不同的合作伙伴管理和对接机构都整合到一起，统一对接和服务各类合作伙伴。此外，微软还成立了一个新的部门——Microsoft Digital，旨在帮助企业客户和合作伙伴更好地使用微软云服务，并在微软云之上构建自己的解决方案。

微软在销售上对合作伙伴的支持可谓不遗余力。根据 CNBC 的报道，微软销售人员可以从销售合作伙伴的解决方案和服务中获得项目合同 10% 的提成。2018 年 7 月，95% 的微软商业市场营收都来自合作伙伴，当时微软已经为 72 000 家合作伙伴在 Azure 云上提供各种应用软件，这些应用软件让企业客户将工作负载不断迁移到 Azure 云上。

6.1.4 客户成功团队

在 2017 年 7 月开始的微软销售组织调整中，微软还成立了一个新团队——客户成功团队。客户成功团队的主要职责就是帮助已经签约的客户，成功使用微软云服务以及持续成功使用微软云服务。

客户成功团队在整个云计算的销售中发挥着极大的作用。实际上，一家企业客户最开始采用云服务的时候，只是进行过项目概念验证（POC）而并没有真正将工作负载迁移到云上，当项目开始实施后，到真正把企业的业务场景落地到云计算平台之上，其中可能会遇到很多问题。特别是当企业内部 IT 团队对云计算技术本身缺乏熟练掌握和了解的前提下，就更容易导致项目在进行过程中搁浅。

要知道，在 2014 年到 2017 年期间，微软智能云 Azure 在全球市场才处于起步的阶段，而云计算模式不同于传统的企业数据中心模式，企业内部 IT 团队既需要补充云计算相关技术知识，也特别需要针对微软云而补充相应的人才，但其实整个市场都处于极度缺乏云计算人才的状况，更不用说微软云技术人才。

事实上，就连云服务商自己都非常缺乏相应的云计算人才，而且随着云计算业务的不断扩大，云计算人才的供给却出现断档，对于所有云服务商而言，都有类似的情况。因此，为了帮助客户"用上云，用好云"，成立客户成功团队就成为必要的举措。

在战略转型之后，团队思维必须跟着转型，而员工培训与改变考核标准就是两个最有效的方法。对于微软企业销售来说，提成方式的转变直接改变了销售的激励方式，那就是从卖掉云服务转到了帮助客户用掉云服务。而从"卖"到"用"的一字之差，却是一整套内部管理体系的深刻变革。企业的销售与营销组织是冲在一线的队伍，微软对销售和营销团队的重组就体现在从一线开始变革的决心，成立客户成功团队在更深层次上引导了整个销售团队思维方式的变革。

点评

对于想要打开第二曲线、建立新企业文化的高科技企业来说，员工转型是不可避免的话题，也是转型的深水区。在所有类型的员工中，销售与客户支持人员的转型是第一波受冲击者。转型必然意味着销售模式和销售方式的改变，甚至对销售人员的技能要求也要改变。特别是从产品销售到云服务销售再到解决方案销售，售前已经不再是简单的重复劳动或在酒桌上掌握客户关系即可，而是要向咨询顾问式售前转型，这对于所有的企业级销售而言都是一个巨大的挑战。

企业必须根据新的销售要求，调整对售前和售后人员的考核指标与考核方式，同时为销售人员和客户支持人员提供新的培训。当然，最关键的是企业领导者必须要有清醒的认识——时代已经变了，销售作为企业的生命线，也必须抢先一步改变，而不能跟随式改变。在设计企业数字化转型、通过数字化转型打开第二曲线的整体战略时，必须要考虑到销售组织和客户支持服务组织的重新设计。

小练习

你所在企业现有的销售模式是什么？能否适应数字商业模式的销售要求？企业现有的客户支持服务模式是否需要改变？应该怎么变才能适应新的商业模式？

○ 6.2 组织变革，刻不容缓

6.2.1 员工考核：企业生死线

员工考核与培训是一家企业人力资源战略的核心，也是一家企业文化建设的核心。

对员工的考核机制直接决定了员工行为的价值取向，因为员工会在满足考核指标的方面加倍投入自己的时间和精力，而对于不涉及考核指标的方面则没有投入，甚至采取抵制或抵触态度。例如，对于一些可做可不做但有利于企业整体利益的工作，员工可能选择不做，因为将时间和精力花费在这些可做可不做的工作上，将会直接减少对那些满足考核指标的工作的投入。久而久之，一家企业的企业文化就这样由所有员工的集体行为决定了。

如果将一家企业比喻为一个交响乐团，考核就是指挥家手中的指挥棒，考核与员工的绩效和薪酬直接挂钩，就能调动员工的积极性。对于员工来说，企业经营得好坏通常没有直接的影响，但考核就会直接影响员工的收益，甚至在一家企业走下坡路时，也有员工完全不顾及企业的利益，只顾着满足考核指标，这样就能获得令员工个人满意的收入。其中的原因很简单：即便企业倒闭了，员工也可以换一家企业再就业，而员工不完成考核指标，就直接影响了其个人收入，那么员工必然选择满足个人考核指标优先于企业的整体利益。

所以，当微软决定公司使命是"予力"每一个人、每一个组织时，而且销售的指挥棒由"卖掉"变为"用掉"的同时，整个公司的员工考核与培训也进行了相应的调整和改变，以期从里到外地顺应公司新使命。

6.2.2 数字化转型进阶：全新的考核方式

我们先来看工作绩效评估的改变。

微软在转型之前与多数公司一样，员工在年终考核时要写出本人今年的贡献；如果是团队成果，就要说明其中的个人部分。经理基于员工的贡献给出评等，从 1 到 5 分分成不同等级，而且要确保在不同等级各有一定的人数比例。这种绩效考核方法很容易形成团队内的竞争以及团队间的竞争。管理过团队的职业经理人都知道，企业划分给一个部门的奖金池是有限的。如何将有限的奖金池进行有效的划分，从而达到激励团队的目的，同时保证团体的干劲呢？绩效评估就是一个有效的工具。

在员工绩效等级划分中，一般达到前 10% 的员工可以拿到高额奖金，在中间的员工则平分中等水平奖金，而划分到最后 10% 的员工可能拿不到奖金甚至被倒扣工资。这样，职业经理人就能够在团队中创造充分的竞争氛围，有效调动每一名员工的积极性和主观能动性。同样的道理也适用于整个公司不同团体之间的管理。但实际上，这种传统的绩效评估实行久了，会产生一个直接结果，就是造成团队成员、团队之间互相倾轧，也就是所谓的公司政治。在一个大项目中，团队成员或不同团队之间不是互相帮助，而是互相挖坑、互相给对方制造困难，让对方退出项目或让出项目的主导权。更有甚者，直接摘取其他人或其他团队的成果，通过一些手段，不费力就实现了自己的绩效指标。当然，还有的团队成员或团队为了达成绩效而不择手段，甚至造假账也屡见不鲜。

那么，微软又是如何改革员工的考核体系，以促进"予力"文化的呢？

首先，微软仍然要进行员工考核，这是基本的企业管理手段。但**除了个人的贡献，微软员工还被要求写明个人帮助别人做出了什么样的贡献，以及别人帮助自己做出了什么样的贡献**。个人的贡献、个人帮助他人的贡献、他人帮助自己的贡献，这三者环环相扣，拉动了巨大的改变。

换言之，员工个人对团队和公司的贡献只占了 1/3，员工个人还要帮助他人对团队和公司有所贡献，也要让他人有机会帮助自己产生贡献。如果员工只是个人有所贡献，而缺失了其他两种贡献，那么员工只能达到 1/3 的合格，而员工帮助他人和让他人帮助员工的贡献则直接鼓励了合作共赢的团队和企业文化。在传统绩效考核下,个人和团队之间并不是互相帮助共赢的文化,而是单打独斗甚至互相打倒对方独占成果的"独狼"文化,这显然与云服务的业务模式不适配。

其次,微软也取消了对员工的等级评定。也就是说,微软不再强制将团队里的成员划分成三六九等,员工及团队都不需要互相比较,而转为自己同自己比较,这样就很符合"成长型思维"。员工和团体不需要在别的员工或别的团队那里证明自己的价值,而是要与过去的自己相比较、自己挑战自己,从而实现和创造更多价值。如此,微软员工也不需要证明"自己是屋子里最聪明的人",而是要向过去的自己证明自己的成长,每天都有新的进步。

一个组织业已形成的文化是很难在短时间内改变的,正如萨提亚·纳德拉所说的:CEO 中的"C"更应该指代"文化"(culture),公司首席执行官更是首席文化官。由 CEO 所主导、重新设计公司员工的绩效考核体系,可从基层员工的层面推动整体公司文化的转型。

在 2015 年 7 月的一次微软全球销售人员大会上,萨提亚·纳德拉说:"我们可以实现所有的远大抱负,我们可以实现所有的远大目标,我们可以实现新的目标,但这需要我们坚持和传承我们的文化。对我来说,文化并不是一成不变的,而是一种动态的学习型文化。"

在这次微软全球销售人员大会上,萨提亚揭示了微软组织架构调整和重组的核心思想:"我要求员工想想他们内心深处对什么最有热情,并将这种热情与我们的使命和文化联系起来。这样一来,我们就会实现公司的转型,就会改变这个世界。"而新的微软绩效评估体系的设计核心思想就是激发员工内心的热情,在内心热情的激励下创造改变世界的技术,以及用技术改变世界,在这个过程中推动和实现微软公司的转型。

6.2.3 如何将创新纳入工作目标

在讨论了不一样的工作绩效评估后,我们来看一看不一样的工作目标确认。绩效评估是事后评估,工作目标是事前设定,两者相互配合达到有效推进工作的目的。

实际上，公司管理者就是要解决在有限资源的情况下如何最大化收益的问题。公司最大的资源之一就是人力资源，那么如何在人力资源有限的情况下达成最大化的收益呢？首先要看需要达成什么样的目标。

微软在转型之前与多数公司一样，配合年终考核要填写未来一年的"承诺"（commitments），而且承诺要能够量化，接着还要填写去年的承诺达成了多少。在年终考核时，员工与经理会花很多时间讨论承诺。**工作承诺与量化承诺，这本身是一种固定式思维，也就是可以计算出在一定时间内能够完成的工作和工作量，但创新和创新承诺本身却是一个未知数**。创新的成果究竟是什么样，创新的成果能否实现，以及能实现多少、能否控制创新过程的风险等，这些都是未知数，因此传统的工作目标确认就遇到了极大的挑战。

微软开始转型之后，在年终设定未来一年工作目标时就不再谈论承诺，取而代之的是一年数次员工与经理的一对一讨论。请注意，这里的关键词是"一年数次"，也就是在一年的时间内多次讨论，主要谈论过去几个月都做了哪些贡献、产生了哪些影响，不仅是自己的贡献，还包括帮助别人与被别人帮助而产生的贡献，从中吸取了什么经验与教训，以及未来几个月计划做哪些事等，而未来几个月计划做的事情未必需要量化。除了这些，员工与经理的一对一讨论还会涉及未来的学习与成长。**在这个过程中，经理不再是检查工作的角色，而更像帮助员工的教练**。

新的微软员工目标设定过程，就是萨提亚所说的"动态学习型文化"的鲜明体现。在第 5 章中，上海仪电（集团）有限公司副总裁李鑫提到了关键发展指标（KDI）；新的微软员工目标设定和辅助过程就体现了关键发展指标的思想，微软并没有明确提出 KDI 的体系，而是用一个更为动态和柔性的过程实现了这一目的。

6.2.4 主动管理失控，再找新平衡

1. 创新是一种主动失控

微软改革了员工考核和目标设定体系，这对于微软自身来说也是一场极为

大胆的试验性变革。为什么呢？因为公司不再将一个公司总体目标分解到一个又一个的执行团队中，同时也不再自下往上一层一层地检查分解目标是否落实到位，整个公司目标是否能够及时完成。

微软是一家公开上市的公司，每个季度都要定期对市场发布财务数据，而如果不能将每个季度的财务目标分解到一个又一个的执行团队中，那么整个公司的运营与管理过程就可能进入一种"失控"的状态。

大家还记得那本风靡全球的畅销书《失控》么？其实在很多情况下，"失控"并不是一种真正发生的状态，而是一种心理状态。心理上的失控要早于实际可能发生的失控，甚至实际上并没有发生失控，但管理者可能会因心理失控而采取极端的控制措施。

创新就是一种主动的失控。创新者、创新团队、创新组织、创新公司等都放弃了自己的舒适区，放弃了那些可控的环境而进入了一种从未经历过的环境，在进入新环境的过程中，由于以往的控制手段全部失效而又没有找到新的应对手段，从而产生"失控"的心理状态。

2. 开放环境中的创新模式

新的环境是一个开放环境，这与传统的封闭环境有着极大的不同。完全开放的环境不存在"控制"一说，因为没有人能控制一个完全开放的环境，就像没有人能够控制气候一样，所有人只能共同努力造福气候。

下面用亚马孙热带雨林打个比方：没有哪一种物种能够控制亚马孙热带雨林，所有的物种必须联合起来共同为亚马孙热带雨林做出有益的贡献，在亚马孙热带雨林生态环境内形成正向的循环，丰富的降雨和氧气带来丰富的土壤营养，丰富的土壤营养孕育丰富的物种，丰富的物种通过共同的行为促成健康的气候循环，从而让亚马孙热带雨林内的所有物种都能获得良好的发展与成长，还能产生更多的新物种，不断拓展生态多元化。

数字化转型创新，就是在开放的云平台上形成丰富而健康的应用生态，带动整个云上"热带雨林"的形成和健康发展，从而造福平台生态中的所有成员。对于云上"热带雨林"来说，大家都是"你中有我、我中有你"的状态，这是一个开放生态下大家共同遵守开放治理准则的世界,每个成员所销售的不再是完全自己生产和制造的产品与服务,而是由不同成员共同合作"制造"的产品与服务。

这就像热带雨林里的生态群落:群落里的每一个成员都有各自的分工,所有成员一起共同完成不同的任务,群落与群落之间、群落与生态之间是共生关系,而不是互相打击、独占资源的关系,因为一旦热带雨林的生态多元化受到削弱,就会直接导致热带雨林灭亡,其中的物种群落也都将消失。

3. 用新思维应对内部调岗

有了前面的思想建设基础,我们来看一个具体的例子:微软内部的调岗程序。

年底和年初通常是员工跳槽的黄金时期,这个时候员工已经拿到年终奖,而又看不到未来一年自己的发展时,通常会选择跳槽到其他公司。员工跳槽的原因无非是对公司或领导不满、对薪酬待遇和职位有更高要求、希望在不同岗位上得到更多的历练等,大多数情况下,员工跳槽主要是希望能够有更多的发展机会、锻炼不一样的技能、拓宽自己的视野等学习进步型要求。

那么,对于一家超大型企业来说,内部岗位应该是多样化的,为什么员工不选择在企业内部换岗呢?因为阻力重重。第一,员工的直接领导会认为这有损于自己的职业形象,进而有害于自己的职业生涯,从而极力阻挠;第二,接收员工的新领导也难以处理与原领导之间的关系,很容易被视为"挖墙脚"之举;第三,员工换岗位会直接影响原团队的工作,很有可能在短时间内影响原团队的业绩;第四,员工换到新的岗位也需要再培训和适应,新的领导是否愿意投资也未可知;第五,一旦内部换岗成为风气,就会让企业陷入"失控"的状态,难免会出现"军心涣散"的情况。

总之,内部请调转岗是传统企业文化中比较忌讳的事情,除非由高层直接指定转岗,否则由员工自行提出请调转岗,往往会被视为背叛之举。

微软在转型之前与多数公司一样,虽然鼓励员工尝试不同的职务,但实际上请调部门很困难,因为公司要求员工在与希望前往的部门开始面试前,必须取得当前部门经理的允许,但大家都知道这是一个危险的举动。不鼓励员工转岗的目的在于稳定团队并减少部门间冲突，但缺点是越优秀的员工越没有历练的机会，因为当前部门不会放人，直到有一天这位优秀员工离职。

进入数字经济后，很多传统企业的人才战略经过了升级，知识型人才在企业中的占比大幅提升，人才流动成为满足这些知识型人才自我发展的重要途径。那么，是否鼓励内部转岗调换，是否允许员工在企业内部自由流动，这是摆在企业管理者面前必须解决的管理课题。而且，越来越多的企业通过数字化转型而成为平台型生态型开放企业，开放是企业管理的新范式，那么允许和鼓励员工在企业内部流动就不是选择题。

在微软开始转型之后，员工请调部门不再需要当前部门经理的允许，而且当员工希望转换部门历练时，当前部门经理多数会积极支持，甚至主动推荐员工换岗进行新的挑战。其实很多时候，员工换岗带来的"失控"更多只是部门经理的心理失控。当然，能干的员工换部门将会使团队生产力暂时降低，但这对员工个人成长无疑是好的选择，对公司长期利益则是更好的选择，因为公司不再流失能干的员工，公司的凝聚力更强，而员工口碑的攀升还能带动市场对公司的正面情绪和公司形象的提升。

从另一个角度来看，员工的自由流动还能带来正面的内部竞争。各个部门为了吸引和留住自己想要的内部人才，就必须要创造更好的团队文化和工作成效，部门领导关心的不是用各种手段打压其他部门，而是要不断内省自己是否做得足够好。这也反映在云时代的微软合作伙伴竞争策略中：伙伴们之间竞争激烈，但竞争聚焦于工作品质而不是其他方面。同样，在鼓励员工自由流动的公司内部，不同部门和团队之间可能竞争激烈，但这种竞争聚焦于提升本部门或本团队的竞争力而不是其他方面。这样，通过在内部建立公平的"市场竞争"，不断优化部门或团队的小环境，会让整个公司大环境得到优化。

想要改变企业文化，就必须改变企业的管理方式。而管理的改变最直接有效的方法就是改变员工的绩效考核体系和年度目标设定方法。

在数字经济时代，所有员工都在向知识型员工发展，所有企业都在向学习型组织发展，在以创新为目标的考核体系中，要以鼓励员工创新为首要目标，鼓励跨界互动交流。同时，取消传统的员工等级评定，让员工不再互相"伤害"而是自己与自己较劲。在设定年度目标的时候也不再量化，而是在一年中不断动态调整，经理也不再是"管理者"而是"教练"，辅助以鼓励企业内部人才流动，这样就逐渐建立了新的企业文化。

企业管理方式和企业文化的改变并非朝夕之功，而是一方面通过不断调整公司的规章制度让所有员工的行为调整有章可循，另一方面通过设定以成长为目标的规章制度，让规章制度在企业内部"固化"成长型思维，从而让那些富有同理心的管理者不会被视为异类。

小练习

你所在的公司是如何应对内部员工转岗的，特别是在处理骨干员工转岗方面？要想说服部门领导接受内部转岗，你认为应该怎么做？

○ 6.3 企业中层，整体升级

6.3.1 中层仍是企业的核心力量

人体的腰部是连接上肢和下肢的核心，也是上肢和下肢协调发力的执行部门。而在企业中，中层经理就是企业的"腰部"。

"腰部"负责上传下达，负责将大脑的"高空"指挥转换为实际行动中的"地面"指令。人的大脑经过思考发出行动指令，而行动能否成功则依靠手与脚的协同，无论是走路、跑步、爬山等身体运动，还是写作、绘画、跳舞等艺术运动，都需要脑与体、上肢和下肢、手与脚的协作，而"腰部"就是这一切的隐形执行部门。特别是当企业发生意外时，还需要"腰部"在大脑空白或无法及时思考的情况下，做出临时的应急反应。

所有企业的日常运转都是通过中层经理的"地面"指挥完成的，员工日常接触最多的领导也是中层经理，他们在很大程度上代表了员工眼中的企业领导。中层经理的行为直接诠释了企业文化的内涵，完成了企业信息的上传下达，并在基层员工和高管层之间形成了一个缓冲隔离带。当然，有的中层经理会为了自己的利益而故意扭曲所传达的信息，所以一家企业的成功与失败在很大程度上是由中层经理队伍决定的。

在企业数字化转型时期，对中层经理队伍的培训至关重要。我们常见到企业领导人有转型的企图与决心，但各管理阶层未必能掌握转型的精髓。因此，对离开校园10年以上的中层经理进行培训是企业转型特别是数字化转型的关键，除了要了解新知识和新技术，还要给企业带来跨界共创的活力。

当然，企业对于中层经理的培训本来就是多元化和丰富的，企业的人力资源战略中大都有一大笔投向中层经理培训的预算。但在传统的中层经理培训课程中，比较缺乏对数字技术和数字化转型的培训课程，更不用说将数字技术与业务结合起来的应用型课程。因此，想要推动企业的数字化转型，特别是以人工智能为技术基石的数字化转型，**一方面要对中层经理进行 AI 技术的普及，另一方面要找到对 AI 技术理解力强且具有创新精神的中层经理，将他们转化为"人工智能经理"**（AI manager，AIM）。

6.3.2 人工智能经理岗位

对于企业数字化转型来说，当务之急是要找到那些能够发现颠覆性技术与现有业务结合点的中坚力量，他们可能是业务总监、经理或资深 IT 负责人、技术决策者等，只有这些中间管理层领悟到了人工智能相关技术的精髓，才能让企业真正、尽快地享受到 AI 的红利。

从人工智能落地角度来看，AI 的话语体系与业务体系并不相通，人工智能经理需要能够理解 AI 可以或不能解决哪些问题，需要能够判断一线技术人员和业务人员的反馈是否对项目推进有意义，需要能够结合技术调研结果与业务诉求制定可执行的策略，这些不是学习某一个机器学习模型或某个编程语言就能够达成的，而是需要对新技术有一个系统的认知，并能灵活运用。

如何设计和开展对人工智能经理的培训？下面以微软-仪电人工智能创新院的 AIM 课程为例进行分享。

AIM 课程旨在培养通晓管理、技术和业务，既能够领悟高层发展战略，还能沟通业务需求，并带领技术团队实施交付 AI 项目的复合型 AI 中层经理人才——人工智能经理。

AIM 课程讲授技术的方式不同于其他 AI 技术类课程，其技术着眼点在于解读 AI 能够解决的问题以及解决问题的思维模式。讲师们从方法论层面宏观地梳理 AI 技术的发展，比如在解析典型问题抽象成数学问题的过程中加入常用的技术手段、方法。

人工智能经理在企业内部都承担着管理职责，因此将管理与 AI 相结合是课程的一大特色：在业务管理层面，人工智能经理需要能够判断哪些业务问题适合用 AI 技术去解决。AIM 课程从 AI 责任、AI 可解释性、数据就绪性、数据生命周期构建、将业务问题抽象成已有的 AI 问题等方面，帮助人工智能经理更好地实现 AI 与业务的融合。

在项目管理方面，人工智能经理要理解 AI 项目的常见生命周期，还要在具体问题中运用 AI 思维，包括问题定义、算法模型的开发迭代、上线部署的全流程，甚至如何评估外购 API 服务、选择外包还是自主开发模型、算力如何解决等问题。尽管每个问题未必会给出既定答案，但 AIM 课程的意义在于引导学员学会思考并解决问题的过程。而在 AIM 课程开展方面，还需要一个人工智能实训平台，给学员提供实际操作环境，让他们对 AI 模型、算法有感性的认识。人工智能实训平台实现了 AI 授课、教学环境的一键部署和定制构建。

6.3.3 中层升级，数字化转型落地

谈完了人工智能经理这一特殊的数字化转型中层经理培训，我们回到更广泛的普通中层经理培训，通过他们的改变和升级，进而推动企业文化的真正转型。

1. 中层在重塑企业文化中的重要性

由于中层经理在重塑企业文化过程中的重要性，微软近年来一直在大力投

资中层经理的培训，让各管理层共同承担企业文化转型的责任。

萨提亚撰写《刷新》一书的 2017 年，微软已经经过了集中开始文化转型建设的三年，在取得一定成果的同时还有一些不是那么令人鼓舞的事情发生了，例如，关于公司副总裁或团队负责人是否将人才流动和人才发展作为优先任务的调查结果显示，2017 年的状态甚至还不如文化建设开展之前的状况，即使是最乐观的员工，如果工作中得不到发展，他们也会灰心丧气。

萨提亚在《刷新》一书中进行了反思：**我们错失了一个环节，那就是公司中层。在日常工作中，一名中层经理的视角与一名首席执行官的视角是完全不同的**。首席执行官的视角是全景式、全局性、全面化的，而中层经理只关注自己眼前的一小部分，而且这一小部分只是整个公司全局的众多小部分之一。因此，这就出现了萨提亚所发现的中层经理固化"成长型思维"的现象——把成长型思维作为抱怨别人的方式，比如"我知道有 5 个人不具备成长型思维"，甚至把成长型思维作为攻击别人的新武器。所以，推动中层经理的真正转型，才是传统企业成长为一家动态学习型企业的开始。

于是微软提出"以身作则"（model）、"提供指导"（coach）、"关怀他人"（care）的经理培训方法论，让各管理层共同承担企业文化转型的责任。

2. 以身作则

我们先来看"以身作则"。多数一线经理还停留在管理层面，也就是事必躬亲、事事检查，将自己的大部分时间放在管理项目和团队大小事情的管理层面，这很容易理解。

一线经理是从基层成长起来的，他们在基层就已经是团队中最能干、最勤劳、最有敬业精神的一批人，他们凭着自己的努力和业绩被公司赋予了进一步的责任，就是带领团队。多数一线经理难以摆脱亲力亲为的思维方式，他们更相信自己直接带领团队或直接每日管理团队，才能够落实每一个项目，确保每一个项目的成功。

其实很多高层管理者也是这样的思维和管理方式。仅有少数人能够顺利进阶，从凡事身体力行到花更多时间培养骨干，再将工作交由骨干去带领团队完成，而自己则将更多的时间用于对人的培养以及激发人的潜力。所以，**中层经理必须让自己的思维方式从管理开始向领导转型，而以身作则就是重要的领导力**。中层经理在日常工作中将自己设立为团队的表率和效仿的对象，把自己思考问题和解决问题的方式传递给团队中的每一个人，这样就在团队中建立了统一的行为模式和标准，而大幅减少了日常检查和监管的工作，同时还能保证团队交付工作成果的质量。以身作则还能够激励自己不断提高。例如，要建立一个具备创新能力的团队，自己必须勇敢创新；要培养团队的责任心，自己更要勇于承担。

在建立成长型思维的企业文化转型过程中，中层经理也必须要克服自己的固定式思维，率先迈出自己成长的一步。对此，潘天佑博士深有感触。

> 潘天佑是带着两家创业公司的经验加入微软的，作为创业公司的老板，"我说的都对"，"大家跟我走就行了"。但是潘天佑在加入微软之后，经常会碰到这样的情形：团队中的某位成员直接在开会时指出潘天佑的想法错了，或者团队成员提出了其他的思路。老实说，潘天佑在一开始比较难以接受这种气氛，毕竟之前作为创业公司的老板有一种"说一不二"的权威感，而当潘天佑的微软同事以潘天佑认为的不留情面的方式在会议中直接指出问题时，潘天佑第一时间的反应就是权威受到了挑战，接着有那么几秒钟的时间，潘天佑的情绪就反映在脸上，满脑子想的是"这位同事在与我作对"。
>
> 后来，潘天佑确实花了一段时间去适应这样的普遍情况。潘天佑不断提醒自己：不要像在创业公司中那样独断专行，不要认为自己是"屋子里最聪明的那个人"。潘天佑开始进行大量反省，开始训练自己学习尊重多元意见。实际上，知错能改也是以身作则的一种体现。前面的章节提到了萨提亚在针对女性员工薪酬问题上发表了被人误解的言论后，马上就公开承认自己的错误并鼓励员工去观看那段言论的视频，并把这个视频作为反面教材推广，同时纠正了自己的错误。萨提亚身体力行地告诉所有微软同事什么叫作"以身作则"。

3. 提供指导

我们接下来看"提供指导"。要注意，coach 与 instruction 这两个英文词都有"指导"和"教导"的意思，却是两个截然不同的概念。

instruction 通常指的是"指令"，也就是非常明确的行动计划，甚至对行动中的一些度与量都在指令中有明确说明。而 coach 则是通过教练的传帮带，让受训者自行掌握要执行的任务，教练更多是倾听与发问，而具体怎么做则由受训者自行找到答案。

在微软为中层经理提供的培训中，专门对 coach 提供了一些技巧。

（1）"再懒惰一点（be lazy）。"我们可以想象，中层经理在实际带领团队工作的过程中，很容易越俎代庖地替团队成员找到答案，再直接将答案告诉团队成员，但实际上这并不是教练的精神。教练的目标不是直接给出答案，而是要耐心引导受训者，帮助受训者自己找到答案。如果教练特别勤快地直接把答案告诉受训者，那就失去了教练过程的意义，因为受训者下一次还是无法自行找到答案。

（2）保持好奇心。作为教练，其目的不是直接替受训者想出答案，然后直接把答案告诉受训者。教练要通过与受训者不断地对话，在对话过程中激发受训者思考，最终自己找到解决问题的答案。而在这个过程中，教练要在与受训者的对话中保持好奇心，抓住受训者抛出的一些思考以及其中的细节提出问题，通过问题不断激发受训者思考。通过与教练对话而思考的方式，要远比自己一个人思考能够更快、更好、更顺利地找到问题的答案。因为**一个人的自我思考往往很容易陷入僵局，而这个时候如果有教练在一旁持续打开思维的空间，就能够让思考过程进行下去。**

（3）随时随地提供指导。这是什么意思？即"coach"不一定需要特别找一个小时在办公室进行，它可以在任意时间、任意地点、由任意事情触发。例如，在公司茶水间偶遇，也可能在几分钟之内完成一次 coach。下面是潘天佑博士的一次亲身经历。

> 潘天佑有一次在公司的 coach 训练的演练中扮演受训者，他的同事扮演教练。潘天佑提出的问题是：下班回家太累，太太还要聊天怎么办？大家也许有类似的经验，每天工作繁重而导致下班回家后只想静静地休息，但"另一半"期望有日常对话，内容可能是对方工作上的问题或生活中的琐事。在这种情况下，潘天佑只想看着电视放空大脑，因此经常导致家庭矛盾。那么有什么好的解决办法么？潘天佑的"教练"同事通过与潘天佑的一系列对话，不断打开潘天佑的思维空间和延展思考过程，最终让潘天佑自己得出一个行动方案，那就是"至少要看着她"。虽然极度疲倦的潘天佑实在不想再思考或不想再说话，但至少可以做到一件事情，就是当她对潘天佑说话的时候，要看着她而不是盯着电视，这样起码让对方感受到了关怀。这个答案并不是潘天佑的"教练"同事直接给出的答案，甚至教练也没有想到这样的答案，因此这次培训给潘天佑留下了深刻的印象。

4. 关怀他人

最后讨论"关怀他人"。为什么要针对关怀进行培训呢？很多时候，企业要进行员工关怀，如节假日福利、员工生日祝贺等，但企业对员工的关怀很容易陷入形式上的关怀。

繁忙的职业经理人更容易以"专业"的方式进行员工关怀，这就好像我们经常在自己生日这一天收到各种机构和品牌方发来的生日短信一样，在大数据和人工智能时代，关怀甚至成了程序的一部分。下面是潘天佑博士一次亲身经历。

> 潘天佑博士有一次找了两位共事超过十年的同事，请她们为潘天佑博士的管理风格提出意见或建议，其中有一位同事的回馈意见让潘天佑博士感受极深。这位同事说潘天佑博士很会关怀他人，但潘天佑博士的关怀是"绅士"的关怀，也就是给人以专业式关怀的感受，她认为可以进步的空间在于让这些关怀更有温度。

第 6 章 企业员工管理的升华

> 这就像萨提亚最初到微软面试的时候被问到的那个问题：如果有婴儿躺在马路上哇哇大哭，你该怎么办？打 911 电话报警固然是正确的处理程序，但对于马路上的婴儿来说更需要一个拥抱。对，马上把婴儿抱起就是更有温度的关怀。

除了专业式关怀，企业还要注意避免传统的"家长式"关怀。很多传统企业存在了几十年，而企业在 20 年前的管理方式和关怀方式往往是"家长式"的，但整个社会经过了 20 年的发展，对于管理者的期待也发生了巨大的改变。

20 年前还是以制造业为主的经济环境，人们期待管理者是更聪明的人，是能够直接给出答案的人，是能够用明确指令告诉员工如何更好地执行任务的人；20 年后，我们已经从纯制造业向数字经济发展，创新是当前时代的主旋律，而人们对管理者的期待则转为了创新伙伴，管理者的主要工作是激发员工的想象力，为员工提供创新的空间和成长的空间，这也就凸显了成长型思维在当下企业管理中的重要性。

世界在变化，时代在变化，过去成功的经验未必适用于新的环境，数字化转型对于企业来说就是一次新的成长。

6.3.4 数字化时代的领导力

谈到这里，也许有读者会感到困惑：前面说的那些管理者的特质难道不会显得有些软弱吗？与部属平等谈话，整天嘘寒问暖，感觉不像一位坚强、笃定、能带兵打仗的企业领导人。要回答这个问题，我们首先要思考企业领导人究竟该是什么样子。

首先，一位好的领导人要能鼓舞士气——在他所处的文化与环境中，用最适当的方式激励团队。

古代打仗，将军常用自己的气势或策略来激发军队的斗志，让他们即使在逆境中也能坚持下去。梁红玉擂鼓战金山，韩信背水一战，曹操望梅止渴，都是历史上鼓舞士气的好例子。我们在电视剧里常看到大将军威风凛凛、杀伐果断,但实际上,自古以来一位好将军必定能做到"身先士卒"与"爱兵如子"。

> 《史记·吴起列传》有这样一个故事:吴起和士兵们同甘共苦。有位士兵生了毒疮,吴起替他吸吮脓液。这个士兵的母亲听说后,就放声大哭。有人说:"你儿子是个无名小卒,将军却亲自替他吸吮脓液,你怎么还哭呢?"那位母亲回答说:"你有所不知,几年前吴将军也曾经为孩子他父亲吸吮毒疮,他非常感动,所以在战场上勇猛杀敌,很快就战死沙场。如今吴将军又给我儿子吸吮毒疮,看来他也命不久矣,所以我才哭啊!"

虽然如今的企业环境已不同于古时候作战,但我们仍然可以从这些例子认识到,以身作则和关怀他人等管理者特质不但不会显得软弱,反而是领导力的重要基础。

其次,一位好的领导人要能认清方向,并让团队往正确的方向发展。

有一句话特别形象,就是"将帅无能,累死三军"。为什么是累死,而不是战死?那是在嘲笑不称职的领导人没有方向感。吴起能让部下战死,但无能的将帅带着部队东奔西跑,却连战场都找不到。在数字化转型的过程中,中层经理要怎么认清方向呢?要靠学习!前文在介绍 AIM 课程时曾经提到,经理人大多已经离开校园 10 年以上,他们并没有学过今天的颠覆性技术,更不清楚它们能为所在的企业做些什么。企业领导人若不好好培训中层经理,就让他们推动数字化转型,无异于盲人骑瞎马。反之,中层经理一旦受过训练有了方向感,他们就可以利用部门会议、一年数次与员工的一对一讨论以及随时随地的谈话机会,让团队的目标清楚明确。

最后,一位好的领导人要能带领团队成功。这里的成功有两个层面:一个是团队的成功,也就是领导人的成功;另一个则是团队成员个人的成功。

同理心、成长型思维,以及前面讲述的所有文化与管理,都是为了支撑企业与团队的成功。中层经理鼓舞士气、指引领导方向也是为了最终的成功。本章所介绍的所有管理模式,尤其是在考核中同时兼顾个人的贡献、个人帮助他人的贡献和让他人帮助自己的贡献这三方面,都能确保团队目标与团队中的个人目标保持一致、同时成功，而不是"一将功成万骨枯"的英雄主义或"自扫门前雪"的本位主义。

对于想要通过数字化转型打开第二曲线的高科技企业来说，中层的整体转型是数字化转型的"腰部工程"。尽管数字化平台的目的是让企业扁平化，让数据与AI成为企业的"腰部"，但在实际的企业运营管理中，中层仍是企业永远的"腰部"。人工智能无法取代人类，更无法成为企业实际运转的"中层"。但企业中层可以转型为人工智能经理人，也就是把人工智能技术引入中层的实际工作中，再将人工智能导入部门的日常运转过程。数字化转型过程中，领导力将下沉到中层，中层将在数字技术应用方面承担起"大将"的作用，带领自己的部门转战数字产品与服务的"新沙场"。数字化时代的中层领导力是企业管理的一个新课题，而在数字技术日渐普及和规模化的扩展时期，更是数字化转型承上启下以及打开第二曲线的关键课题。

你所在的企业是否已经成为学习型组织？企业中层是否具备积极改变自己的心态？企业针对中层经理的培训是否到位？是否已经有合适的培训合作伙伴？

本章总结

我们从第5章成长型思维和同理心带来的企业文化变革，进入这一章的深水区：员工绩效与管理思维的变革。6.1节探讨了在数字化创新业务和商业模式的影响下，销售人员作为企业绩效的关键执行者发生必要的改变。6.2节探讨了企业内部员工考核评估和企业中层经理培训的升级，以及经理人的领导原则。6.3节探讨了中层领导力转型，特别探讨了人工智能经理这样一个"新中层"，以及人工智能时代的中层领导力。企业员工绩效与管理思维的变革，是任何企业转型、打开第二曲线的深水之战。更多的企业将从微软的成功转型示范中获益，更好地完成员工管理升级。

第 3 部分

数字化转型的永续经营

第 7 章
面向可持续的未来组织规划

"到 21 世纪中叶,气候变化可能变得跟新冠疫情一样致命。而到 2100 年,它的致命性可能会达到该流行病的 5 倍。"比尔·盖茨在他 2021 年出版的《气候经济与人类未来》(*How to Avoid a Climate Disaster*)一书中发出了强烈的呼吁。**如果说新冠疫情是人类社会在共同挑战面前的第一次联合行动演练的话,应对气候变化就是全人类的正式合作。**在气候问题面前,没有哪个企业或组织能够单独应对,而必须是所有企业和组织一起,在一个共识下协调各自的行动,才能有望在相当长的一段时间内逐渐改善气候问题。而联合国可持续发展目标中还有很多问题跟气候一样,需要企业和组织做出永续规划,才能避免全人类的灾难。我们将在这一章讲述可持续发展的重要性,以及组织如何通过技术创新驱动走向可持续的未来。

○ 7.1 科技企业的负碳承诺

7.1.1 气候经济与数字经济并重

2020 年 9 月,中国国家主席习近平在第七十五届联合国大会一般性辩论上宣布:"中国将提高国家自主贡献力度,采取更加有力的政策和措施,二氧化碳排放力争于 2030 年前达到峰值,努力争取 2060 年前实现碳中和。"中国政府提出的"双碳"目标对于中国和全世界来说极具意义。我国将力争在 2030

年前实现二氧化碳排放达到峰值、2060年前实现碳中和，这意味着中国作为世界上最大的发展中国家，将完成全球最高碳排放强度降幅，特别是用全球历史上最短的时间实现从碳达峰到碳中和。

从各种数据的汇总来看，中国的"双碳"目标对于全球来说具有重大意义。以二氧化碳为代表的温室气体，已经对全世界造成了巨大而剧烈的影响。人为原因造成的气候变化，已经引发了全球每一个区域频繁出现极端的天气与气候事件。很多事件是史无前例的，有些是在发展中的状态，而有些事件，诸如海平面持续上升，已经是不可逆转的事实，将在未来数个世纪乃至千年间持续存在。

2021年8月，联合国政府间气候变化专门委员会（IPCC）发布报告，联合国秘书长安东尼奥·古特雷斯称其为整个人类的"红色警戒"，"警报声震耳欲聋，事实无可置疑！"由全球66个国家234位科学家联合完成的人类活动造成气候变化的第六次全球评估报告指出：2019年全球大气中二氧化碳的浓度比过去200万年间的任何时候都高，甲烷和一氧化二氮的浓度比过去80万年间的任何时候都要高，全球地表温度自1970年以来的升温要比过去2000年间的任何50年跨度的升温要快，与此同时，全球平均海平面自1900年以来加速升高，超过了之前3000年任何一个世纪的水平。该报告显示，由于人类活动造成的温室气体排放导致了1850—1900年间全球温度升高约1.1摄氏度。

IPCC专家们警告，到21世纪结束的时候，全球温度将再升高2摄氏度，除非全人类以快速而有深度的行动，减少二氧化碳以及其他温室气体的排放。全球温度如果再升高2摄氏度的话，将导致超过农作物和健康条件所允许的对极端炎热的关键容忍线。此外，全球温度升高将导致更多的水循环，也就是在一些地区带来更多、更强的降雨和相应的洪灾，而在其他地区则带来更强的干旱。

在《气候经济与人类未来》中，对全球升温2摄氏度所带来的恶劣影响有更多的描述。例如，全球升温2摄氏度会让脊椎动物的地域分布范围缩小8%，植物的地区分布范围缩小16%，昆虫的地域分布范围缩小18%，而这些变化带来的全球性影响是连锁的，比如气候变暖后蚊子开始寻找新的生存环境，结果就是一些地方出现先前从未出现过的疟疾和其他虫媒病例。

《巴黎协定》（*The Paris Agreement*）是由全世界近200个缔约方共同签

署的气候变化协定，对 2020 年后全球应对气候变化的行动做出了统一安排。《巴黎协定》的长期目标是将全球平均气温较前工业化时期的上升幅度控制在 2 摄氏度以内，并努力将温度上升幅度限制在 1.5 摄氏度以内。《巴黎协定》于 2015 年 12 月 12 日在第 21 届联合国气候变化大会（巴黎气候大会）上通过，于 2016 年 4 月 22 日"地球日"在美国纽约联合国大厦签署，于 2016 年 11 月 4 日起正式实施。

比尔·盖茨特别对升温 1.5 摄氏度与升温 2 摄氏度的后果进行了对比。很多人可能认为 1.5 摄氏度与 2 摄氏度相差不大，但比尔·盖茨警告说，两者实际产生的后果相差近 100%。也就是说，与升温 1.5 摄氏度相比，升温 2 摄氏度情况下受清洁水短缺影响的人口数量将翻一番，在热带地区玉米将减产 50%。第五次 IPCC 人类活动造成气候变化全球评估报告指出，到 2100 年若将全球变暖限制在 1.5 摄氏度而非 2 摄氏度，全球海平面上升将减少 10 厘米。其他惊人的结论还有：当全球升温 1.5 摄氏度，珊瑚礁将减少 70%～90%；而当全球升温 2 摄氏度，几乎所有的珊瑚礁都将消失。

而要将全球限制在升温 1.5 摄氏度，需要在土地、能源、工业、建筑、交通和城市中实现快速且有深度的转型，到 2030 年全球人为二氧化碳净排放量必须比 2010 年水平减少约 45%，到 2050 年左右实现"净零"排放，也就意味着要去掉空气中的二氧化碳以平衡剩余的排放。

7.1.2 零排放不是不排放

在比尔·盖茨的《气候经济与人类未来》中特别提到了一个数据：510 亿。510 亿是全球每年向大气中排放的温室气体的大致吨数。

温室气体主要由二氧化碳构成，二氧化碳也是世界各国主要控制的目标。根据《中国双碳大数据指数白皮书（2022）》，进入 21 世纪后，中美两国一直位列国家级二氧化碳排放总量的前两名，中国在 2004 年左右超过了美国成为世界最大的二氧化碳排放国，在 2014 年左右超过欧盟成为全球第一大二氧化碳排放经济体。

有一个数据也是比尔·盖茨在《气候经济与人类未来》中反复提及的，那就是"0"。所谓"零排放"并不是真正意义上的一点温室气体都不产生，而是尽可能快速地减少温室气体排放，同时将与排放量相等的温室气体从大气中移除，以平衡排放达到净零。

实际上，在前工业化时代，也就是在18世纪中期以前，地球上的碳循环可能大致处于平衡的状态，而自18世纪中期起人类开始燃烧化石燃料，向大气中排放了额外的碳，增加了大气中的碳总量。对于现代人类社会来说，如果完全放弃化石燃料或停止所有会产生温室气体的活动而达到零排放，这并不现实，也无法实现，因为无法阻止人们享受现代生活生产方式，而净零碳排放则是可能的——在"零碳"未来，人类仍然会排放一定的碳，但有办法消除它们。

比尔·盖茨强调：实现零排放目标，我们最好同时推进两个策略——第一，竭尽所能地提供便宜、可靠的"零碳"电力；第二，尽可能广泛地实现电气化。

"零碳"电力就是使用清洁能源的电力，即对能源清洁、高效、系统化应用的技术体系，清洁能源技术包括水力发电、风力发电、太阳能、生物能、地热能、海潮等，这些又称为可再生能源。相比于不可再生的化石能源，可再生能源的生产属于制造业，包括兴建大型的核能发电站、风力发电厂、水力发电厂等，也就是用电力能源广泛取代化石能源。

"零排放"的长期目标是在清洁电力的生产、存储和传输等方面实现突破。2014年，由保护环境的非营利机构气候组织（The Climate Group）和全球环境信息研究中心（Carbon Disclosure Project，CDP）于2014年发起的倡议活动RE100（Renewable Energy 100%），其目标是截至2050年推动企业使用100%可再生能源，已经有包括微软、远景科技、GM、宜家等在内的全球数百家企业加入。根据RE100的2021年度报告，RE100成员持续使用可再生电力能源，45%的成员企业电力消耗已经转换为可再生能源，2021年也有36家总部位于亚洲的企业加入RE100。

广泛的电气化，同时也是一场数字化普及的世纪机遇。电气与信息化和数字化息息相关，凡是有电力和使用电力的地方都可以嵌入计算设备，最明显的例子莫过于电动汽车。以特斯拉为代表的电动汽车，因为不再使用燃油引擎而可以在车内安装车载服务器等计算设备，将电动汽车转变为行动的智能手机，不仅带来了使用人工智能的无人驾驶技术的飞速发展，而且通过 5G 移动网络等联入车联网和移动互联网，将电动汽车转化为生活和工作移动空间，电动汽车将引发整个社会生活与商业模式的深刻变革。

大家还记得在前面章节提到的"技术强度"么？萨提亚说，现在正在发生的情况是计算正在嵌入现实世界的每个地方，无论是家庭或工作，还是体育场或医院，都有计算的嵌入。"技术强度"的趋势，不仅仅是因为云计算、大数据、人工智能等数字技术的广泛应用，还因为全球正在进行"绿色工业革命"——电气化为数据的产生、存储、传输和分析应用等提供了广泛的数字基础设施，整个社会的传统基础设施都将因为电气化而转型成为数字基础设施。

7.1.3 可持续发展的数字化转型

"新基建"就是数字化与电气化两大社会发展趋势交叉作用的产物，也是必然的社会发展趋势。

新基建又称新型基础设施，主要包括 5G 基建、特高压、城际高速铁路和城市轨道交通、新能源汽车充电桩、大数据中心、人工智能、工业互联网等。新基建强调数字技术与基础设施的融合，一方面为产业数字化提供广泛赋能的数字化基础设施，另一方面也是传统基础设施的电气化、信息化、数字化、智能化、绿色化的广泛改造，是"绿色工业革命"的新型基础设施。

2020 年 1 月国务院印发的《"十四五"数字经济发展规划》中明确指出：有序推进基础设施智能升级；推动农林牧渔业基础设施和生产装备智能化改造，推进机器视觉、机器学习等技术应用；建设可靠、灵活、安全的工业互联网基础设施，支撑制造资源的泛在连接、弹性供给和高效配置；加快推进能源、交通运输、水利、物流、环保等领域基础设施数字化改造；推动新型城市基础设施建设，提升市政公用设施和建筑智能化水平；等等。

世界上，并非只有中国提出"新基建"，美国在 2021 年年底也通过了几十年来最大的基础设施一揽子计划，将在未来几年释放出 5500 亿美元的新支出，涉及道路、桥梁、饮用水、清洁能源等领域。当然，美国的"新基建"并不强调其与数字技术和信息技术的融合，但数字技术和信息技术广泛嵌入全人类社会基础设施已经是正在发生的现实。

7.1.4 科技企业实践可持续发展

面对全人类的困境与机遇,个别的企业能为碳中和做些什么?**2020年1月,微软公司宣布:到2030年,微软将实现碳负排放;到2050年,微软还将从大气环境中消除部分碳排放,总量为自1975年公司成立以来的碳排放量总和,其中包括直接排放或因用电产生的碳排放。**

微软公司为此制订了详细的计划,让公司在2030年将碳排放量减少一半以上,包括直接排放以及整个供应链和价值链产生的排放。微软通过进一步推行内部碳税政策,收费范围将不仅限于公司直接排放,而是扩大至企业供应链和价值链,从而为实现目标提供部分的资金支持。

微软还提出了一项倡议,即通过自身技术帮助全球各地的供应商和客户减少他们的碳足迹,同时拨款10亿美元设立气候创新基金,帮助加快全球碳减排、碳捕获和碳消除技术的发展。从2021年开始,微软在供应链采购流程中明确加入对碳排放的要求。

微软在一年一度发布的《环境可持续发展报告》(*Environmental Sustainability Report*)中,详细介绍和记录了微软在碳排放方面的影响和减排之路。

对于未来针对碳减排所采取的持续创新和附加行动,微软总结了七项指导原则。

(1)以科学和数学为基础。我们的工作将继续以最先进的科学和最精确的数学为基础。

(2)对我们的碳足迹负起责任。微软将为其所有的碳排放负起责任,到2030年,微软将把碳排放量减少一半以上,每年的碳消除量将超过排放量。

(3)投资新的碳减排和碳消除技术。微软将投入10亿美元,用于设立新的气候创新基金,以加快碳减排和碳消除技术的开发,帮助整个世界实现碳负排放。

(4)赋能全球各地的客户。最重要的是,微软将开发和部署数字化技术,以帮助供应商和客户减少碳足迹。

（5）有效确保信息透明。微软将依据强大的全球报告标准，发布年度《环境可持续发展报告》，以确保微软的碳减排进展信息透明。

（6）为与碳相关的公共政策议题发声。我们将支持新的公共政策倡议，加速碳减排和碳消除的发展。

（7）号召员工参与其中。在推进这一系列碳减排相关创新的过程中，微软的员工将会是最宝贵的人才资产，基于这样的认知，微软将为员工创造更多机会，让他们也能够参与到这一行动中来。

科学与数学是微软碳减排的基础，微软呼吁全社会对于三类碳排放有所认知。

（1）第一类是人类活动导致的直接排放——这些废气排放可能来自个人驾驶的汽车、企业运输货物的货车或运行的发电机。

（2）第二类是使用电力或热力生产造成的间接排放，例如，用于家庭照明和企业建筑用电的传统能源。

（3）第三类是人类从事其他活动造成的间接排放，包括生产人类所需食物和商品产生的排放。对企业而言，这些排放源涉及的领域广泛，涉及完整的供应链、建筑物中的材料、员工差旅以及产品的完整生命周期（包括客户使用产品时消耗的电力）。鉴于这样的情况，一家公司所产生的第三类排放量往往远高于第一类和第二类排放量的总和。

自2012年起，微软就一直致力于实现"碳中和"。与大多数碳中和公司一样，微软主要是以资金投入进行抵消，从而实现碳中和，其中以避免排放为主，而不是消除已经排放的碳。随着对"碳中和"和"净零排放"的认知，微软进一步地积极行动，消除大气中的碳。

微软承诺在未来4年，新成立的气候创新基金将向新技术投入10亿美元，让全球各地更多努力解决碳难题的人能够获得资金支持。这些资金将主要用于两大领域。

（1）通过投资项目和债务融资加快可持续技术的开发。

（2）通过股权和债务资本投资新的创新。

微软的投资判断将主要基于四项指标。

（1）有望带来有意义的脱碳、气候适应或其他可持续发展影响的战略。

（2）在加速当前和潜在解决方案方面的额外市场影响。

（3）与微软的相关性，即创造可用于解决微软未偿还气候债务和未来排放的技术。

（4）对气候公平的考量，包括发展中经济体。除了设立新基金，微软将继续通过地球人工智能计划（AI for Earth）投资碳监测和建模项目。

在赋能全球企业和组织进行碳减排方面，微软提供了各种工具以及云服务，帮助客户更好地追踪、记录和减少碳足迹。

2021 的 10 月，微软推出了行业云解决方案微软可持续云（Microsoft Cloud for Sustainability）的预览版，这是一套 SaaS 解决方案组合，通过连接数据源、加速数据集成及报表、提供准确的碳排放数据并将碳排放量与设定目标相比较，为企业和组织提供智能洞察，以进一步在可持续发展方面采取更为有效的措施。该云解决方案在预览版发布时主要支持碳排放管理，此后还将加入水污染及废物管理等。

微软可持续云在三个方面为企业提供关键流程。

（1）记录碳排放，通过自动收集各种传感器的数据减少人工上传数据的麻烦，还能以近实时方式获得组织内的碳排放信息。微软可持续云提供了一个通用数据模型，能够打破不同碳排放源的数据孤岛，加速数据集成和报表。客户可以设置一系列的数据连接器，包括预建的连接器和其他运营数据提供商，如业务解决方案提供商、能源供应商、商旅工具、交易伙伴、IoT 及系统遥测数据等。

（2）提供报表。微软可持续云为企业与组织的能源消耗、环境影响和可持续进展等提供分析、可视化和报表功能，尤其是为外界所能阅读和理解的公共报告提供数据。

（3）减少碳排放。微软可持续云提供可行动的洞察和建议，帮助企业和组织减少碳排放以及改善业务流程，企业和组织可以设置和追踪渐进式目标和长期目标，保证走在正确的碳减排道路上并走向设定的目标。

而微软可持续云提供的通用数据模型还可以让企业和组织与其他同样使用

微软可持续云的企业和组织进行比较，从而了解自己在行业中的碳排放水平以及进展情况。当然，微软可持续云还能够帮助企业和组织识别内部的监管短板，以满足政府和行业的监管要求。

微软"双碳"目标发布后，引起了强烈的反响。2020年7月微软新财年开始之际，微软向全球发布了招标书（request for proposal，RFP），目标是在新财年内消除100万吨碳排放，结果收到令人意想不到的应标反馈——共收到了来自40多个国家和地区共计79家申请机构的189个项目提案，其中有些提案计划可在年内实现5500万吨的碳消除。通过与第三方技术专家团队进行合作，微软对所有提案进行了审核，力求清楚地了解每一项碳消除提案的持久性和风险性。基于这些提案，微软也创建了一个碳消除组合，不仅满足了当下需求，也押注了未来技术。当然，这些提案也有很大的不足，绝大部分碳消除解决方案是基于自然的短期方案，这也反映了当今的市场状况和对碳消除的迫切需求，只有小部分是中期混合方案或对长期技术解决方案的大胆押注。

2021年年初，微软发布了最为全面的《环境可持续发展报告》，并将数据提交德勤进行第三方审查，以确保信息透明度。而为了更好地履行企业责任，微软将从2021年7月开始的新财年起，将可持续发展目标的进展纳入决定高管薪酬的评判因素。自2016年以来，微软从多样化表现收益入手，将高管薪酬的一部分与环保、社会和治理措施挂钩。而微软董事会的薪酬委员则在2021年上半年评估、审查并批复了变更，从2021年7月新财年开始，这一标准将适用于包括首席执行官萨提亚·纳德拉在内的公司高级领导层薪酬。

值得一提的是，微软的2030目标并不仅限于碳排放，微软还承诺2030年做到补充比我们在工作中消耗的更多的淡水（water positive）以及实现零废弃（zero waste）。微软在2020年陆续公布了"水目标"和"零废弃物目标"：在"水目标"方面，将投资湿地恢复和清除不透水的表面（如沥青）等行动、减少公司运营用水量以及非饮用水的回收再利用，例如，到2024年微软数据中心运营的用水量将减少95%，相当于每年节省57亿升的水资源。此外，微软还利用技术帮助个人和政府更好地了解其用水量等；在"零废弃物目标"方面，微软承诺2030年前公司运营中不再产生垃圾，在2025年前包装中不再使用一次性塑料，具体包括为 Azure 和 Microsoft 365 云服务的数据中心建立"循环中心"，在现场进行电子设备的分拣、回收和再利用，在 5 年内消除微软包装中所使用的一次性塑料，Surface 设备在 2030 年实现回收利用，对于产品材料的信息进行数字化，以跟踪产品的生命周期，并有助于再利用和回收，等等。

点评

可持续发展已经是一个迫在眉睫的全球性问题，它需要所有人、企业和组织达成共识，并在共识的基础上一致行动，特别是要在 21 世纪将全球升温控制在 1.5 摄氏度内，这是关系到全体人类生存与发展的重大问题。可持续发展也是 21 世纪的全球性主题，是企业管理的前沿实践。

"绿水青山就是金山银山"，这个理念正向各个产业延伸。所有的企业都必须思考如何将可持续发展的实践引入企业的运营管理中；而正在打开第二曲线的高科技企业可以直接将可持续发展置入增长的核心，形成可持续的第二曲线，这也是高质量的第二曲线。

微软一直是可持续发展的积极参与者与行动者，在比尔·盖茨的影响下，微软推出了可持续发展的"登月工程"，提出了极具挑战性的 2030 目标和 2050 目标，为全球做出了表率。中国企业在中国政府提出 2030 目标和 2060 目标下，也将加入全球可持续发展阵营，为解决人类所面临的共同问题而做出自己的贡献。当然，从全球范围来看，基于数字技术的可持续发展仍处于早期阶段，可持续发展与数字化转型的结合是未来数十年的企业管理主题之一。

小练习

你所在的企业是否重视可持续发展？是将可持续发展视为企业宣传的工具，还是真正将可持续发展纳入企业战略之中？如何通过引入绿色可持续的数字技术推动企业的可持续转型？将这些绿色可持续的数字技术列入表中。

7.2 人工智能与永续未来

7.2.1 人工智能正在企业责任中扮演更大的角色

2020年年初暴发的新冠疫情让全球重新思考人类的未来：个人、组织和社会将如何保证一个可持续发展的未来？特别是新冠疫情引发了各国的暂时性居家令以及禁飞令等限制性措施，导致了生产、生活等方方面面的停顿与商业链条断裂；再加上近年来发生的各类洪水、蝗虫等自然灾害，健康和安全已经与环境问题结合成为一个更新、更大、更复杂的可持续发展问题，组织的环境责任也有了新的定义。

潘天佑博士2020年的世界人工智能大会（WAIC）上主持了微软以"人工智能予力永续未来"为主题的在线论坛，围绕环境保护、节能减排、传染病防控等话题，共同探讨以负责任的态度发展人工智能，构建全球可持续发展新常态的努力与愿景。洪小文博士在这次在线论坛上特别指出：在全球共同应对疫情、逐渐恢复生产、重建社会生活的过程中，以人工智能为代表的数字技术正发挥出越来越重要的作用。以下是潘天佑博士在论坛中所做的笔记，与读者分享。

首先，我们可以用数字技术助力医疗健康。今天全球有40亿人无法获得应有的医疗健康服务，人工智能和技术发展必须帮助创建更加公平的解决方案。在用AI对抗新冠疫情方面，微软在多个方面与医疗机构、医药研究者、医疗合作伙伴和病患等合作，重新调整和整合运作流程，确保足够的防控能力。

在2020年开始的全球疫情中，微软开发了与居家病患互动的机器人Microsoft Health Bot，将有关新冠的就诊或问询数量降低了至少30%；还使用了Health Bot的一个版本Plasma Bot，以帮助人们确定是否有资格捐赠康复期血浆。在关于新冠疫情趋势的预测方面，微软开发了一个先进的时空预测模型对新冠疫情的趋势进行预测，在相当长的一段时间内，该模型的预测结果都是公布的50多个模型中最准确的一个。除此之外，微软的多个实验室都与外部合作伙伴展开了对新冠诊断的深入研究。例如，Adaptive Biotechnologies公司和微软联合推出了 FDA（食品和药物管理局）批准的首款基于人体免疫细胞的新冠检测工具 T-Detect COVID，可以提供比核酸检测更准确的诊断信号。这些都是使用数字技术助力医疗健康与人类可持续发展的例子。

其次，我们可以用数字技术助力环境保护。对于当前人类社会面临的资源枯竭、能源危机、气候变化等问题，科学家发现需要从整个地球的系统角度进行研究，要打通和连接之前细分的气象学、水文学、海洋学、环境科学等多种学科，实现多学科和跨学科组织地寻找科学答案，从而解决整个地球复杂的系统性的问题。

实际上，如果把整个地球看成是一个超级巨大的复杂系统，人类至今还不能为这个复杂大系统建立一个数学模型，但大数据和 AI 技术给了我们一个机会，如果能为整个地球构建一个大数据库，就可以用人工智能的方式对这个地球大数据库进行分析，从而找到有用的模型或模式。微软首席环境官 Locus Joppa 提出的"行星计算机"就是一个好例子，它利用云计算与人工智能技术建立庞大的数据库，能够将全球的数万亿环境数据与微软强大的计算能力和先进的机器学习技术连接起来，用数据洞察帮助世界各地的科学家监测、建模和管理地球的自然资源，共同解决环境和可持续发展的挑战。

此外，企业在享受人工智能带来好处的同时，也要为它负起更多的社会责任。在 2018 年出版的《计算未来：人工智能及其社会角色》（*The Future Computed*）一书中，微软公司总裁施博德（Brad Smith）与时任微软全球执行副总裁沈向洋博士从微软的价值观出发，提出了"人工智能开发应用六原则"，它们分别是公平、可靠与安全、隐私与保障、包容、透明和负责。

公平意味着人工智能系统应当公平公正地对待所有人，为此开发人员必须了解各种偏见可能存在并被引入系统的方式。可靠度决定着人工智能究竟能够走多远，必须将不可预见性纳入设计原则，确保人工智能的安全运行。隐私与保障是数据与云计算服务取得信任的关键，这要求人工智能系统有对客户信息的保障措施，以及预防侵犯隐私的风险体系。包容需要人工智能理解使用者的情境和需求，以及他们的意图和期望。透明和负责是所有原则的基础，人们有权了解人工智能如何运作、如何帮助他们决策，系统开发者应当参与到规范和指导之中，对其运行提供监督并建立问责标准。

为确保上述六项原则有效实施，企业可以成立专门机构将这些原则与日常运行紧密结合。例如，制定内部政策，审查和界定最佳实践，指导人工智能产品和解决方案的开发和部署，并帮助解决公司的人工智能研究、产品和客户交流工作产生的伦理和社会影响问题，以及如何应对所出现的具体问题。

7.2.2 人工智能企业责任从关怀员工开始

企业的社会责任和它的环境责任同等重要。社会是由人组成的，因此企业的社会责任主要落在对人的关怀上，其中对自己员工所应该负的责任显得尤为重要。 以下列举几项企业应该关心的社会责任问题，并说明数字技术所扮演的角色，为读者提供一些思路。

1. 在数字经济与可持续发展新形态下，员工的薪酬、退休金与福利是否合理

今天，人工智能和自动化技术正在改变职场环境与工作空间，我们已经深切感受到科技推动的"按需"经济或"零工"经济。一方面，数字就业平台的发展为有技能的劳动者提供了全球各地工作的机会，劳动者无须离开自己所在地就可以通过数字平台接单，完成任务后收取相应的报酬；另一方面，随着"互联网+"的发展，出现了许多新业态以及新业态企业，"互联网+"新业态对于用工需求也趋向于"按需"制以及根据项目需求而灵活变化的组织模式，这也需要对员工的薪酬、退休金与福利进行重新考量。

我国也为新型的零工经济补充了各种社会保障。例如，2021年下半年我国人力资源和社会保障部、国家发展和改革委员会等八部门印发了《关于维护新就业形态劳动者劳动保障权益的指导意见》，并指出：近年来，平台经济迅速发展，创造了大量就业机会，依托互联网平台就业的网约配送员、网约车驾驶员、货车司机、互联网营销师等新就业形态劳动者数量大幅增加，维护劳动者劳动保障权益面临新情况、新问题。

除了零工经济，越来越多掌握了一技之长的专业人才也加入了自由职业的队伍，包括软件工程师、财务会计、业务咨询师、培训师等，而随着人工智能技术和应用的飞速发展，人工智能数据标注员、人工智能模型训练师、数据分析师等自由职业也蓬勃发展。

同样值得关注的是企业需要为有创新能力的高级人才提供宽松的就业形式、工作环境和工作空间，也包括灵活的薪酬、退休金与福利安排等。零工经济、自由职业和技术进步也推动了弹性工作制，特别是2020年开始的全球疫情一下子将远程工作和混合工作方式推给企业和组织，而愿意采用弹性工作制的人数已经在同时期迅猛增长，两者叠加造就了全球广泛的新就业形态。

在这一大趋势下，员工的薪酬、退休金与福利可以考虑社会化与平台化，鼓励员工的自由流动、项目团队的灵活组建以及对创新的更高容忍度。此外，随着大数据的发展，全行业的薪酬、退休金与福利等也越来越透明，这也为薪酬、退休金与福利等的社会化与平台化提供了充分的可能性和可行性。当然，毋庸置疑，远程工作、混合工作、弹性工作、自由职业等本身就是绿色的就业与工作方式，不仅极大节省了出行与出差、办公楼宇等成本，也相应节约了这些方面的碳排放。

2. 对于多元性、包容性和防止性骚扰的工作场所政策是否完善

自从人工智能技术大规模进入生产生活后，部分人一直对它存有戒心，担心人工智能将取代人类的岗位。事实上，人工智能并不能完全取代人类，因为它并不具备人类的创造力、合作、抽象与系统思维、复杂沟通以及在多样化环境中工作等能力。人工智能会进入企业和组织的各种流程中，与人类一起协同工作，因此，成功的数字化转型反而能增加女性、少数族裔、残障人士等在职场中的工作与发展机会，并推动企业人才的流动，因为自动化系统在很大程度上消除了性别等差异，让多元化人群创造更为公平公正的职场环境，而且Teams等工具所提供的实时翻译能进一步加强全球性的协作。当然，即使在高度现代化的职场中，仍无可避免地出现不够包容或不尊重多元的现象，性骚扰

问题也很难完全根绝，因此企业与组织要积极应对，并经由员工培训建立正确的企业文化。

3. 员工的培训和教育计划是否完整有效，员工流动率是否合理

要适应未来工作，人们需要掌握的最重要的一项技能就是学习能力。前面章节提到的"成长型思维"本身就要求企业员工不断学习、不断成长，将企业打造成动态学习型组织。

而随着人工智能等数字技术广泛嵌入企业的各个方面，企业也对普通员工的数字技术和计算机技术的要求提上了日程。2021年年底，人力资源和社会保障部、教育部、发展改革委、财政部等四部委联合印发了《"十四五"职业技能培训规划》，并指出："十四五"时期职业技能培训面临新的挑战，产业转型升级、技术进步对劳动者技能素质提出了更高要求，人才培养培训不适应市场需求的现象进一步加剧。而职业技能培训难以适应数字技术、人工智能的发展要求，培训基础能力薄弱，针对性、有效性需要进一步提高。

"终身职业技能培训"的提出以及制度化，强化了"成长型思维"在全社会的广泛接受，终身学习对于企业和组织员工、自由职业者、个体劳动者等广泛的就业群体来说是一大课程，也对企业和组织以及社会机构提出了前所未有的挑战。这意味着员工培训和教育计划不再是一成不变的，而是要根据市场的快速变化而动态及时调整，除了依靠企业和组织的自身力量尽可能为员工提供更多的职业培训和教育机会，也有赖于社会化的机构和平台弥补当代职业技能培训这一巨大的市场缺口。

在面向人工智能驱动的数字经济职业技能培训中，必须要提到一个新兴的领域，那就是计算思维。所谓计算思维，就是用计算机语言和思考问题的方式，解决现实工作中出现的问题。而到了人工智能时代，需要人人都掌握一定的人工智能思维，运用市场上提供的各种低代码人工智能开发平台，自行解决遇到的工作问题。

现在，诸如微软智能云提供的 Power Platform 这样的低代码开发平台，已经为企业中非技术背景的员工提供了很好的应用开发功能，可以通过编写 PPT

的拖拉拽方式完成一个应用App的开发，平台也提供了人工智能辅助编程工具，让企业财务、市场营销、人力资源管理等非技术背景的人员也能自行开发业务App，用自动化方式解决工作中的问题。虽然不需要非技术背景的企业员工学习和掌握计算机开发语言以及人工智能模型训练等专业技能，但仍然需要他们掌握和理解计算思维以及人工智能思维，也就是要理解人工智能算法原理并从人工智能算法原理的角度重新审视现实中的问题，再找到合适的程序编写思路和逻辑，最终才是落实到低代码开发平台与工具中。

7.2.3 将人工智能企业责任融入日常运营

人工智能企业责任还体现在公司运营管理以及对外关系方面，从使命宣言到客户关系管理再到促进社会公平与效率，人工智能可帮助企业在更高和更广的层面重新找回企业的价值。

1. 公司的使命宣言是什么，它是否与社会相关并对社会有益

公司的使命宣言是一个企业战略管理中的经典课题。对于当前绝大多数公司来说，更重要的是在重大转型时期重新找到公司的使命，也就是解决何去何从的问题。萨提亚在《刷新》一书中这样写道：一家公司的使命是它的灵魂的表述。那么，为了让公司在时代巨变的浪潮中不断刷新，就需要通过找到适应新时代的新使命宣言，重新发现公司的灵魂、重新刷新业务、重新在新时代中建立新的核心竞争力。

当代中国企业面临两大挑战：数字经济与可持续发展。"数字经济是继农业经济、工业经济之后的主要经济形态，是以数据资源为关键要素，以现代信息网络为主要载体，以信息通信技术融合应用、全要素数字化转型为重要推动力，促进公平与效率更加统一的新经济形态。数字经济发展速度之快、辐射范围之广、影响程度之深前所未有，正推动生产方式、生活方式和治理方式深刻变革，成为重组全球要素资源、重塑全球经济结构、改变全球竞争格局的关键力量。"

这是《"十四五"数字经济发展规划》对数字经济的定调。也就是说，数字经济作为一种新的经济形态，得到了社会的认可，那么接下来就是如何适应数字经济,并在数字经济中生存与发展。除了数字经济,可持续发展也是一大课题,包括:企业如何在全球可持续发展这一全人类共同挑战中贡献自己的价值,如何将企业行为与社会利益结合起来,如何在企业生产运营中开展绿色实践,等等。

因此,围绕数字经济与可持续发展,在"百年未有之大变局"下,中国企业需要重新审视公司使命宣言,在变化中找到不变的价值,而这就是公司的灵魂。

2. 客户关系如何管理,客户服务部门的反应能力和效率如何

随着全球经济从农业经济和工业经济向数字经济发展,可持续发展成为人类共同命运的大主题,客户关系再次成为企业战略的核心,而在人工智能、大数据、物联网等数字技术加持下的客户关系,又在新的时代有了新的定义。

首先,客户关系管理是企业的战略核心,而不是一个业务或运营领域。在可持续发展的"高压线"下,人类社会不能无休止地生产和消耗物理产品,整个社会对于物理产品和设备的容量已经达到了饱和,为了给整个人类以健康、安全和可持续发展的环境,我们需要围绕客户需求重新配置资源和优化产品供给,在适度满足客户需求的同时达到社会和谐与环境友善。

其次,人工智能等自动化技术正在大规模参与客户关系管理,很多时候客户所接到的电话、邮件或社交媒体信息等,都不是来自真正的人类,而是来自人工智能代理或机器人。自动化技术已经为企业提供了全方位、全时间、全地点的客户关系生命周期管理模式,特别是在全球疫情导致的物理隔离情况下,人工智能等自动化技术正在填补人力所不及之处。

最后,随着数据隐私保护以及信息安全等法律法规的实施,客户关系正从互联网时代的数据红利,向"互联网+"时代的人工智能模型红利发展,人工智能模型可以实现数据的脱敏,也无须数据离开其产生地,通过在边缘计算设备部署人工智能模型,即可以获得所需的客户洞察。

3. 公司是否关心社会的公平与公正,是否通过合适的方式支持公益事业

基于前面的讨论,我们正在走进数字经济与可持续发展的大未来,企业和

组织不再是孤立和独立的个体，而必须融入整个社会经济生态之中，因此公司更需要关注社会公平与公正。例如，碳消费与碳排放的公平与公正、低收入人群通过数字技术获得公平发展机会等。而公司对于公益事业的支持方式，除了传统的捐款捐物，也可以鼓励员工实际参与扶贫、尊老爱幼，或是像前几章所提到的利用公司黑客松的机会，共同为残障人士设计改善方案。这些不但能扩大企业社会责任的接触面，也能借机让员工培养同理心，进而建立与人为善的企业文化。

7.2.4　为什么要在人工智能时代重视企业责任

说到这里，也许有读者会问：重视环境与社会责任对于企业有哪些好处？

首先，它能提高企业的声誉与可投资性。很明显，企业可持续报告已经被提到与企业财报同等重要的地位，随着欧盟行政指令在欧盟市场的陆续实行，以及国际财报标准组织建立国际可持续报告标准，投资人势必将企业的可持续举措列为投资的重要判断依据。企业主动承担环境与社会责任，这将从长期建立可持续的品牌以及可持续的企业战略，这样的企业更具有长期的投资价值，而且能够率先获得市场和资本的关注，为企业的发展赢得先机。

其次，重视环境与社会责任能提高企业竞争力。节能减排与数字化转型中的提高生产效能是一致的，为了维护环境与社会所做的投资，我们通常可以长期地降低生产成本。消费者和企业客户越来越倾向于采购具有可持续性的产品、服务和方案，在同等情况下消费者会优先购买更为绿色的产品与服务，企业客户也会优先购买更为可持续的方案，这些趋势都让更积极地实践可持续举措的供应商在竞争中胜出。

再次，重视环境与社会责任能强化创新精神。可持续创新是一个全新的创业赛道，当前全球在可持续领域的技术创新仍处于起步阶段，但全球对于可持续领域的投资正在迅速增长。比尔·盖茨在《气候经济与人类未来》中提出，即将投入到气候变化灾害的累计金额将非常庞大，将是公共和私人资本的结合。可持续创新可以说是极致的数字化，因为可持续创新需要企业和组织打开边界，不同地区甚至不同国家的公共机构与企业组织一起，围绕全球共同的难题找到解决方案。

最后，重视环境与社会责任会有长期投资回报并能减低企业风险。从中国到全世界，可持续发展是大家都必须走的道路，所以企业在这方面的投入属于低风险并且回报明确的长期投资。也许有的企业现在舍不得花那一点钱，但是当别人都建立可持续发展能力之后，再投资就来不及了。

点评

2020年开始的全球疫情给所有的企业和组织都敲响了警钟，那就是健康、安全与环境问题组成了一个更大的不容忽视的议题，企业和组织必须要思考可持续的未来和持续经营策略。无论是应对越来越紧迫的环境责任，还是人工智能时代的社会责任，企业和组织都需要更好地利用数字技术，找到持续经营的方式、方法。在可持续发展面前，有些企业基础设施将面临全面和彻底的翻新，企业一直在迟疑或犹豫的投资也将获得更大的肯定和坚定支持——不仅仅是企业高层，还有来自全体员工以及全社会的广泛支持。数字化创新与可持续创新叠加，将带来一代人的创新机遇。

小练习

将数字化创新与可持续创新相结合，能为你所在的企业带来哪些新的机遇？如何抓住这些机遇呢？

7.3 组织规划全面升级

7.3.1 ESG基金：时代的指挥棒

ESG是环境（environmental）、社会（social）和公司治理（governance）这三者的英文首字母缩写，是"社会责任投资者"最感兴趣的三大领域。这些投资者认为，重要的是将他们的价值和关切（如环境关切）纳入投资选择，而不是简单地考虑投资机会所带来的潜在盈利能力和/或风险。国内外都有ESG基金，尤其受年轻世代欢迎。

ESG进入中国市场的视野，源于在2018年A股正式被纳入MSCI全球指数。MSCI全称是Morgan Stanley Capital International，是一家提供全球性指数编制的公司，主要提供以指数评级工具为主的金融类分析工具。MSCI的ESG指数主要针对纳入MSCI指数的上市公司，对其ESG报告方面的表现进行评级，供广大投资者在做出投资决定时获得更多的信息。MSCI认为公司的ESG表现也是投资决策的考虑因素之一，MSCI ESG评级就是帮助投资者了解投资标的在ESG方面的状况。根据MSCI的研究，新兴市场（包括中国、韩国、印度等国家）中**ESG报告评级高的上市公司，其总体投资回报表现要明显高于平均水平。**MSCI ESG评级有一整套的评级指标体系，每年一次对纳入MSCI的上市公司进行评级，最终评级分为7个等级，由高到低分别为AAA、AA、A、BBB、BB、B、CCC。

而在2020年中国政府提出"双碳"目标后，中国的金融数据和分析工具服务商Wind在2021年6月发布了针对中国ESG投资者的ESG评级指标：Wind ESG。MSCI ESG与Wind ESG一起，在中国投资市场推动了对ESG投资的重视，2021年也被视为中国ESG投资元年。进入2022年，越来越多的股民开始关注上市公司的ESG策略，不少股民通过投资平台直接向上市公司提出ESG相关的问题。

然而，不论是MSCI ESG评级还是Wind ESG评级，中国上市公司的评级水平普遍尚不理想。原因包括各方对ESG的定义和内涵尚未达成共识，监管层面尚未完成统一的ESG标准构建，ESG信息披露不够充分，以及投资者缺乏翔实、透明、及时的ESG数据等，这些都制约了ESG投资在中国的发展。不过，中国公司对于ESG的重视在近年来呈直线上升趋势。根据Wind统计，2018年到2021年设有ESG专项管理组织的公司数量持续上升，2021年有244家A股公司通过设立董事会ESG委员会、经营层ESG工作委员会等对ESG事项进行统一管理，其中191家公司明确了专项组织的具体管理职责。

7.3.2 从公司治理中体现 ESG

本章已经讲述了 ESG 里的环境责任与社会责任，下面简单介绍"公司治理"。潘天佑博士曾经在 2018 年到 2021 年担任台湾上市公司远传电信的独立董事，他深深体会到公司治理对企业成功的重要性。**公司治理本质上是关于顶层行政办公室如何管理公司，即执行管理层和董事会在多大程度上照顾到公司各利益相关者，包括员工、供应商、股东和客户等。**以下是公司治理的几个关切点。

（1）董事会的成员应该正直并多元。许多企业家为了能控制董事会，尽量依靠股权安排足够的自己人担任董事，而投资人和社会大众也不得不接受这种现象。然而，这很容易造成董事长或企业的实际掌权者听不到该听到的声音，没有正直的人为员工、供应商、股东和客户的利益着想，也没有人能提出多元平衡的观点。

（2）独立董事与稽核机构应该独立行使职权。中国证监会于 2001 年颁布了《关于在上市公司建立独立董事制度的指导意见》，根据该规范性文件，上市公司应当建立独立董事制度。独立董事不在公司担任除董事之外的其他职务，不对公司董事长负责，反而需要监察董事长、总经理等董事会成员，维护公司整体利益，尤其是关注中小股东的合法权益不受损害。此外，在内部稽核方面，上市公司为实现企业更好地经营、管理，在经营期间一般会定期、不定期地开展内部审计，并由专职审计人员出具内部审计报告。在内部稽核与控制方面，大数据可以发挥重要的作用，在人工稽核与控制不及之处，基于大数据、物联网、智能系统等能够显著提升内部稽核与控制水平。

（3）高管薪酬问题也是公司治理的重点。让我们设想一下，一家企业的员工薪水由高管决定，那么高管的薪水由谁决定呢？也许有人会说，那就层层节制，最后由 CEO 决定吧！那么 CEO 的薪水由谁决定呢？如果是董事会决定，那么董事会的薪酬又由谁决定呢？如果董事会被企业家"控制"，而独立董事又不独立，那么公司所有的利益都由"顶层行政办公室"操控，股东和员工不但说不上话，恐怕连知道的权利都没有。如果一家公司业绩平平甚至亏损，董事与高管却领着高额报酬，试问谁又愿意投资这家公司？

我们也许不能让所有企业做到完全公开透明、合理合法，但起码能够鼓励愿意这样做的企业。这就是 ESG 的价值。公司的治理成效不单由政府监理，民间有公信力的机构也会评分，那么一家在环境责任、社会责任和公司治理上做得好的公司就会得到投资者的青睐，同时享有更高的市盈率与企业声望。这就是为什么前面说的 ESG 报告评级高的上市公司，其总体投资回报表现要明显高于平均水平。

7.3.3 面向未来，调整企业组织规划

潘天佑博士在 2021 年 6 月主办微软亚洲研究院创新论坛，特别邀请了四位嘉宾：微软洪小文博士、清华大学薛澜院长、上海仪电（集团）有限公司吴建雄董事长、华夏基金李一梅总经理。以下是他们在讨论 ESG 时潘天佑博士所做的笔记要点，与读者分享。

（1）从 ESG 的发展来看。 很多企业特别强调社会责任，所以原来存在 CSR（企业社会责任）一词，但 CSR 在运行过程中有过偏离，部分企业的 CSR 和企业核心业务有时是分离的，即 CSR 可能是一个独立部门，比如从事一些公益慈善事业。

这种行为背后有一个"市场运行有效"的假设，经济学中提到：如果产品投放到市场中，有客户买单，那么就意味着创造了价值，生产产品的社会成本也意味着被市场有效识别、吸收了。但在很多情况下，市场的产品和服务也会产生负面影响，而社会不能很快识别到负面影响。

例如，在工业革命时期，大量燃烧化石燃料，提高了人类的能力，推动了生产的快速发展，当时并没有人认识到多年之后碳排放会引起气候变化。因此，有时候负面影响存在滞后，很难快速抓住。另外，大家原来对市场信心满满，认为市场能够分析所有的成本效益，但实际并不是这样的。

所以，企业作为一个主体，不能盲目跟随市场，必须要建立自己的核心价值观，并且其价值观一定要符合社会、人类进步的节奏。从这个角度来看，ESG 是产业发展的觉醒，它在提醒企业不能仅仅追求商业价值，更关键的是将社会价值和商业价值有机结合。

（2）从投资的角度来看。原先企业用财务报表来衡量企业赚钱的能力，现在 ESG 是一把新的尺子，能够衡量企业更长远的价值。无论是商业向善还是科技向善，能为人类的未来和科技的未来创造价值，创造长期可持续价值的企业，才是真正能够给投资人创造长期回报的企业。

基金公司希望能够把投资人的财富转化成资本，将其运用到有正向价值观的企业的发展当中，那么这就是全社会的正向循环。我们应该把 ESG 当作企业投资领域里的投资理念看待，ESG 不是一个产品概念，也不仅是一种正能量的观点，而是行动——真正脚踏实地实践自己的信仰，真正把 ESG 作为自己的企业价值观与投资战略。从长期来看，这样做的企业一定会获得更好的发展，也一定会获得更多投资者的认可。

（3）从企业管理的角度来看。企业一定要有良知，企业要有自己的社会价值观，要重视环保，要重视产品是否能够给社会带来正面意义，不要以赚钱为第一目的，要重视社会效益。在经营企业时，要经常主动思考伦理、隐私、法理等问题；同时要注意立法永远是滞后的，作为一家企业要主动思考，不能等到出现了社会问题再去弥补，企业主动出击才能得到社会的认可。此外，企业还要培养员工的社会责任意识，例如，在疫情期间员工主动投入到防疫当中，主动参与到志愿者的服务当中，这就是一种价值观的体现。企业应该承担更多的角色，发挥更重要的作用。

（4）从技术治理的角度来看。第四次工业革命给我们带来了很多便利，人工智能、无人驾驶、3D 打印等技术的发展速度越来越快，这些技术在高速发展的同时，也隐藏着潜在风险，甚至带来了现实困扰，比如侵犯隐私、数据泄露等问题。以前有过教训，一项技术如果没有在发展的过程中及时采取安全措施，一旦对人类造成了重大伤害，其未来发展的机会就比较渺茫了。正因如此，现在特别强调"敏捷治理"，即在技术发展的过程中，政府、企业与社会形成"利益共同体"，共同探讨如何规避潜在风险，或者采取措施减缓甚至彻底消除风险。

例如，在人工智能应用领域，国家成立了专家委员会，2019 年 6 月，该委员会出台了人工智能治理准则并与国际同行展开交流，而这些准则面临的最大挑战是如何转化为约束企业实际操作的规则。立法的程序非常漫长，而技术发展速度非常快，等到相关法律出台，技术发展已经远远超出了法律的约束范畴。因此，现在更关键的是让企业把 ESG 等作为价值观念，例如，程序员在编码过程中要思考为社会安全带来的风险等。因此，政府、企业、社会三方合作才能够推动现代科技的健康发展。

（5）从整体来看，中国市场对于 ESG 越来越重视。与此同时，人工智能等数字技术驱动的数字化转型和数字经济也在这几年得到蓬勃发展。2021 年中国"十四五"启动之机，ESG 与数字化转型开始合二为一，定义企业的未来发展路径。市场调查公司 IDC 在发布的《2022 年全球数字化转型预测——中国启示》中指出：碳中和计划是数字化转型的一个关键目标。而如何利用数字技术实现"双碳"与 ESG 目标也开始考验企业的社会责任。在另一份 IDC 预测中，到 2023 年，50% 的中国 1000 强公司将把环境可持续性参数牢固地嵌入其业务 KPI 中，50% 的中国 1000 强企业将需要首席信息官实施可持续的信息技术，将环境、社会和治理实践嵌入从采购到处置的技术生命周期中。

面向 2030 年和 2060 年，中国企业需要走向绿色的数字经济，通过实施更具战略性的绿色数字化转型，在推动企业实现"双碳"目标的同时，建立企业在数字经济中的新的核心竞争力，达到"碳减排"与企业发展的双目标。除了微软推出可持续发展云的行业解决方案外，2021 年各信息技术厂商和数字化解决方案供应商陆续加入到可持续发展解决方案阵营，一方面响应欧盟和国际财报标准委员会等新要求；另一方面确确实实将数字技术普惠与环境和社会责任结合起来，打开跨界创新与合作的新空间，为企业找到可持续的数字化路径。

7.3.4　ESG 与数字化双转型：走向 2060

企业如何从数字化转型中展望永续未来？2020 年的全球疫情促进了 ESG 与数字化叠加的技术变化。在数字化技术促进全球广泛连接以及加速数字化转型的过程中，全球对 ESG 也给予前所未有的重视。特别是 2020 年第 75 届联合国大会上，中国向世界承诺力争在 2030 年前实现碳达峰，在 2060 年前实现碳中和，"双碳"目标与全球疫情治理，将更为全面的 ESG 摆在全球企业和组织面前。

而 ESG 创新与数字化创新一样，是一个庞大而复杂的领域，企业和组织可以从任何点出发开始 ESG 创新之旅，也可以汲取这些年来数字化转型的经验而采取不一样的措施。实际上，经过了 2015 年到 2020 年的数字化转型，全社会都意识到数字化创新不是一件小事情，而是一个必须全面拥抱的大事业，也就是用数字化改变企业的方方面面，包括所有的业务部门和职能。数字化不仅能够让企业更快速地按以前的方式做事情，它还能够让企业以全新方式运营。**当 ESG 创新与数字化创新以及数字化转型相交汇时，注定不是"小打小闹"式创新，而是一场大规模的创新盛宴。**

下面，我们从几个方面介绍 ESG 与数字化创新相结合的场景，为读者提供一些思路。这里举的大多是微软的真实案例，读者可以在网上找到国内外更多其他的成功案例。

（1）**降低能耗**。它包括低功耗建筑和办公室环境、低功耗数据中心、低功耗算法等。在低功耗建筑和办公室环境方面，微软自 2012 年起就在 Puget Sound、Las Colinas、Fargo、Charlotte、硅谷、都柏林、北京和上海等微软办公园区部署了智慧能源建筑方案（Energy Smart Buildings，ESB），该方案与能源优化项目以及现代工作空间等方案相结合，在 2012 年到 2020 年间让微软办公园区的能耗降低了约 25%，而微软的办公楼宇仍在不断增加。

具体来看，微软在西雅图总部园区的 3 万台各类设备中部署了超过 200 万个传感器，将 145 栋建筑相互连接，在微软智能云及大数据解决方案的支持下，实现了全面的预防性维护，确保 48% 的设备故障在 60 秒内就能得到修正，实现了资源的统一、高效管理；位于北京中关村的微软中国总部大厦，也在落成之初就全面采用数字化设计理念，从智能办公空间管理、空气监测与净化系统，到智能储能与调配系统，大厦的运行和管理全面融入物联网、大数据、人工智能技术与服务，是现代智慧办公建筑的典型代表。

在低功耗数据中心方面，微软智能云 Azure 是全球第二大公有云，在全球运营着数量庞大的数据中心区域，推进数据中心的低功耗运行是履行环境责任的重要一环。在许多降低数据中心能耗的技术中，Natick 项目最具创意：微软与海洋能源伙伴合作开发出自给自足的水下数据中心，从而为沿海城市提供云服务。海水能够为水下数据中心提供免费且随时可用的冷却方式,而这正是陆地数据中心最大成本之一。海底水下数据中心还可以作为海洋可再生能源,如海上风力发电场或潮汐涡轮机等的固定承租方,从而让这两个行业同步发展。

（2）**提高效能**。在多数的生产活动中,提高效能就是降低成本并同时降低能耗,因此利用机器学习优化流程、采用公有云、建设智能工厂等都是一石二鸟的手段。例如,微软园区使用机器学习技术改进微软办公楼宇的供暖、制冷以及空气循环等 HVAC 系统的运营计划,并分析来自 HVAC 系统以及办公楼宇的数据,结合天气预报信息等,预测办公楼的人员容量以及 HVAC 系统运营行为等,以提高能源利用效率。

从本地数据中心迁移到公有云也能为企业显著地降低能耗,并提高计算效能。在一份 2020 年的分析报告中,微软与一家专长于环境及可持续领域的咨询公司合作,为企业采用微软公有云服务而不是企业本地数据中心建立了环境影响模型,该报告的结论是:采用公有云服务比企业自建数据中心要提升 22%～93% 的能源使用效率。

在建设智能工厂方面,微软合作伙伴台达智能管控中心项目通过混合云方式部署大数据分析、AI 及边缘计算服务,可以对工厂各项能耗进行全面监控、管理、分析、预测和优化,实现能效可观的节省、合理安排生产,从而达到降低各类能源浪费的效果。针对工业领域中水资源污染和浪费问题,微软与合作伙伴艺康携手推出的工厂水资源管理方案采用模块化设计,基于物联网技术对全厂水资源使用情况进行数字化、可视化管理和呈现,并借助算法和分析进行前瞻预警。

（3）**弹性工作**。后疫情时代,以远程会议、在线协作、移动办公、混合办公为代表的现代工作文明变革正在快速兴起,而成功应对疫情、率先恢复发展的中国,已经走在了引领变革的最前列。新的工作模式可以有效地舒缓上下班形成的早晚高峰,也就降低了堵车所造成的能源浪费与空气污染。2021 年 5 月,Microsoft Teams 迎来上线 4 周年之际,它已经成为微软生产力云平台 Microsoft 365 的核心应用,为全球 1.45 亿用户、近 3000 家万人以上规模的组织搭建在线沟通、协作的核心平台。

微软公司本身全面支持混合办公，即使疫情结束员工也可以选择相当比例的时间居家办公。云就绪让疫情期间的微软在全球范围内快速、全面迁移到了远程工作，依托于云端、完全数字化的生产力工具、协作沟通、业务流程，远程工作几乎没有降低微软员工的工作效率，而将数字化基础设施以及主要业务流程迁移到云端，还显著提高了整个微软公司工作方式的灵活性，并且让整个企业的数字化管理实现了一步到位的转型升级。

（4）**掌控 ESG**。我们可以使用云与物联网等收集 ESG 数据，如碳足迹、能耗水耗、垃圾分类等，并利用大数据分析为管理层提供决策依据。例如，壳牌（Shell）就利用微软智能云加快清洁能源的开发。这家全球性能源企业每周需要处理其全球资产基础上的数十亿数据点。借助智能云，系统可以快速聚合和分析数据，进而生成一个虚拟图来反映业务的现状。壳牌还基于 Azure 开发了一款数字工具，用于供应商的碳排放量管理，包括显示基线、设定目标并为运营制订计划等。此外，两家公司合作开发的工具和解决方案，可以帮助中小企业计算碳足迹，同时探索和获取低碳的解决方案和产品的新途径。

（5）**植入文化**。让 ESG 成为数字化转型计划的一部分，并根植在企业文化中。在近年来的 MSCI ESG 评级中，微软公司均被评为 AAA 级，也就是最高等级。对于微软来说，ESG 已经成为企业文化的一部分：微软总部园区自 2016 年以来就被认证为零碳园区，微软向可持续发展方面的投资也通过微软的产品、服务与设备等传递价值，从 Surface 到 Xbox，微软都强调设备的环保材料使用。2021 年，作为微软"2030 年零废弃物"承诺的一部分，微软与合作伙伴开发出了以海洋中回收的塑料瓶为基础制造的海洋塑料，并发布了首款采用该材料制造的微软海洋环保鼠标，其中有 20% 的材料由来自海洋的可回收塑料制成。

微软向 AI for Earth 投资了 5000 万美元，为那些直接在可持续生态方面的工作人员赋能。例如，2021 年 10 月在昆明召开的联合国《生物多样性公约》缔约方大会第十五次会议上，微软与物种和生态系统保护组织山水自然保护中心合作的"地球人工智能计划"首个在华落地项目成功入选了"生物多样性 100+ 全球特别推荐案例"，山水自然保护中心与微软打造了一套以红外相机收

第7章 面向可持续的未来组织规划

集雪豹、大熊猫、金丝猴等珍稀动物活动信息并面向公众展示的公民科学项目，借助微软智能云 Camera Trap API 开发的红外相机智能管理系统，图像识别准确率达到 90%，数据处理效率提升了 50%，基于 Power BI 构建的物种情报平台能面向公众动态展现 26 个物种的地理、时间分布和变化情况。

当 ESG 可持续发展被纳入全球资本市场的考量指标后，ESG 就不再仅仅是企业责任，更是企业的运营健康指标。ESG 报告与企业的财务报告被视为同等重要的投资者参考，而 ESG 也被视为企业战略的一部分。对于企业的第二曲线来说，必须要考虑与 ESG 战略的结合，因为面向未来的业务战略必须基于 ESG，否则将不具备持续的生命力。将 ESG 全面纳入企业的组织规划中，纳入企业的财务经营指标和财务报告中，纳入企业高层的薪资绩效考核中，纳入企业董事会以及管理层的设置中……ESG 将不再是企业的"一层皮"，而是深入企业的"骨髓"、融入企业的 DNA。ESG 与第二曲线相结合，是一次企业再造的契机，必将打开企业的永续经营之道。

你所在的企业是否重视 ESG？是否已经开始筹备 ESG 报告？是否将按年度发布 ESG 报告？如果没有，你将如何引导董事会或企业高层对 ESG 的关注？

本章总结

在本章中，我们讨论了在可持续发展和数字化转型两大趋势中，组织如何规划永续经营。7.1 节强调了以应对气候变化为重点的可持续发展是全人类社会必须面对的挑战，企业必须警醒并全面参与到可持续发展实践中，将可持续发展与企业战略深度结合。7.2节探讨了人工智能时代的企业责任有着更大的范畴，特别是对于数字平台企业来说，可持续的企业社会责任就意味着企业内外运营的全面调整。7.3节特别提出了资本市场已经将ESG纳入投资参考中，ESG必须要体现到公司治理中，成为面向未来的企业组织战略。人类正进入绿色数字经济大未来，那些率先规模化采用可持续发展实践与数字技术的企业，必将在绿色数字经济中抢得发展的先机，并有机会打开永续经营的第二曲线。

后记

通用人工智能时代的数字化转型

2023年年初的时候，ChatGPT火了。微软创始人比尔·盖茨就OpenAI推出的GPT系列预训练语言大模型技术表示，这是他继1980年第一次看到GUI图形用户界面以来，第二次被科技所震撼。而OpenAI所推动的大语言模型、生成式AI（Generative AI，GAI）与AI生成内容（AI Generative Content，AIGC）等技术发展，把AI带到了与芯片、PC、互联网和手机同等重要的历史地位和阶段，这就是通用人工智能时代。

2023年3月，高盛集团（Goldman Sachs）研究报告显示，由ChatGPT所代表的生成式AI可将全球GDP提升7%，相当于10年期间全球年GDP增长近7万亿美元。虽然生成式AI产品仍处于早期阶段，就像早期的个人计算机和互联网那样，但其超强的智能自动化能力极大提高了工作效率、降低了运营成本，这会对全球宏观经济产生巨大影响，全球主要经济体四分之一的工作可能实现自动化。

成立于2015年的OpenAI是一家以实现安全的通用人工智能为宗旨的开源开放型公司，该公司的创始人包括特斯拉创始人埃隆·马斯克（Elon Musk）、美国创业孵化器 Y Combinator 总裁山姆·阿尔特曼（Sam Altman）、在线支付平台 PayPal 联合创始人彼得·蒂尔（Peter Thiel）等。2017 年，谷歌推出了著名的 Transformer 开源机器翻译模型，后来该模型被广泛应用于各类自然语言处理（NLP）任务中。在 Transformer 的基础上，OpenAI 开创了新的历史。

简言之，Transformer 是一种改进的神经网络算法。相比于 AlphaGo 时代的 CNN、RNN 等神经网络算法，Transformer 改进了算法的存储性能，它可以"记忆"更长时间范围内的内容，同时还能够进行大规模并行计算，非常适合云计算这样的计算方式和规模，因此基于 Transformer 的模型能够达到千亿级参数甚至万亿级参数，OpenAI 在 Transformer 的基础上，开发了 GPT（Generative Pre-trained Transformer，生成式预训练 Transformer）模型，也就是先用一个大规模参数的 Transformer 模型将互联网内容都学习一遍，待存储了通用知识后，再用于生成新的内容，或接入具体的下游计算任务。

在 OpenAI 之前，尚没有一家技术公司尝试千亿级参数的预训练语言模型，这是因为：① Transformer 开源模型还没有出现；② 千亿级参数大模型的一次训练成本高达 500 万美元，即使经过系列优化后仍高达百万美元。2019 年，微软向 OpenAI 投资 10 亿美元，同时承诺为 OpenAI 建造一个可供大模型训练和运行的超级 AI 计算机。这是一项前所未有的挑战，此前还没有任何一家技术公司进行过类似的尝试。这就是微软智能云 Azure 的下一个前沿领域——通用 AI 云计算，即通过公有云提供通用 AI 能力与服务。而通用 AI 即指由 GPT 所代表的、具有人类通用知识的大语言模型。

ChatGPT 是基于 OpenAI GPT 3.5 架构的产品，它比前代产品具有更超大规模的参数：GPT-1 具有亿级参数，GPT-2 具有 15 亿参数，GPT-3 具有 1750 亿参数。在 GPT-3 的基础上，ChatGPT 增加了生成式对话的能力，可对 GPT 存储的人类通用知识进行调用，这样人们就能够使用 GPT 了，ChatGPT 也被称为对话机器人。

ChatGPT 在超大规模智能方面是一个飞跃。有研究发现，当语言模型参数、用于模型训练的数据以及算力达到超大规模后，就会出现机器智能的涌现现象，也就是说，当 AI 大模型存储了全人类通用知识的时候，机器就能表现出超越人们预期的智能水平，例如，GPT-4 在律师、会计师、GRE 等考试中可获得接近满分的成绩，还可生成高质量的商业文案、学术论文、代码等。

微软于 2021 年再次向 OpenAI 投资 20 亿美元；2023 年进一步承诺向 OpenAI 投资 100 亿美元，用于支持 OpenAI 的研发。微软在获得 GPT-3 独家授权的基础上，还将 OpenAI 技术大规模纳入自己的产品和服务中，于 2022 年推出 Github Copilot，2023 年推出 Dynamics 365 Copilot、Microsoft 365 Copilot、Security Copilot、Power Platform AI Copilot 等，直接将 GPT 的超强人工智能体验推向了最广大的普通用户。

例如，Microsoft 365 Copilot 和 Bing 将 GPT 的技术嵌入 Office 办公软件和 Bing 搜索引擎中，全面提升了信息和知识工作者的生产力；Github Copilot 直接提升了数百万程序员的生产力；低代码开发平台 Power Platform AI Copilot 让非 IT 员工通过一系列对话就能自动生成高质量的 Power Apps……

在微软的鼎力推动下，GPT 能力广泛嵌入微软的生产力平台，全球掀起了语言大模型、生成式 AI（GAI）以及 AI 生成内容（AIGC）的热潮，甚至可以说是"狂飙"。GPT 将人工智能带入到通用人工智能时代，而我们正处于这个时代的开端。通用人工智能时代的数字化转型是全民生产力的普遍数字化，也是企业生产力的普遍数字化，而这样一个全民和全企业生产力的普遍数字化将怎样展开，这是所有人的机遇，有待所有人回答。毫无疑问，微软再次走在了新时代的前面。

2023 年是数字化转型的再次"刷新"之年。自从 1975 年比尔·盖茨和保罗·艾伦成功开发 Altair BASIC 并将其出售给微软的第一个客户，到 2023 年 ChatGPT 大规模流行，历经近 50 年的数字化转型终于要迎来全面的"刷新"——从 PC 到云再到 AI，通用计算范式经历了三次跃升。2023 年正处于 AI 计算全面爆发之年。我们有幸能够出版本书，在 AI 计算全面爆发的大趋势下，基于云计算的数字化转型势在必行，已经进行的数字化转型则必将进入"深水区"。

本书深入讨论了数字化转型的"深水区"话题，包括管理变革、人才变革和文化变革等。本书对即将或已经展开数字化转型的企业，极具参考意义。本书在写作过程中，得到了微软以及业界专家们的大力支持，在此一并表示深深的感谢！期待更多的企业能够在本书的启发下，更加坚定地投入到数字化转型的事业中，为企业打开第二曲线，斩获数字经济时代的新成功！

吴宁川